KB091579

디지털 트윈
구축과 배포

디지털 트윈 구축과 배포

애저 디지털 트윈을 활용한
디지털 트윈 설계와 개발, 배포

시암 바란 나트 · 피터 반 샬크윅 지음   최만균 옮김

i!i
에이콘

에이콘출판의 기틀을 마련하신 故 정완재 선생님 (1935-2004)

시암Shyam과 피터Pieter는 산업 인터넷, 사물인터넷IoT, Internet of Things 및 디지털 트윈 커뮤니티에서 인정받는 전문가들이다. 그들은 산업 IoT 컨소시엄Industry IoT Consortium(전 산업용 인터넷 컨소시엄Industrial Internet Consortium)에서 OT/IT 태스크 그룹을 디지털 트윈 상호 운용성 태스크 그룹으로 전환했다. 또한 "산업 애플리케이션 분야를 위한 디지털 트윈" 백서를 개발하는 태스크 그룹을 이끌었다.

시암은 팩트Packt출판사에서 출판한 『Industrial Digital Transformation』(2020)의 저자다. 피터는 현재 디지털 트윈 컨소시엄DTC, Digital Twin Consortium에 속해 있는 내추럴 리소스Natural Resources 워킹 그룹의 의장을 맡고 있다. 그는 디지털 트윈 기능 프레임워크와 구성이 용이한 디지털 트윈 개발 방법론을 적극적으로 개발하고 있다.

이 책에서 저자들은 첫 번째 디지털 트윈 프로토타입을 만드는 과정을 단계적으로 설명한다. 애저 디지털 트윈 플랫폼에서 디지털 트윈 프로토타입 개발의 전체 라이프 사이클을 다루는 예시 프로젝트를 통해 디지털 트윈과 관련된 "무엇을, 왜 그리고 어떻게"에 대해 알아볼 것이다.

실제 산업용 디지털 트윈 프로젝트의 개발과 배포에 대한 저자들의 광범위한 지식과 경험은 책 전반에서 다루는 린 디지털 트윈 캔버스Lean Digital Twin Canvas 같은 도구의 실용적인 지침과 다양한 코드 리포지터리repository를 통해 알 수 있다. 애저 디지털 트윈 서비스 설정에 대한 유용한 설명과 이 서비스에서 디지털 트윈 모델 및 인스턴스를 생성하는 단계별 접근 방식을 통해 여러분은 몇 시간 안에 첫 번째 디지털 트윈 프로토타입을 시작할 수 있다.

기술적인 내용뿐만 아니라 실제 비즈니스 문제를 해결하기 위해 디지털 트윈을 활용하는 데 대한 명확한 지침을 제공해, 산업용 디지털 트윈 프로젝트를 시작하는 독자들에게 중요한 자료가 될 것이다.

− 댄 아이작스Dan Isaacs, 디지털 트윈 컨소시엄 최고기술책임자CTO

| 지은이 소개 |

시암 바란 나트 Shyam Varan Nath

딜로이트Deloitte에서 분석 및 인지 분야 전문가의 리더를 맡고 있다. 그 전에는 오라클 Oracle, 제너럴 일렉트릭General Electric, IBM과 할리버튼Halliburton에서 근무했다. 『Industrial Digital Transformation』(Packt, 2020), 『Architecting the Industrial Internet』(Packt, 2017)을 저술했다. 전문 분야는 산업용 사물인터넷IIoT, Industrial Internet of Things, 클라우드 컴퓨팅, 데이터베이스, AI/ML 및 비즈니스 분석이다. 여러 대기업에서 디지털 전환을 주도하는 일을 수행했다. 또한 DTMDistinguished Toastmaster의 역할을 맡고 있으며 X(전 트위터) @Shyamvaran에서 적극적으로 활동한다. 분석 사용자 그룹인 오라클 유저 커뮤니티 AnDOUC, Analytics and Data Oracle User Community(전 BIWA Summit)의 창립자이기도 하다. 인도 칸푸르 공과대학IIT Kanpur에서 학사 학위를 받고, 미국 플로리다Florida주 보카레이턴Boca Raton 소재 플로리다 애틀랜틱 대학교FAU, Florida Atlantic University에서 컴퓨터 공학 석사와 MBA를 취득했다. IoT 솔루션 월드 콩그레스IoTSWC, IoT Solutions World Congress 내 프로그램 위원회의 일원이며 대규모 기술 행사에서 정기적으로 연사로 활동하고 있다. 다음 이메일 주소 (ShyamVaran@gmail.com)로 연락 가능하다.

그동안 일했던 기업의 모든 전문가들과 정기적으로 교류하고 기술 행사에서 만나는 AI, IoT, 디지털 트윈, 클라우드 컴퓨팅 분야의 업계 전문가들, 모든 분들께 감사드린다. 제가 항상 최신 정보를 얻을 수 있도록 도움을 주고 있는 산업용 인터넷 컨소시엄과 디지털 트윈 컨소시엄의 다양한 활동과 출판물에 감사하다. 마지막으로 이 책을 출판할 수 있도록 해준 저의 공동 저자이자 친구인 피터와 팩트 편집 팀에게도 깊은 감사의 마음을 전한다.

피터 반 샬크윅 Pieter van Schalkwyk

XM프로XMPro의 CEO이자 조직이 실시간 이벤트 기반 디지털 트윈을 사용해 운영을 중단하지 않고 상황 인식, 프로세스 효율성 및 의사 결정을 개선하도록 돕는 숙련된 엔지니어이며 기술자다. 산업 디지털 혁신 분야에서 권위있는 리더로 인정받고 있으며 디지털 트윈, IIoT, AI/ML 및 산업 분야 블록체인 애플리케이션과 관련된 주제로 다양한 저술 및 연설을 하기도 했다. 기계 공학 학사 학위와 정보 기술 석사 학위를 보유하고 있다. DTC에서 내추럴 리소스 워킹 그룹Natural Resources Working Group의 의장을 맡고 있다. 그 전에는 IIC 산하 디지털 트윈 상호 운용성 워킹 그룹의 의장을 역임했다. 2019년 2월 IIC 기술 혁신상IIC Technical Innovation Award을 수상했다. 자신을 기업가, 기술 애호가, 팀 빌더, 야심찬 철인삼종경기Ironman triathlete 선수로 소개한다.

디지털 트윈을 사용해 보다 안전하고 친환경적이며 안정적인 산업 분야 운영을 신속하게 구축하는 방법을 연구하도록 계속해서 나를 응원하고 격려해준 XM프로의 동료들과 DTC 회원들에게 큰 감사를 드린다. 기술적인 도움과 지원을 해주신 개빈 그린Gavin Green과 무하마드 알리Muhammad Ali, 아이디어 브레인스토밍에 도움을 주신 커스틴 슈워처Kirsten Schwarzer, 책을 계속 집필할 수 있도록 지속적으로 격려를 해주신 스티브 하우크로프트Steve Howcroft에게도 특별히 감사드린다. 시암, 당신과 함께 책을 공동 집필할 수 있도록 초대해주셔서 감사드리며 이를 현실로 만들어준 팩트 편집 팀에도 감사드린다. 마지막으로 내가 열정을 마음껏 발휘할 수 있게 도와준 아내 안드리Andri에게도 감사의 말씀을 전하고 싶다. 당신의 놀라운 인내심을 존경하며, 당신과 함께 인생을 살아갈 수 있어서 정말 감사하다.

| 감수자 소개 |

조셉 필립 Joseph Philip

영국 런던에 본사를 둔 PSOTS Ltd.의 이사로, 2013년부터 에너지 분야의 디지털 트윈 산업에 컨설팅 서비스를 제공하고 있다. 30년 이상 석유 가스, 화학, 에너지 및 석유 화학 분야에서 운영자 교육 시뮬레이터 및 디지털 트윈을 제공하고 있다.

이 시스템들은 BP, 쉘Shell, 토탈Total 등 전 세계 주요 회사에 공급됐으며, 요코가와 오스트레일리아Yokogawa Australia에서 일하면서 호주와 아시아에 발전소 시뮬레이터를 공급하는 일도 담당했다. 2001년 영국으로 건너가 아스펜테크AspenTech에서 근무하기 시작했다. 2004년 허니웰Honeywell에서 일하다가 2007년에는 현재 슈나이더 일렉트릭Schneider Electric에 합병된 인벤시스Invensys로 옮겨 유럽, 미국, 중국, 중동 등에서 OTS 및 DT 시스템을 공급했다.

자옌드라 강굴리 Jayendra Ganguli

항공 우주 및 자동차 분야의 설계CAD/CAE/PLM, 제조 및 운영 피드백 분야에서 20년 이상의 경험을 보유하고 있다. 세계 3대 항공 우주 기업 중 두 곳에서 PLM, MES, MRO 및 디지털 스레드/트윈 솔루션의 아키텍처 및 구현에 대한 전사적 이니셔티브를 주도했다.

또한 내부 및 ISO 같은 외부 표준 기관에서 상호 운용성과 표준 아키텍처를 주도하고 있다. 현재 항공 우주 분야의 디지털 스레드 및 디지털 트윈 모델링, 추적성, 상호 운용성 및 데이터 기반 아키텍처를 개발하는 중이다. 디지털 스레드 및 트윈 인터페이스 주제에 대해 주요 PLM 및 데이터 공급 업체와 협력하고 있다.

댄 아이작스

DTC의 CTO로서 기술적인 결정, 연락 파트너십 및 신규 멤버십에 대한 비즈니스 개발 지원을 담당하고 있다. 자일링스^Xilinx의 전략 마케팅 및 비즈니스 개발 이사를 지냈고 자율 주행과 ADAS 시스템 등 자동차 비즈니스 개발을 담당했으며 AI/ML, IIoT의 생태계 전략을 담당했다.

자동차, 군사/항공 분야 및 포드^Ford, NEC, LSI 로직^LSI Logic, 휴즈 항공^Hughes Aircraft 같은 소비자 기반 기업에서 25년 동안 근무했다. 세계 포럼 및 글로벌 콘퍼런스에서 기조연설과 세미나를 진행했고 토론자 및 사회자로도 활동했다. 캘리포니아 주립대학교에서 컴퓨터 공학-EE 학위를, 애리조나 주립대학교^ASU에서 지구 물리학 학사 학위를 취득했으며 국제 자문 위원회의 멤버.

조야 알렉시바^Zoya Alexeeva

제조, 공정 자동화, 자동차 및 스마트 그리드 분야에서 근무한 풍부한 경험을 가진 디지털 전환 및 전략 임원이다. IIoT 비즈니스 사례, 전략 정의, IT 및 OT 시스템과 이들의 통합, 복합 솔루션 제공, 시장 및 기술 분석 등과 같은 분야에 전문 지식을 갖고 있다. 또한 디지털 및 IT 전략 책임자, 디지털 솔루션 포트폴리오 관리자, 솔루션 설계자 등 수많은 역할을 수행했다.

| 옮긴이 소개 |

최만균(ferozah83@naver.com)

한국과 뉴질랜드에서 15년 동안 IT 엔지니어로서 다양한 경험을 쌓고 있다. 한국에서는 네트워크 및 보안 분야 엔지니어로 근무하며 다양한 국내외 대기업 및 정부 프로젝트에 참여했다. 뉴질랜드에서는 기업의 소프트웨어 테스팅, 테스팅 자동화 및 웹 보안, 빅데이터 업무를 수행하는 중이다.

기술 관련 도서 번역을 제2의 직업으로 생각한다. 디지털 트윈과 관련된 도서로『디지털 트윈 개발 및 클라우드 배포』(에이콘, 2022)를 번역한 바 있다.

| 옮긴이의 말 |

디지털 트윈은 물리적인 객체를 디지털 방식으로 표현한 가상 모델이다. 디지털 트윈으로 비즈니스 프로세스를 개선하고 위험을 줄이며 운영 효율성을 최적화할 수 있다.

2002년에 최초로 개념이 소개된 디지털 트윈은 최근 들어 AI 및 클라우드 기술과 접목돼 여러 산업 분야에서 주목을 받고 있다.

산업 분야에서의 디지털 트윈 채택은 효율성을 높이고 의사 결정을 개선하며 자산의 수명과 지속 가능성을 높이는 데 중요한 역할을 한다.

이 책에서 저자들은 디지털 트윈 프로토타입을 만드는 과정을 단계적으로 설명하며, 디지털 트윈 프로토타입을 개발하는 전체 라이프 사이클 사례를 제공함으로써 독자들이 실무에서 디지털 트윈 프로젝트를 시작할 수 있게 안내한다.

또한 단순히 기술적인 내용을 다루지 않고, 디지털 트윈 도입과 관련된 실제 비즈니스 문제와 의사 결정 과정까지 포함시켜서 디지털 트윈 프로젝트에 대한 명쾌한 지침을 제공한다.

디지털 전환을 추진하고자 하는 독자들이 실무에서 디지털 트윈 도입을 추진하는 데 있어 이 책이 큰 밑거름이 되길 바란다.

차례

3부 ― 디지털 트윈 개선

| 들어가며 |

디지털 트윈은 복잡한 제품의 라이프 사이클을 개선하기 위해 점점 더 많이 사용되고 있다. 제품의 수명 기간 동안 제조 공정 및 운영 개선을 개선하는 데 활용할 수도 있다. 그 결과 **정보 기술**[IT] 전문가와 운영 전문가 모두 디지털 트윈 활용에 대한 관심을 갖게 됐다. 이 책에서는 재생 에너지 분야의 산업 자산인 풍력 터빈의 프로토타입 생성에 디지털 트윈 개념을 적용할 것이다.

여러분은 디지털 트윈에 대한 기술 선택이 어떻게 이뤄지는지 이해하게 될 것이다. 그 다음 투자 수익을 분석하기 위해 디지털 트윈을 통해 얻을 수 있는 비즈니스 결과의 평가 방법을 배울 수 있다. 애저 디지털 트윈을 이용해 디지털 트윈을 생성하는 튜토리얼 접근 방식은 실무와 유사한 경험을 제공한다. 최종적으로 첫 번째 산업용 디지털 트윈이 전체 재생 에너지 생성 생태계에 어떻게 적용되는지 확인할 수 있다.

⁞⁞ 대상 독자

이 책의 독자는 산업 운영에 정량화 가능한 가치를 제공하는 디지털 전환을 추진하기 위해 디지털 트윈 활용에 대한 지침을 찾고 있는 IT 리더, **영업 부문**[LOB, Line Of Business] **리더**, **주제 전문가**[SME, Subject-Matter Expert]가 될 수 있다. 이 책은 풍력 터빈 디지털 트윈의 첫 번째 프로토타입을 구축하는 엔지니어, 운영 관리자 등과 같이 어느 정도 경력을 가진 주제 전문가 및 비즈니스 분야 전문가를 대상으로 한다. 이를 통해 비즈니스 전문가들은 실제 디지털 트윈의 전체 설계, 개발 및 배포 라이프 사이클 전반에 걸쳐 디지털 트윈의 리소스 요구 사항과 기능을 평가할 수 있다.

⠿ 이 책에서 다루는 내용

1장, 디지털 트윈 소개에서는 디지털 트윈의 개념을 설명하고 이 개념에 대한 간단한 역사와 일반적인 이해를 위한 정의를 제공한다. 몇몇 산업 분야 사례와 함께 디지털 트윈 활용 및 애플리케이션을 다룬다.

2장, 디지털 트윈 계획에서는 특정한 산업 분야의 문제 및 기회와 관련해 디지털 트윈의 활용을 평가하기 위한 핵심 기준을 설명한다. 이 장에서는 디지털 트윈을 위한 전제 조건과 조직적 요소를 다룬다.

3장, 첫 번째 디지털 트윈 식별에서는 사용 사례에 대해 디지털 트윈을 평가하는 조직 유형의 관점에서 각 프로토타입에 대한 디지털 트윈 후보 선택을 다룬다.

4장, 첫 번째 디지털 트윈 구축에서는 계획 프레임워크, 문제 기술서 및 예상 결과를 검증하는 방법, 디지털 트윈 개발을 위해 제안된 비즈니스 프로세스에 대해 설명한다. 풍력 터빈의 첫 번째 디지털 트윈 프로토타입을 생성하는 데 사용할 수 있는 다양한 유형의 기술 플랫폼을 다룬다.

5장, 디지털 트윈 프로토타입 설정에서는 6장의 내용을 준비하기 위해 클라우드 플랫폼에서 인프라스트럭처를 선택하고 구축하는 실용적인 단계별 지침을 제공한다.

6장, 디지털 트윈 프로토타입 구축에서는 마이크로소프트 애저 디지털 트윈 플랫폼에 실제 디지털 트윈 프로토타입을 구축하는 엔드 투 엔드 프로세스를 설명한다. 이 장에서는 테스트, 기술 평가, 비즈니스 검증 단계를 포함한 전체 개발 프로세스를 다룬다.

7장, 배포 및 가치 추적에서는 디지털 트윈 프로토타입의 기능 테스트를 통해 프로토타입을 운영 환경의 프로덕션 솔루션으로 확장하기 위한 다양한 배포 모델을 평가한다. 이 장에서는 산업 분야 기업의 다양한 이해관계자들에게 디지털 트윈 솔루션의 가치를 보여주는 가치 추적 접근법을 추가로 다룬다.

8장, 디지털 트윈 개선에서는 초기 디지털 트윈 프로토타입 이상의 가능성에 대해 설명한다. 디지털 트윈을 통해 "새로운 기술art of possible"을 살펴보고 모든 이해관계자의 가치에 대해 긍정적인 수익을 제공하면서 보다 안전하고 친환경적이며 책임감 있는 산업 운영을 제공할 수 있는 새로운 기회에 대해 알아볼 것이다. 이 장에서는 재생 에너지 생성을 위한 디지털 트윈 적용에 대해서도 자세히 다룬다.

⫸ 이 책을 최대한 활용하는 방법

JSON, 애저 펑션스^{Azure Functions} 등의 프로그래밍 개념에 대한 기본적인 경험이 있는 경우 이 책을 최대한 활용할 수 있을 것이다. 하지만 이 기술이 필수 조건은 아니다.

책에 나오는 예시는 조직에서 디지털 트윈을 적용하는 잠재적인 방법에 대한 지침을 제공하지만, 이 책을 읽고 첫 번째 프로토타입을 구축할 때 잠재적인 적용 방법이 식별되면 추가적인 가치를 얻을 수 있다.

이 책에서 다루는 소프트웨어/하드웨어	운영 체제 요구 사항
애저 클라우드 플랫폼의 애저 디지털 트윈 (무료 평가판 구독 가능)	해당 없음(브라우저 기반 솔루션)
JSON	

여러분은 저자들과 연락을 주고받으며 질문과 토론 주제를 슬랙 그룹에 게시할 수 있다.

industrialdigitaltwin.slack.com

⫸ 예제 코드 파일 다운로드

이 책의 예제 코드 파일은 깃허브(https://github.com/PacktPublishing/Building-Industrial-Digital-Twin)에서 다운로드할 수 있다. 코드가 업데이트되면 깃허브 저장소도 업데이트된다.

동일한 코드를 에이콘출판사 도서정보 페이지(http://acornpub.co.kr/book/industrial-digital-twin)에서도 다운로드할 수 있다.

또한 다음 링크(https://github.com/PacktPublishing/)에서 다양한 도서와 비디오 카탈로그에 포함된 여러 가지 코드 번들도 확인할 수 있다.

⫸ 컬러 이미지 다운로드

이 책에 사용된 스크린샷과 다이어그램의 컬러 이미지가 포함된 PDF 파일을 별도로 제공한다. 아래 주소와 에이콘출판사 도서정보 페이지(http://acornpub.co.kr/book/industrial-digital-twin)에서 컬러 이미지를 다운로드할 수 있다.

https://static.packt-cdn.com/downloads/9781839219078_ColorImages.pdf

⫸ 편집 규약

이 책에는 몇 가지 텍스트 규칙이 사용됐다.

코드체: 텍스트상의 코드, 데이터베이스 테이블 이름, 폴더 이름, 파일 이름, 파일 확장자, 파일 경로, 임의의 URL, 사용자 입력값과 트위터 처리 문자는 다음과 같이 표시한다.

"다운로드한 `WebStorm-10*.dmg` 디스크 이미지 파일을 시스템의 다른 디스크에 마운트한다."

코드 블록은 아래와 같이 표시한다.

```
html, body, #map {
  height: 100%;
  margin: 0;
  padding: 0
}
```

코드 블록의 특정 부분에 주의가 필요한 경우 관련 라인이나 항목을 굵게 표시한다.

```
[default]
exten => s,1,Dial(Zap/1|30)
exten => s,2,Voicemail(u100)
exten => s,102,Voicemail(b100)
exten => i,1,Voicemail(s0)
```

명령줄 입력 또는 출력은 아래와 같이 표시한다.

```
$ mkdir css
$ cd css
```

굵은 서체: 새로운 용어, 중요한 단어 또는 화면에 표시되는 단어를 나타낸다. 예를 들어 메뉴 또는 대화 상자에 포함된 단어의 경우 다음과 같이 표시한다.

"**관리자 패널**에서 **System info**"를 선택한다.

> **NOTE**
>
> 경고와 중요한 노트는 이와 같이 나타낸다.

⁝⁞ 고객 지원

여러분의 의견은 언제나 환영한다.

일반적인 피드백: 이 책의 내용과 관련해 문의 사항이 있다면 메일 제목에 책 제목을 적어서 이메일(customercare@packtpub.com)로 보내면 된다. 한국어판에 관한 질문은 이 책의 옮긴이나 에이콘출판사 편집 팀(editor@acornpub.co.kr)으로 문의할 수 있다.

정오표: 내용을 정확하게 전달하고자 최선을 다했지만, 그럼에도 실수가 있을 수 있다. 책에서 실수를 발견한 경우 우리에게 알려주길 바란다. 웹 사이트(www.packtpub.com/support/errata)에 방문해서 책을 선택하고 정오표 제출 양식 링크를 클릭한 다음 세부 정보를 입력하면 된다. 한국어판의 정오표는 에이콘출판사의 도서정보 페이지(http://acornpub.co.kr/book/industrial-digital-twin)에서 찾아볼 수 있다.

⁝⁝▶ 리뷰 및 피드백

피드백을 환영한다. 다음 링크(https://www.amazon.com/Building-Industrial-Digital-Twins-real-world/dp/1839219076)에 접속하면 이 책의 아마존 리뷰 페이지로 바로 이동해서 피드백을 남길 수 있다.

독자의 피드백은 저자와 기술 커뮤니티에 중요한 역할을 하며 양질의 콘텐츠를 제공하는 데 도움이 된다.

1부

디지털 트윈 정의

1부에서는 입문자에게 디지털 트윈의 개념과 디지털 트윈이 필요한 이유를 소개한다. 여러분은 디지털 트윈의 목적과 장점을 이해할 수 있을 것이다.

1부는 아래와 같이 2개의 장으로 구성된다.

- 1장 : 디지털 트윈 소개
- 2장 : 디지털 트윈 준비

01

디지털 트윈 소개

디지털 트윈Digital Twin은 최근 많은 관심을 받고 있는 개념이다. 많은 분석가, 공급 업체 및 고객은 특히 산업 분야에서 디지털 트윈의 가치가 실현되고 인정됨에 따라 사용 범위가 확장될 것이라고 생각한다.

이 책의 목적은 디지털 트윈 프로토타입 또는 최소 실행 가능한 디지털 트윈을 구축하는 것이다. 디지털 트윈의 기술적 측면을 다루기 전에 디지털 트윈의 의미와 탄생 배경 그리고 비즈니스 가치를 이해하는 것이 중요하다. 또한 이제 막 디지털 트윈에 입문했다면 디지털 트윈을 통해 이루고자 하는 목표를 명확하게 해야 한다.

이번 장에서는 디지털 트윈의 일반적인 개념, 특성 및 원리에 대해서 설명하고 디지털 트윈의 기술적인 부분은 자세히 다루지 않는다. 추후 디지털 트윈 프로토타입을 생성하는 방법을 실습할 때 샘플 디지털 트윈의 기술적인 부분을 살펴볼 것이다. 이번 장에서는 디지털 트윈에 대한 공통된 지식 및 정의와 특성 그리고 적용 방법을 다룰 것이다. 이러한 이해를 기반으로 여러분은 추후 자신의 첫 디지털 트윈을 구성할 수 있다.

디지털 트윈의 산업적 활용에 초점을 맞춘 디지털 트윈 개념의 발전사를 간략하게 살펴보는 것부터 시작하도록 하자. 이러한 역사적 개요는 디지털 트윈의 목적에 대한 통찰력을 제공할 뿐만 아니라 초창기 이론가들과 개발자들이 최초의 디지털 트윈을 설명할 때 염두에 두었던 내용까지 제공한다.

또 이 책에서 생성할 트윈의 레퍼런스로 사용할 디지털 트윈이란 용어를 정의할 것이다. 업계에 다양한 정의가 있지만, 이 책에서 디지털 트윈이라는 용어에 대한 공통된 지식 및 정의를 갖고 있어야 한다. 우리는 필수 또는 선택으로 간주되는 일부 특성을 포함하도록 해당 정의를 확장할 것이다.

이와 함께 산업 사용 사례와 이러한 사례가 디지털 트윈 엔티티^{entity} 전체 라이프 사이클에 걸쳐 어떻게 적용되는지 몇 가지 예시를 살펴볼 것이다. 이런 사용 사례는 특정 환경 또는 비즈니스에 디지털 트윈을 적용하는 방법에 대한 아이디어를 제공한다. 해당 아이디어는 다양한 요구 사항과 관련된 디지털 트윈의 가치 제안^{value proposition}에 대한 추가적인 인사이트를 제공할 것이다. 마지막으로 산업 환경에서 디지털 트윈의 잠재적인 적용을 확인하기 위한 초기 지침을 제공할 것이다.

이 책의 나머지 부분에서는 여러분이 첫 번째 디지털 트윈을 구축하는 데 초점을 맞추고, 디지털 트윈 구축 계획을 시작으로 디지털 트윈 구축을 위한 적절한 후보를 식별한 후 디지털 트윈 프로토타입의 결과를 설정, 구축, 배포 및 검증 방법을 다룰 것이다. 상호 합의된 개념, 정의와 가치를 살펴보고 이들이 어떻게 시작됐는지를 알아볼 것이다.

1장은 아래와 같은 주요 주제를 다룬다.

- 디지털 트윈의 역사
- 디지털 트윈의 산업 활용
- 디지털 트윈의 가치 제안
- 기회 식별

⠿ 디지털 트윈의 역사

이번 장에서 이 책의 디지털 트윈을 정의하고 핵심 특성들을 확인하면서 초기 개발자가 세운 디지털 트윈 개념의 기원과 목적을 알아볼 것이다. 디지털 트윈의 초기 목표는 "가상 시나리오what-if scenarios"를 기반으로 동작을 예측하는 시뮬레이션 및 모델링과 달리 물리적 트윈을 실제로 소유해서 얻을 수 있는 것과 같거나 보다 나은 정보를 제공하는 것이다.

디지털 트윈 개념의 기원

디지털 트윈의 개념은 2002년 10월 미시간대학교의 마이클 그리브스Michael Grieves 교수가 제조공학협회Society of Manufacturing Engineering에서 발표한 프리젠테이션에서 처음 등장했다. 그리브스는 원래 디지털 트윈을 **미러링된 공간 모델**MSM, Mirrored Spaces Model으로 명명했지만 복합 시스템의 제품 생명 주기 관리 분야에서 함께 일했던 나사NASA의 존 빅커스John Vickers덕분에 "디지털 트윈"으로 이름을 변경했다.

그리브스와 빅커스는 물리적 제품과 자산의 기술적 진보가 시스템을 더욱 복잡하게 하는 것을 확인했다. 새로운 기술은 또한 물리적(기계적 및 전자적) 공간에서 표현할 수 없는 통신 및 컴퓨팅과 같은 새로운 기능을 가져왔다. 이런 기능은 시스템의 복잡성을 증가시켰고 물리적 제품 또는 엔티티에 대한 개선된 정보를 제공함으로써 시스템 복잡성을 완화할 수 있는 메커니즘을 필요로 했다.

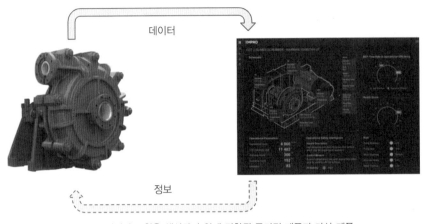

데이터

정보

그림 1.1 디지털 트윈을 생성하기 위해 결합된 물리적 제품과 가상 제품

MSM은 물리적 제품에서 디지털 인스턴스까지의 데이터 흐름을 통해 디지털 트윈이 물리적 트윈을 "미러링"하게 하는 그리브스의 접근 방식과 이 정보가 교환되고 다시 물리적 제품으로 전송되는 방법에 대한 인사이트를 제공한다.

> "디지털 트윈은 물리적 트윈의 정보 구조다. 디지털 트윈의 목적은 물리적 트윈을 물리적으로 소유함으로써 얻을 수 있는 것과 같거나 더 나은 정보를 제공하는 것이다. 핵심 가정은 디지털 트윈에 포함된 유형과 세분성, 정보의 양이 사용 사례에 따라 결정된다는 것이다."
>
> – 마이클 그리브스(2019), 「Virtually Intelligent Product Systems: Digital and Physical Twins」,
> 10.2514/5.9781624105654.0175.0200

이런 초기 디지털 트윈의 특징에는 3가지 핵심 개념이 있다. **디지털 트윈 프로토타입**DTP, Digital Twin Prototype은 물리적 트윈의 "유형" 또는 모델 표현이다. 이는 "모든 변형이 포함된 디자인 버전"으로도 생성된다. 예를 들어 원심 펌프centrifugal pump의 DTP는 펌프의 특정 모델에 대한 단일 설명 및 정보 모델이다. DTP나 모델은 하나지만 여러 펌프에서 동일한 모델 설명을 사용할 수 있다. 해당 모델을 통해 디지털 트윈을 활용할 수 있다.

디지털 트윈 인스턴스DTI, Digital Twin Instance는 DTP를 기반으로 하는 모든 물리적 엔티티의 개별 인스턴스다. 원심 펌프의 예시에는 150개의 펌프가 있을 수 있으며, 각 펌프는 고유한 인스턴스를 나타낼 수 있고 모두 해당 펌프의 특정 모델에 대한 공통 DTP를 기반으로 한다. 단일 모델을 기반으로 하나의 인스턴스만 생성할 수도 있다. 빌딩은 이러한 설정의 전형적인 예시다. 하나의 빌딩(DTI)이 있고 하나의 DTP 모델이 존재한다. DTP가 변경되면 프로토타입에 대한 인스턴스의 정확도를 유지하기 위해 DTI도 업데이트돼야 한다.

빌딩 및 다른 복잡한 제품의 물리적 엔티티는 단일 DTI로 설명할 수 없는 경우가 많다. 전반적인 빌딩 정의를 생성하기 위한 서로 다른 인스턴스 집합 또는 혼합물이라고 할 수 있다. 그리브스와 빅커스는 인스턴스 통합aggregation of instances을 통해 해당 문제를 처리했다. 아래 다이어그램은 물리적 엔티티 기반의 DTP 모델의 진행 상황과 해당 DTP 모델이 동일한 디지털 트윈 프로토타입을 사용하는 개별 물리적 엔티티가 어떻게 DTI로 인스턴스화되는지를 보여준다.

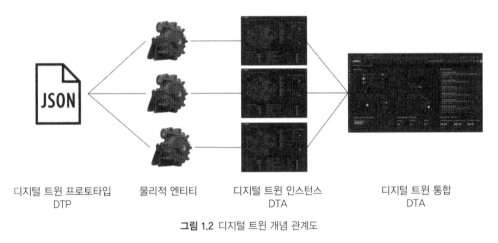

디지털 트윈 프로토타입　　　물리적 엔티티　　　디지털 트윈 인스턴스　　　　디지털 트윈 통합
　　　DTP　　　　　　　　　　　　　　　　　　　　DTA　　　　　　　　　　　　　DTA

그림 1.2 디지털 트윈 개념 관계도

이는 여러 DTI를 결합해 디지털 트윈 통합을 생성할 수 있는 방법도 보여준다.

디지털 트윈 통합DTA, Digital Twin Aggregate는 DTI 및 기타 DTA와 이를 쿼리하는 메커니즘의 집합이다. DTI는 다른 인스턴스와 관계없이 독립적으로 존재할 수 있지만 DTA는 그럴 수 없다. 단일 원심 펌프의 DTI는 독립적으로 존재할 수 있지만 펌프 그룹의 통합은 인스턴스 컬렉션에 따라 달라진다. DTA는 인스턴스 수준에서 달성할 수 없는 통합과 관련된 데이터에 대한 추가 인사이트를 제공한다. 예를 들어 특정 처리 영역에 대한 슬러리 펌프slurry pump 간의 압력 차이를 모니터링할 수 있으며, 이는 단일 펌프의 DTI에서 수집할 수 있는 정보와 채굴 프로세스 공장의 데이터를 비교해 작업에 대한 전반적인 인사이트를 제공한다.

DTP 그리고 관련 DTI는 캐드^{CAD, Computer-Aided Drawing} 파일과 다르다는 점을 숙지해야 한다. CAD 파일은 구성 요소의 물리적 치수를 설명할 수 있지만 CAD 파일을 기반으로 하는 모든 구성 요소의 속성을 캡처, 저장 및 유지하기 위한 파일 구조가 부족하다. DTP와 DTI는 일반적으로 제이슨^{JSON, JavaScript Object Notation} 또는 **확장성 마크업 언어**^{XML, Extensible Markup Language}와 같은 파일 구조를 기반으로 해 디지털 트윈의 확장된 메타데이터를 관리한다.

그리브스와 빅커스의 초기 작업을 바탕으로 수년 동안 벤더, 분석가, 연구 기관이 많은 설명과 정의를 도출했지만, 이 책에서는 다루지 않는다.

2012년 나사는 디지털 트윈을 과거 데이터, 실시간 센서 데이터, 물리적 모델을 기반으로 관련된 트윈의 상태를 반영하는 다중 물리, 다중 스케일, 확률론적, 고성능 시뮬레이션으로 기술했다.

디지털 트윈이란

수많은 벤더와 분석가가 디지털 트윈에 대한 정의를 내렸고 각 정의는 작성자의 능력이나 관심사의 기능을 설명한다. 디지털 트윈 컨소시엄^{Digital Twin Consortium}의 정의는 높은 수준에서 디지털 트윈이 무엇을, 언제, 왜, 어떻게 하는지를 설명하는 벤더 및 기술에 중립적인 정의를 제공한다.

> "디지털 트윈은 특정 빈도와 신뢰도로 동기화되는 실제 엔티티와 프로세스의 가상 표현이다.
>
> 디지털 트윈은 과거와 현재를 나타내고 예측된 미래를 시뮬레이션 할 수 있다.
>
> 디지털 트윈 시스템은 전체적인 이해, 최적의 의사 결정 및 효과적인 조치를 가속화해 비즈니스를 혁신한다.

디지털 트윈은 결과를 통해 발전하고 사용 사례에 맞게 조정된다. 통합에 의해 작동되며 데이터를 기반으로 구축되고 정보 기술[IT, Information Technology]/운영 기술[OT, Operational Technology] 시스템에 구현된다."

이 책에서는 디지털 트윈에 대한 보다 세부적인 정의를 제안한다. 이 정의는 첫 번째 디지털 트윈을 구축하는 데 도움이 되는 프로세스와 관련이 있다. 아래의 정의는 초기 디지털 트윈에 필요한 요소와 일반적인 이해가 포함돼 있다.

"디지털 트윈은 라이프 사이클에서 엔티티를 나타내는 디지털 템플릿 또는 모델의 동기화된 인스턴스이며 다양한 사용 사례의 요구 사항을 충분히 만족시킬 수 있다."

앞으로 디지털 트윈 구현 방법을 실습할 것이기 때문에 이 정의는 추후 살펴볼 내용들과 관련된 디지털 트윈의 핵심적인 부분을 포함하고 프로토타입이나 물리적 엔티티의 템플릿 모델에 대한 요구 사항을 강조한다. 여기에는 동일한 유형의 다양한 자산을 나타내는 여러 개의 인스턴스가 존재할 수 있다. 또한 디지털 트윈은 특정 비즈니스 문제점 또는 사용 사례를 다뤄야 하며 이 문제점들은 엔티티 라이프 사이클의 특정 단계에 존재할 수 있다.

NOTE

> 엔티티의 라이프 사이클과 디지털 트윈의 라이프 사이클은 서로 다르다. 해당 라이프 사이클의 차이점은 추후 설명한다.

엔티티는 물리적 자산에 국한되지 않으며 여기서는 국제표준화기구[ISO, International Organization for Standardization]가 내놓은 엔티티에 대한 정의를 사용한다.

"엔티티는 사람, 조직, 장비, 서브 시스템 또는 이런 아이템 그룹과 같이 명확하게 구별할 수 있도록 존재하는 고유의 아이템이다."

– ISO, 24760–1:2011

기존 디지털 트윈의 물리적 자산 관점 외에도, 엔티티의 해당 정의에는 프로세스, 공급망, 조직, 정부 등의 디지털 트윈이 포함된다. 허리케인 또는 산불과 같은 극단적인 상황의 비상 대응 사용 사례에서도 사용된다. 더 자세한 예시는 디지털 트윈의 산업 활용에서 다룰 것이다.

그리브스와 빅커스 접근법의 중요한 요소는 디지털 트윈이 물리적 엔티티와 동기화된다는 점이다. 즉 물리적 자산에서 제공되는 입력 없이 시뮬레이션만 제공하는 디지털 모델은 디지털 트윈으로 적합하지 않다는 것을 의미한다. 디지털 모델은 DTP 또는 DTA를 나타내기 때문에, 디지털 트윈 구현 프로세스를 시작하는 데 사용할 수 있다. 하지만 디지털 트윈으로서 역할을 하려면 인스턴스와 데이터가 동기화돼야 한다. 이런 디지털 모델의 예시는 2D 및 3D CAD 설계 도면, **건설 정보 모델링**BIM, Building Information Management 모델, 계획 시뮬레이션 모델 그리고 디자인 매개 변수 기반의 AR 시각화가 있다.

엔티티 라이프 사이클과 디지털 트윈 개발 라이프 사이클

물리적 엔티티, 제품 및 자산에는 계획과 디자인부터 제조 또는 건설, 운영, 유지 보수 그리고 최종적으로 폐기 또는 처분에 이르는 라이프 사이클이 존재한다. 자산 라이프 사이클은 물리적 트윈 개발 및 활용 단계를 보여준다. 트윈의 디지털 버전은 모델, 데이터, 연결성, 분석 및 작업을 포함하는 소프트웨어 기반의 디지털화 작업이다. 트윈의 디지털 버전은 소프트웨어 엔지니어링 접근법이 필요하지만, 물리적 트윈은 **제품 라이프 사이클 관리**PLM, Product Life cycle Management 같은 엔지니어링 관리 방법을 사용한다.

다음 다이어그램에 표시된 것처럼 자산 라이프 사이클/물리적 트윈과 디지털 트윈 개발 라이프 사이클은 서로 구분한다는 점을 유의하는 것이 중요하다. 이 책에서는 해당 라이프 사이클을 모두 참조할 것이기 때문에 그 차이점을 고려해야 한다.

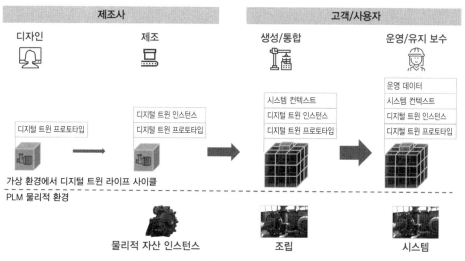

그림 1.3 디지털 트윈 및 제품 라이프 사이클 관계

디지털 트윈 개발에는 전통적인 엔지니어링과 소프트웨어 개발 프랙티스가 모두 필요하며 두 개의 작업이 조화를 이뤄야 한다. 이런 **운영 기술**^{OT, Operational Technology}과 **정보 기술**^{IT, Information Technology}의 융합은 물리적 요구 사항과 디지털 요구 사항 모두에 대한 상호 합의된 이해를 생성하기 때문에 디지털 트윈의 긍정적인 결과다.

이 책에서는 물리적 트윈에 대한 PLM 지침을 제공하지 않는다. 디지털 개발 라이프 사이클은 첫 번째 DTP를 구축하면서 추후에 다룰 것이다. 기업에서 참고할 수 있는 디지털 개발 방법론에 대한 지침을 제시하는 것도 이 책에서 다루지 않는다.

이 책에서 최소 실행 가능한 초기 디지털 트윈은 애자일 기반 접근법을 사용할 것이지만, V 모델^{V-Model} 및 워터폴^{Waterfall} 같은 소프트웨어 엔지니어링 접근법에 더 익숙한 경우 해당 방법론을 활용할 수도 있다. V 모델 접근법은 항공 및 군대의 복잡한 시스템을 설계 및 제조하는 데 널리 사용되지만 해당 접근법을 다루는 것은 이 책의 범위를 벗어난다.

디지털 트윈 유형

이번에 설명할 디지털 트윈 유형은 디지털 트윈의 분류 체계나 공식적인 분류 시스템은 아니다. 그럼에도 불구하고 이런 분류는 다양한 사용 사례use cases를 가진 여러 디지털 트윈 유형을 보여준다.

개별 디지털 트윈 vs 복합 디지털 트윈

디지털 트윈의 범위와 규모는 사용 사례 또는 해결하고자 하는 문제에 따라 다르다. 첫 번째 디지털 트윈을 선택할 때 고려해야 할 핵심 사항은 사용 사례에 필요한 복잡도 수준이다. 보다 복잡한 디지털 트윈은 일반적으로 서로 다른 개별 디지털 트윈이나 독립형 디지털 트윈을 조합해 구성된다.

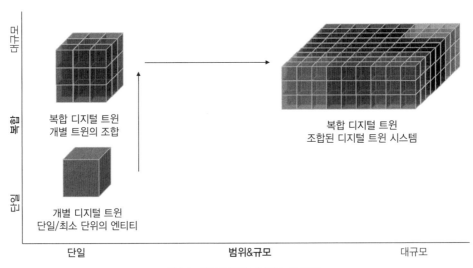

그림 1.4 개별 및 복합 디지털 트윈 관계

위 다이어그램은 개별 디지털 트윈과 복합 디지털 트윈의 관계를 보여준다.

개별 디지털 트윈은 특정 사용 사례의 요구 사항을 충분히 만족시킬 수 있는 가장 낮은 수준의 추상화다. 이 디지털 트윈은 보통 기어 박스^{gearbox} 또는 볼 밀$^{ball\ mill}$용 채굴 모터와 같이 구성 요소 또는 파트^{parts}로 분해할 필요가 없는 단일 또는 개별 엔티티인 경우가 많다. 상태 및 모니터링 프로세스가 해당 엔티티 수준으로 리포트되기 때문에 구성 요소로 분리할 필요가 없다.

복합 디지털 트윈은 개별 디지털 트윈의 조합이며 여러 개의 개별 구성 요소 또는 파트로 구성된다. 복합 디지털 트윈은 광산의 볼 밀과 같은 어셈블리 트윈이거나 프로세싱 및 정제 시설 같은 다중 어셈블리 트윈으로 구성된 시스템 트윈이 될 수 있다. 복합 디지털 트윈은 보다 복잡한 라이프 사이클 관리가 필요한 통합 시스템$^{system\ of\ systems}$이다.

개별 디지털 트윈은 일반적으로 특정 사용 사례를 해결하기 위해 단독으로 수행할 수 있는 독립적인 구성 요소 또는 자산이다. 전기 구동식 원심 펌프와 전기 드라이브$^{electric\ drive}$는 모니터링 및 리포트가 개별 디지털 트윈 수준에서 수행되는 디지털 트윈의 전형적인 예시다. 개별 펌프 디지털 트윈 사용 사례의 예시로는 예측 분석 모델을 기반으로 펌프 고장을 예측하는 방식이 있다.

복합 디지털 트윈은 신규 기능, 복합 자산을 생성하기 위한 여러 개별 디지털 트윈의 조합이다. 몇몇 이산형 펌프 디지털 트윈과 오토클레이브^{autoclave} 디지털 트윈을 결합하면 생산 최적화에 사용되는 금 처리 공장의 복합 디지털 트윈을 생성할 수 있다.

복합 시설 디지털 트윈의 예측 유지 보수 사용 사례는, 펌프가 시설 사용 사례에서 사용되더라도 이산형 펌프 디지털 트윈의 예측 유지 보수 사용 사례보다 더 광범위하다.

이 책에서 디자인하고 개발할 DTP는 개별 디지털 트윈 패턴을 사용할 것이다. 펌프와 금 처리 공장의 차이점은 디지털 트윈에 필요한 두 번째 유형의 분류로 이어진다.

제품 vs 시설

물리적 엔티티를 기반으로 하는 산업용 디지털 트윈은 2가지 주요 사용 사례에 광범위하게 적용될 수 있다. 첫 번째는 펌프, 전기 모터, 핸드 드릴, 엑스레이 기계, 자동차 또는 그 밖의 자산 기반 엔티티와 같은 제조 제품을 나타내는 디지털 트윈이다. 디지털 트윈의 주요 목적은 이와 같은 특정 엔티티의 활용을 모니터링하는 것이며 고장 또는 최적화되지 않은 작동에 관한 정보 전달도 포함된다.

두 번째 유형의 산업용 디지털 트윈 사용 사례는 제조 시설 또는 생산 시설에 관한 것으로, 일반적으로 개별 자산의 조합으로 구성된다. 디지털 트윈은 시설 운영에 대한 인사이트를 제공하는 데 사용된다. 시설 디지털 트윈은 고유한 제품 트윈의 조합으로 이뤄진다.

개별 제품 디지털 트윈은 복합 시설 디지털 트윈에서 2가지 방식으로 사용된다. 예를 들어 조립 라인의 로봇 암과 같이 제품이 시설의 일부가 되는 경우가 있다.

두 번째 사용 사례는 제조 시설에서 디지털 트윈이 제조 제품의 일부인 경우다. 전기 모터, 제트 엔진 또는 풍력 터빈이 여기에 해당된다.

스마트 제조^{smart manufacturing} 사용 사례는 제품 및 시설 디지털 트윈을 조합해 사용한다. 제품 디지털 트윈은 제조 라인에서 기계 설정, 툴링^{tooling} 및 부품 요구 사항을 결정하기 위해 사용된다.

제품 디지털 트윈은 현재 제조 시나리오에서 주로 사용되며, 제조사는 제품이 배송된 후에는 제품 사용에 대한 가시성을 확보할 수 없다. 디지털 트윈 사용이 증가함에 따라 해당 환경에 변화가 나타날 것이다.

제품 제조사는 제조 현장뿐만 아니라 제품의 디지털 트윈에 대한 접근성을 확장하고자 한다. 제조사는 제품 개선 및 신규 서비스 기반 제품에 사용할 운영 및 사용량 데이터를 수집할 수 있는 디지털 트윈 솔루션을 제공한다.

디지털 트윈 제품은 어떻게 활용되는지에 대한 인사이트를 제공하고 제품 디자인 개선에 위해 활용된다. 이러한 인사이트를 통해 제조사는 목적에 더 적합하고 더 높은 품질 수준에서 제품을 개발하고 제조할 수 있다.

여러 제조사에게 있어서 진정한 기회는 제품뿐만 아니라 제품과 관련된 유지 보수 서비스도 제공하는 것이다. 운영중인 제품의 디지털 트윈에 대한 접근은 발생할 수 있는 장애와 제품 유지 보수 또는 교체를 예측하기 위한 필수적인 인사이트를 제공한다. 이는 디지털 트윈 기술 없이는 불가능했던 신규 비즈니스 모델을 제조사들에게 제공해준다.

시뮬레이션 vs 운영

제품 또는 자산의 라이프 사이클 초기 단계에서, 디지털 트윈 사용 사례는 시뮬레이션 시나리오에 더 중점을 둔다. 반면 제품 후기의 사용 사례는 운영 및 유지 보수 문제에 더 집중하는 경향이 있다.

디지털 트윈을 크게 시뮬레이션 트윈과 운영 트윈으로 분류할 수 있다. 시뮬레이션을 운영에서 사용할 수 없다는 것을 의미하지는 않지만, 주요 애플리케이션은 운영을 관리한다. 디자인 단계에서 주요 사용 사례는 제품 또는 시설의 이상적인 디자인을 결정하기 위해 다양한 시나리오를 시뮬레이션하는 것이다.

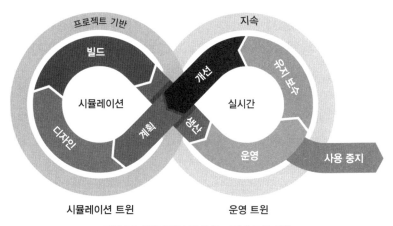

그림 1.5 시뮬레이션 및 운영 디지털 트윈 유형

또한 시뮬레이션은 프로젝트 기반인 경우가 많은 반면 운영 사용 사례는 엔티티의 운영 및 유지 보수 라이프 사이클에서 지속적으로 사용된다. 무한 루프 모델을 통해 이런 라이프사이클을 위 다이어그램과 같이 가장 적절하게 묘사할 수 있다.

디자인, 빌드, 생산 단계는 일반적으로 낮은 동기화 및 트위닝^{twinning} 비율을 가진 디지털 트윈의 프로젝트 기반 시뮬레이션이다.

운영, 유지 보수, 개선 단계는 디지털 트윈의 지속적이고 대부분 실시간으로 실행되는 애플리케이션이다. 개선 단계의 권고에 따라 계획 및 프로젝트 기반 디자인 제조 사이 클로 돌아가서 제품을 수정해야 할 수도 있다. 이는 분류에 대한 기준이 아니라 산업용 디지털 트윈을 사용할 때의 일반적인 패턴이라는 점을 유의해야 한다.

분석 기반 vs 물리 기반

엔티티를 나타내는 디지털 모델은 분석 기반 및 물리 기반 알고리듬을 바탕으로 할 수 있다. 이 알고리듬은 과거 및 실시간 데이터를 사용해 현재와 미래의 상태 또는 동작을 시뮬레이션하고 예측할 수 있다.

- **분석 기반** 알고리듬은 과거 데이터를 기반으로 엔티티 동작을 예측하는 데 사용하는 통계 또는 수학적 기법이다. 이 모델은 대부분 인공지능^{AI, Artificial Intelligence} 또는 머신러닝^{ML, Machine Learning} 기법을 기반으로 한다. 회귀 모델^{regression model}을 사용해 원심 펌프 같은 장비의 남은 사용 수명^{useful life}을 예측하는 것은 분석 기반 애플리케이션의 예시다.

- **물리 기반** 알고리듬은 제품의 현재 또는 예측되는 상태에 대한 인사이트를 제공하기 위해 상태 및 재료 속성에 대한 공학적인 방정식을 사용하는 물리 법칙을 기반으로 한다. **전산 유체 역학**^{CFD, Computational Fluid Dynamic}은 디자인 매개 변수나 실시간 데이터를 사용해 특정 조건에서 원심 펌프 동작에 대한 인사이트를 제공할 수 있다. 유한 요소 분석^{finite element analysis}은 시뮬레이션 또는 실시간 조건에서 제품의 구조적 무결성에 대한 인사이트를 제공하기 위해 사용되는 물리 기반 알고리듬의 또 다른 예시이다.

시뮬레이션 트윈과 운영 트윈은 시뮬레이션 또는 운영 분석 및 예측을 위해 분석 및 물리 기반 모델을 모두 사용할 수 있다.

디지털 트윈의 특성

이 책에서 설명하는 특성은 첫 번째 DTP를 개발할 때 필요한 핵심 요소에 중점을 둔다. 더 복잡한 다른 사용 사례에는 추가적인 특성이 있을 수 있지만, 여기서 다루는 디지털 트윈의 특성은 훌륭한 시작점이 될 수 있다.

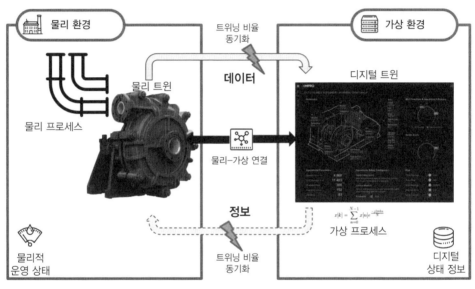

그림 1.6 디지털 트윈 특성

위 다이어그램은 디지털 트윈 정의를 기반으로 하는 디지털 트윈의 특성을 시각적으로 표현한 것이다.

특성	설명
물리 엔티티(물리 트윈)	"엔티티는 사람, 조직, 장비, 서브 시스템 또는 이런 아이템 그룹과 같이 명확하게 구별할 수 있도록 존재하는 고유의 아이템이다" ISO/IEC
물리 환경	물리 트윈이 존재하는 실제 환경(공장, 석유 굴착용 플랫폼, 병원, 자연 보호구역 등)
가상 엔티티(가상 트윈)	물리 엔티티와 트위닝 비율로 동기화된 가상 DTP 및 인스턴스
가상 환경	가상 트윈이 존재하는 기술 기반 환경
동기화(트위닝)	동기화 또는 물리 트윈 및 가상 트윈의 상태 업데이트
트위닝 비율	동기화가 발생하는 비율 또는 빈도
상태	물리 및 가상 트윈이 속한 환경의 전체 매개 변수 값
물리-가상 연결(양방향)	트위닝 비율로 상태 동기화를 수행하기 위해 통신 및 데이터 또는 프로세스 연결
물리 프로세스	물리 트윈의 상태를 변경하거나 영향을 줄 수 있는 실제 환경의 프로세스
가상 프로세스	가상 트윈의 상태를 변경하거나 영향을 줄 수 있는 가상 환경의 프로세스(분석 또는 물리 기반 계산)

그림 1.7 핵심 특성

디지털 트윈 신뢰도는 특성에 국한되지 않고 모델의 정교함과 트위닝 비율이 결과에 더 많은 영향을 미친다. 가상 환경의 컴퓨팅 기능이 무어의 법칙[Moore's law]에 따라 기하급수적으로 확장됨에 따라 디지털 트윈의 신뢰도는 계속해서 상승한다.

또한 계측[Metrology]은 상태 매개 변수를 정확하게 측정하는 것과 관련되기 때문에 트위닝을 위한 필수 요구 사항이다. 계측은 필수적인 특성은 아니지만 물리 상태를 정확하게 나타내기 위한 필수적인 요소다.

우리는 이 책에서 첫 번째 DTP를 구축할 것이기 때문에, 해당 특성들을 계속 참조할 것이다. 이상적인 디지털 트윈을 고려할 때 위 테이블에 포함된 디지털 트윈의 특정 측면을 문서화하면 유용하다. 이 문서는 특정 사용 사례 또는 시나리오가 디지털 트윈으로 적합한지 여부를 결정하는 데 도움이 되는 초기 테스트를 제공한다.

모델 및 데이터

가상 트윈은 디지털화된 형식으로 가상 환경에 존재하며 서로 다른 데이터 소스 및 모델을 사용해 데이터를 정보로 변환한다. 가상 트윈 데이터 기능을 제공하는 다양한 데이터 소스 및 모델이 존재한다. 해당 소스와 자료를 6개의 주요 카테고리로 분류하면 아래와 같다.

1. **시간 또는 시계열**time-series **데이터**: 이 데이터는 센서, 자동화, 제어 및 사물인터넷IoT, Internet of Things 시스템을 통해 물리적 상태 데이터의 타임스탬프가 포함된 실시간 동기화를 제공한다. 이들은 시계열 데이터베이스, 이력장치, IoT 플랫폼에 저장되고 접근할 수 있다.

2. **마스터 데이터**: 마스터 데이터는 일반적으로 시스템에 저장돼 있어 변경이 자주 발생하지 않는 컨텍스트 데이터다. 자산 또는 엔티티를 **기업 자산 관리 시스템**EAM, Enterprise Asset Management systems 및 **전사적 자원 관리**ERP, Enterprise Resource management systems 그리고 애저 디지털 트윈과 같은 디지털 트윈 서비스로 설명하기 위해 사용된다.

3. **트랜잭션 데이터**: 디지털 트윈과 관련된 생산 기록, 유지 보수 기록, 공급망 정보 및 기타 업무 기록 등의 운영 및 트랜잭션 데이터는 일반적으로 **ERP, 설비 관리 시스템**CMMS, Computerized Maintenance Management Systems, **제조 실행 시스템**MES, Manufacturing Execution Systems, **비즈니스 프로세스 관리**BPM, Business Process Management, 생산 시스템에 저장된다.

4. **물리 기반 모델**: 물리 기반 및 엔지니어링 계산은 실시간, 트랜잭션 및 마스터 데이터를 사용해 물리적 엔티티의 상태를 설명하거나 예측한다. **유한 요소법**FEM, Finite Element Methods과 **CFD**는 물론 열역학의 법칙과 같은 다른 자연 법칙도 여기에 포함된다.

5. **분석 모델**: 분석 모델은 물리 트윈 및 물리 트윈의 환경에서 현재 및 미래 상태를 예측하기 위해 이전에 사용한 것과 동일한 데이터 소스를 사용하는 가상 환경의 수학적 및 통계 모델이다. 해당 모델은 예측 유지 보수 및 운영 사용 사례를 위한 AI 및 ML을 포함한다.

6. **가상 모델**: 가상 모델은 **CAD, 증강 현실**^{AR, Augmented Reality}, **가상 현실**^{VR, Virtual Reality}, **BIM, 지리 정보 체계**^{GIS, Geographic Information System} 및 지구물리학^{geophysics} 모델 같은 디지털화된 시각화 모델링 기능이다. 이런 모델은 시스템 복잡성을 줄이고 다양한 데이터 소스에 대한 시각적 분석을 제공하기 위해 자주 사용된다.

다양한 종류의 데이터 소스는 디지털 트윈을 생성할 때 데이터 통합을 어렵게 만드는 원인이 되기도 한다. 추후 DTP를 구축하기 시작할 때 이 점을 참고할 것이다. 통합 및 상호 호환성은 디지털 트윈 프로젝트에서 대부분의 리소스를 차지한다. 데이터 요구 사항뿐만 아니라 디지털 트윈을 통해 특정 비즈니스 문제를 해결하려면 어떤 물리 및 분석 모델이 필요한지 이해하는 것이 중요하다.

디지털 스레드

디지털 스레드^{Digital Thread}는 디지털 트윈과 함께 등장한 용어다. 이 용어는 디지털 트윈과 혼용되기도 하고 함께 언급되기도 한다. 디지털 스레드는 공식적인 디지털 트윈 없이 존재할 수 있지만 디지털 트윈은 디지털 스레드 정보를 기반으로 구축된다.

디지털 스레드는 물리적 제품의 디자인에서 제조까지의 프로세스를 포괄하는 PLM에서 발전했다. 각각의 복합 엔티티 또는 제품 어셈블리 및 모든 구성 요소에 대한 실제 데이터를 사용해 추적 가능하고 고유한 출생 기록^{birth record}을 생성한다. 또 라이프 사이클과 사용 중지에 이르기까지 상호 작용 및 트랜잭션을 캡처한다. 디지털 스레드는 라이프 사이클 기록을 PLM 이상으로 운영, 유지 보수, 폐기까지 확장하기도 한다.

라이프 사이클 단계에 대한 디지털 트윈의 초점은 특정 사용 사례를 다루는 반면, 디지털 스레드는 모든 라이프 사이클 단계에 걸쳐서 데이터 수집기^{data aggregator}의 역할을 한다. 디자인 과정, 제조 프로세스, 테스팅, 품질 측정과 관련된 구성 요소의 추적성^{traceability}을 제공한다. 특정 구성 요소에 대한 제조업체 정보, 저장 온도 및 습도와 같은 환경 메타 데이터를 포함하는 경우가 많다. 디지털 스레드는 **자재 명세서**^{BOM, Bill of Material} 구조 및 유지 보수 기록을 비롯한 구성 요소 간의 관계에 대한 정보도 포함할 수 있다.

몇몇 디지털 트윈은 운영 및 유지 보수와 같은 단일 단계 또는 복합 단계 이상으로 확장될 수 있지만 라이프 사이클 전반에 걸친 확장은 거의 이뤄지지 않는다. 모델, 분석 및 실시간 센서 데이터와 같은 디지털 트윈 구성 요소를 재사용할 수 있지만, 일반적으로 모든 자산 라이프 사이클 단계에 걸쳐 있는 단일 디지털 트윈은 존재하지 않는다.

디지털 스레드는 다양한 디자인, 제조 및 운영 데이터 소스의 데이터를 통합한다. CAD, MES, EAM, ERP 시스템의 정보를 복제할 수는 없지만 제품 및 구성 요소에 대한 "출생 기록에서 사망 증명서birth record to death certificate"에 대한 소스 데이터의 레퍼런스를 유지한다.

예를 들어 항공기 디지털 트윈을 사용해 개별 항공기의 유지 보수 우선순위를 지정할 수 있고 항공기용 디지털 스레드는 구성 요소 장애 발생 시 **고장 모드 영향 분석**FMEA, Failure Mode and Effect Analysis 및 **근본 원인 분석**RCA, Root Cause Analysis을 지원한다. 구성 요소의 디자인, 제조 및 유지 보수에 대한 인사이트를 제공할 수 있다. 또한 디지털 트윈은 동일한 결함이 있는 구성 요소를 가진 항공기를 식별하는 데 활용될 수 있다.

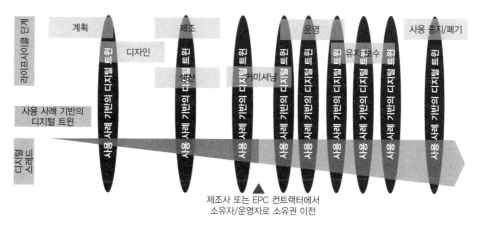

그림 1.8 디지털 트윈 vs 디지털 스레드

위 다이어그램은 엔티티의 전반적인 라이프 사이클에 대한 디지털 스레드 개발을 보여주며, 몇몇 라이프 사이클 단계에서 디지털 트윈 사용 사례는 특정 문제를 해결한다. 실무에서 활용하는 방안에 대해서는 다음 절에서 설명할 것이다.

⫸ 디지털 트윈의 산업 활용

이 책을 통해 산업용 디지털 트윈을 생성하는 방법에 대해 배우게 될 것이다. 시작하기 전에 디지털 트윈 가지에 관심을 갖는 주요 이해관계자가 누구인지 이해하는 것과 다양한 산업 분야에서 사용되는 몇몇 하이레벨high-level 애플리케이션을 이해하는 것이 중요하다.

디지털 트윈 이해관계자

산업용 애플리케이션에서 디지털 트윈을 사용하는 경우 2개의 서로 다른 하이레벨 시나리오가 존재한다. 첫 번째 시나리오는 트윈이 적용된twinned 자산을 최종 사용자가 사용하는 독립형 제품이다. 테슬라 모델 3와 같은 **전기 자동차**EV, Electric Vehicle 모델이 여기에 해당된다. 차량 제조사는 **주문자 생산 방식**OEM, Original Equipment Manufacturer이 된다.

두 번째 시나리오는 EV가 생산되는 스마트 팩토리smart factory와 같은 제조 자산이다.

디지털 트윈은 팩토리 자체이며, 스마트 팩토리의 라이프 사이클 단계에서 다양한 사용 사례와 애플리케이션을 포함한다. 해당 생산 시설은 또한 금광, 석유 굴착용 플랫폼, 배전 마이크로 그리드 또는 원자력 발전소일 수 있다.

이 시나리오에서, 이해관계자는 **설계·구매·건설·제조**EPCM, Engineering, Procurement, Construction, and Manufacture 계약자에게 이러한 생산 시설의 설계 및 건설을 의뢰하는 소유자/운영자가 포함된다. OEM은 설비를 위한 장비를 제공하며, 소유자/운영자는 운영 및 유지 보수 서비스 제공 업체를 통해 이러한 시설을 운영 및 유지 보수하는 경우가 많다.

전통적으로 OEM 제품이 팩토리에서 출고되면 제품 및 사용량 데이터에 대한 접근 권한이 없다. 하지만 OEM은 디지털 트윈 제품에 물리적 자산을 점차 더 많이 공급하고 있으며 해당 과정에서 실시간 사용 데이터에 접근하는 것을 목표로 하고 있다. OEM 디지털 트윈의 범위가 자사 팩토리의 경계를 넘어 확장되고 있는 중이다.

디지털 트윈 서비스 제공 업체는 제품 및 시설 디지털 트윈의 전체 라이프 사이클로 기능을 확장하는 것을 목표로 한다. 해당 디지털 트윈은 연결성, 컴퓨팅, 스토리지, 통합, 모델링, 분석, 시각화와 워크 플로를 포함한다.

아래 다이어그램은 자산 라이프 사이클 단계에서 이해관계자의 일반적인 역할을 보여준다.

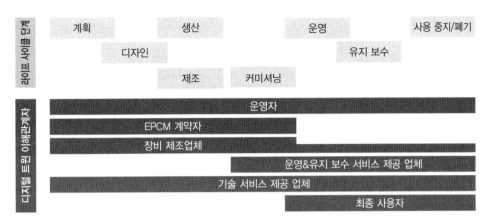

그림 1.9 엔티티 라이프 사이클에서 핵심 이해관계자

모든 이해관계자는 제품 또는 시설 라이프 사이클의 특정 단계에 대한 디지털 트윈 기득권을 갖고 있다. 디지털 트윈 사용 사례가 여러 단계에 걸쳐 다양한 이해관계자들에게 확장되기 시작하면서 이해관계자 간 정보 또는 디지털 트윈 공유가 증가하고 있다. 이러한 상황은 디지털 트윈의 비즈니스 가치를 크게 확장시키지만, 복잡성이 증가하기 때문에 상호 운용성 문제를 야기하기도 한다. 이에 관한 몇몇 내용들을 추후 다룰 것이다.

산업용 디지털 트윈 애플리케이션

위에서 살펴본 것과 같이 디지털 트윈은 자산 및 제품의 전체 라이프 사이클에 걸쳐 존재한다. 다양한 산업에서 활용되는 산업용 디지털 트윈 사용 사례의 몇 가지 예시를 살펴볼 것이다. 아래 리스트가 전체를 포함하는 것은 아니지만, 디지털 트윈을 통해 처리할 수 있는 몇몇 문제를 보여주는 예시가 될 수 있다. 또한 생성하고자 하는 프로토타입의 디지털 트윈 유형을 결정하는 데 도움이 될 수 있다.

개별 제품 제조 프로세스

- 운영 중 **설비 종합 효율**OEE, Overall Equipment Effectiveness 실시간 최적화
- 스크랩 비율scrap rate 및 새작업rework을 줄이기 위해 작입 중 예측 가능한 품질 개선
- 운영 및 유지 보수 데이터의 인사이트를 통해 제품 설계 개선

프로세스 제조

- 제품 품질 및 프로세스 최적화를 위해 배치 기반 프로세스를 "골든 배치gloden batch"로 관리
- 과거 장애 데이터로 구축된 실시간 운영 데이터 및 모델을 기반으로 ML 모델을 활용한 장비 장애 예측
- 운영 중 분류된 장비에 대한 안전 및 규제 사항 실시간 모니터링

에너지(전력)

- 운영 계획 디지털 트윈에서 동적 ML 모델로 소비자별 에너지 수요 예측
- **분산형 전원**DER, Distributed Energy Resources의 실시간 데이터 입력을 기반으로 하는 시뮬레이션 모델을 활용해 그리드 분배 및 관리 개선
- 예를 들어, 패널의 노후 정도를 나타내는 비정상적인 동작을 탐지해 태양광 어레이 유지 보수를 개선한다.
- "최초 수리 비율first-time fix rate"을 개선하고 현장 서비스 팀이 운반하는 트럭 롤rolls 및 예비 재고를 줄이기 위한 풍력 터빈의 예측 유지 보수

오일 및 가스

- 기상 및 해양 데이터를 기반으로 해양 석유 플랫폼의 구조적 무결성을 확인하기 위해 실시간 **FEM** 수행

- 투자 의사 결정을 지원하기 위해 드릴링^{drilling} 및 탐사 데이터로 지하 저수지 모델을 업데이트

- 펌프 및 압축기 등 회전 장비를 실시간으로 모니터링해 장비 가용성과 자산 성능 개선

마이닝 및 메탈

- 금 회수^{gold recovery} 또는 선탄^{coal washing}과 같은 작업에 대한 미네랄 처리 공장의 회수율 개선

- 광미^{mine tailings} 및 기타 환경 폐기물을 실시간으로 모니터링하고 전문적인 비즈니스 규칙을 기반으로 권장 사항 제공

- 실시간 공정 매개 변수 및 물리적인 야금 모델을 기반으로 용광로 운영자에게 실시간 주조 지침 제공

자동차

- 차량의 디지털 트윈은 디자인 개선에 통합된 사용량 데이터를 통해 제조업체에 피드백 제공

- 차량의 디지털 트윈 실시간 원격 측정으로 제조업체와 서비스 에이전트는 상태 모니터링 및 예측 분석을 기반으로 유지 보수 서비스 제공

- 자율 주행 차량의 디지털 트윈은 승차 공유 사업자와 같은 서비스 제공 업체에 새로운 비즈니스 모델 제공

생명과학 및 의학

- 엔드 투 엔드^{end-to-end} 공급망의 실시간 디지털 트윈을 통해 중요한 재고 및 물류 위험 요소 제거

- 실시간 컨디셔닝 모니터링 및 장애 예측을 통해 고가의 **고성능 액체 크로마토그래피** HPLC, High-Performance Liquid Chromatography 시스템의 다운타임downtime 감소
- 의료의 질과 효과를 개선하기 위해 포괄적인 관점을 제공하는 환자의 디지털 트윈 (현재 개인 정보 보호 및 보안 문제로 인해 어려움을 겪고 있음)

인프라스트럭처

- 디자인 디지털 트윈의 치수 및 구조 데이터를 시공 및 납품 단계에서 적층 제조 additive manufacturing까지 업데이트해 오프사이트 및 온사이트 사전 제작pre-fabrication 활성화
- 자연 재해 및 악천후 발생 시 실시간 인사이트 및 현장 상황 정보 제공
- 쇼핑몰 및 쇼핑 센터 같은 리테일 인프라스트럭처에 대한 유동 인구의 실시간 인사이트 제공

항공 우주

- 트랙 앤 트레이스Track and Trace 디지털 트윈 항공 제조의 실시간 재료 및 공급망 관리에 대한 인사이트 제공
- 항공기 착륙 장치의 예측 디지털 트윈은 부품의 수명을 연장하고 유지 보수 비용 절감
- 실시간 항공기 이동 경로를 지원하는 에어포트 디지털 트윈은 베이 활용도와 주기 시간을 개선해 수익 증대

국방

- 상태 모니터링 및 예측 유지 보수 디지털 트윈을 통해 복잡한 군용 장비의 신뢰성 및 유지 보수 능력 개선

- 실시간 상황 데이터를 기반으로 하는 전략 전쟁^{Strategic warfare} 디지털 트윈은 전술적 지휘 및 리더십의 계획 시나리오 제공
- 미션 데이터^{mission data}가 요구되는 모든 시스템의 기준점 역할을 하기에 충분한 해상도로 물리적 세계를 나타내는 단일 및 동적 데이터 집합이 포함된 공간 디지털 트윈

기타

디지털 트윈 개념은 무형적인 엔티티를 모델링하고 관리하는 데 점차 더 많이 사용되고 있다. 해당 엔티티에는 아래와 같은 디지털 트윈이 포함된다.

- 지구 디지털 트윈
- 조직 디지털 트윈
- 산불 디지털 트윈

이런 예시들은 다양한 범위의 디지털 트윈 애플리케이션을 보여준다. 위 리스트에 포함되지 않은 디지털 트윈이 더 많이 존재한다. 잠재적인 애플리케이션의 범위는 이러한 디지털 트윈을 적극적으로 구축하는 사람들의 상상력에 의해서만 제한된다.

모든 예시의 핵심 요소는 물리적 트윈 또는 엔터티의 이해관계자에게 명확하고 측정 가능한 가치를 제공하는 것이다.

⁘ 디지털 트윈의 가치 제안

디지털 트윈 시스템은 전반적인 이해, 최적의 의사 결정 및 효과적인 조치를 가속화해 비즈니스를 혁신한다.

복잡도 감소를 통한 이해도 향상

그리브스와 빅커스의 초기 목표는 더 단순하지만 전형적인 가상 인스턴스로 점점 복잡해지는 자산과 시스템을 관리하는 것이었다. 물리적 엔티티와 동기화되는 디지털 트윈은 해결하고자 하는 특정 문제에 맞춘 상황 인식 및 기타 운영 인사이트를 제공한다.

실시간 및 시뮬레이션된 행위에 대한 더 나은 인사이트는 더 신속한 의사 결정을 지원한다. 디지털 트윈의 인사이트는 여러 엔터프라이즈 시스템에서 데이터를 검색하는 기존 접근 방식보다 안정적인 경우가 많다. 디지털 트윈의 통합 데이터 연동 접근 방식은 해당 데이터에 대한 의사 결정의 품질을 향상시키는 보다 신뢰할 수 있고 포괄적인 인사이트를 제공한다. 디지털 트윈의 구조화된 정보 접근 방식은 의사 결정 지원뿐만 아니라 의사 결정 자동화에도 적합하다.

이와 같이 개선된 이해와 더 나은 인사이트는 2가지 주요 운영 관점에서 가치를 제공한다. 이를 알아보자.

상황 인식 개선

비즈니스는 지속적으로 실시간 또는 실시간에 근접한 업무 수행의 필요성이 대두되고 있다. 기업은 실시간으로 대응이 요구되는 더 많은 내외부 이벤트에 점차 노출되고 있다. 이러한 이벤트는 다양한 소스에서 발생할 수 있다.

- 비즈니스 종사자들의 행위

- 경쟁업체, 고객, 입법자, 공급 업체 및 공급망의 행위

- 장비 장애, 프로세스 장애 및 기상 이벤트

- 비즈니스 애플리케이션의 실시간 인텔리전스 및 웹 서비스에 대한 실시간에 근접한 데이터

- 최근에는 센서 기반의 IoT 정보 및 IoT 플랫폼의 스마트 기기 머신 기반 데이터 유입

실시간 상황 인식은 미 공군이 적군 전투기의 행동을 예측하도록 전투기 조종사를 훈련시킬 때 나온 개념이다. 현재 상황 및 환경에 대한 정보 수집을 기반으로 하며, 정보가 의미하는 내용을 결정하고 미래 상태를 예측해 대응 조치를 생성한다. 군사 용어로는 **관찰-상황 판단-의사 결정-행동**OODA, Observe – Orient – Decide – Act 루프로 설명할 수 있다.

디지털 트윈은 군용 제트 전투기와 동일한 밀리초millisecond 응답 시간이 필요하지 않을 수 있지만 물리적 자산을 나타내는 디지털 트윈의 실시간 동기화는 중요한 의사 결정을 내리는 데 중요한 상황 인식을 제공한다. 의사 결정을 지원하는 정보는 예측 모델, 물리학 및 분석 기반 데이터로 확장돼 운영자에게 포괄적인 의사 결정 지원을 제공한다. 규칙을 의사 결정 정보와 결합하면 의사 결정 자동화를 통해 디지털 트윈은 규범적이고 자율적인 조치를 취할 수 있다.

의사 결정 지원과 의사 결정 자동화는 디지털 트윈을 통해 획득한 상황 인식을 바탕으로 더 나은 비즈니스 결과를 제공하는 데 중점을 둔다.

비즈니스 성과 개선

디지털 트윈은 다양한 방식으로 비즈니스 성과를 개선하지만 여기서는 모터 드라이브, 생산 시설 또는 공장과 같은 물리적 자산 또는 엔티티를 나타내는 산업용 디지털 트윈이 가진 영향력에 초점을 맞출 것이다.

디지털 트윈의 비즈니스 영향력은 아래 표와 같이 4가지 주요 영향력 범주를 기준으로 측정할 수 있다.

수익 향상	• 생산성 향상 • 머신 업타임 향상 • 디지털 정보 및 서비스 수익화(비즈니스 모델 혁신)
비용 감소	• 머신 및 장비 장애 감소 • 최적화된 인벤토리 및 공급망 관리 개선 • 재작업 감소 및 품질 향상
고객 및 직원 경험 개선	• 고객 및 비즈니스 사용자에게 실시간 상황 인식 제공 • 시뮬레이션, 증강 현실 및 가상 현실 분석, 디지털 트윈에 내장된 비즈니스 규칙을 통해 의사 결정 지원 제공 • 자산 및 운영 환경의 전체적 또는 360도 시각화 제공
규정 준수 개선 및 리스크 감소	• 상태, 안전, 환경에 대한 실시간 규정 준수 모니터링 • 압력 용기 및 압력 릴리프 밸브 같은 분류된 장비에 대한 자산의 운용 및 유지 보수에 대한 투명성 개선(보험 및 자산 무결성 검사 서비스) • 비즈니스 KPI 및 균형 성과 지표에 대한 운영 우수성과 관련된 규정 준수 자동화

그림 1.10 디지털 트윈의 비즈니스 영향도

각 범주는 비즈니스 가치 동인business value driver을 나타내며, 디지털 트윈은 전반적인 비즈니스 결과에 영향을 미치는 지렛대로서의 역할을 수행할 수 있다.

변혁적 가치

산업 애플리케이션 분야에서 디지털 트윈의 변혁적 가치transformational value는 디지털 비즈니스 변혁에 미치는 영향뿐만 아니라 디지털 트윈의 변혁을 기반으로 한 신제품이나 개선된 제품 개발에 주로 초점을 맞추고 있다.

디지털 전환을 통한 비즈니스 혁신

디지털 트윈은 공식적인 디지털 전환을 위한 혁신 에이전트다. 일반적으로 비즈니스 목표에 대한 특정 이니셔티브 또는 사용 사례를 나타낸다. 디지털 트윈의 디지털 특성으로 인해 특정 사용 사례 또는 이니셔티브는 일반적으로 비즈니스 목표 또는 결과에 대한 특정 디지털 혁신을 추진하는 프로젝트다.

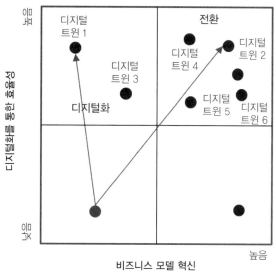

그림 1.11 디지털 전환 vs 디지털화

디지털 트윈은 디지털화를 통해 효율성을 개선하거나 새로운 비즈니스 모델을 활성화해 부가가치를 제공하고 비즈니스 혁신에 영향을 미칠 수 있다. 위 다이어그램의 사분면quadrants은 디지털화 및 실시간 데이터로 비즈니스 프로세스 효율성을 개선하는 다양한 디지털 트윈 이니셔티브의 영향력을 보여준다. 또는 실시간 데이터를 수익화하고 활용해 조직의 운영 비즈니스 모델을 변화시킬 수 있다. 우측 상단 사분면은 기업이 제품 및 고객의 실시간 데이터를 기반으로 지원 계약 및 소모품 보충과 같은 장비를 기반으로 새로운 서비스를 판매할 수 있는 기회를 나타낸다.

많은 조직이 효율성을 개선하는 디지털화 프로젝트로 시작한다. 디지털 트윈을 사용하는 경우 성숙도가 높아짐에 따라 우측 상단 사분면으로 이동해 신규 디지털 자산을 수익화 할 수 있는 방법을 모색한다.

신규 또는 개선된 제품

운영자 및 사용자에게 운영 및 유지 보수 인텔리전스를 판매하는 것을 포함해 이런 신규 디지털 자산을 수익화하는 다양한 방법이 존재한다. 장비 제조업체는 이 정보를 사용해 실시간 데이터에서 수집한 조건 또는 예측을 기반으로 지속적인 서비스를 제공할 수도 있다.

OEM은 현장에서 장비 사용 및 성능에 대한 정보를 사용해 제품 및 서비스의 디자인을 개선하는 데 도움이 되는 피드백을 제공할 수도 있다. 산업 환경에서 실제 자산 활용은 디자인 디지털 트윈에 상세한 정보를 제공하며, 특히 물리학 기반 모델에서 해당 정보를 더 나은 시뮬레이션에 사용할 수 있다.

잠재적 가치

세계경제포럼World Economic Forum의 잠재적 위험성 프레임워크는 디지털 트윈과 같은 기술 기반 접근 방식으로 디지털 전환의 영향을 평가하는 대안적 관점을 제공한다.

"잠재적 가치" 프레임워크는 산업 또는 비즈니스의 경제적 측면과 사회 영향력 측면에서 가치를 평가한다. 특히 이 프레임워크는 디지털 트윈의 기술적 측면에 대한 관심이 제한적이지만 디지털 트윈 기술에 대한 투자 결정을 내려야 하는 기업 임원 및 기타 이해관계자에게 가치를 전달할 때 간략하게 정보를 제공할 수 있다.

산업에 대한 디지털 가치는 아래 두 요소를 기반으로 한다.

- 경쟁사, 고객 및 기타 업계 참여자와 같은 이해관계자 사이에서 어떻게 수익이 변화하는지를 나타내는 가치 마이그레이션Value migration. 이는 이번 장의 앞부분에서 설명한 비즈니스 모델 혁신 기회와 같은 맥락이다.

- 수익 증대 및 비용 절감과 같은 통상적인 비즈니스 운영 기회를 나타내는 가치 확장Value addition

사회에 대한 디지털 가치는 다음 3가지 핵심 요소에 초점을 맞추고 있다.

- 비용, 시간 절약 및 효율성 개선 측면에서 고객과 직원을 위한 전통적인 경제적 조치

- 일자리 창출, 신규 기술 개발, 교통 혼잡 감소 및 안전한 근무 환경과 관련된 사회적 영향

- 이산화탄소 배출을 줄이거나 광업의 광미 관리 개선에 따르는 환경 영향

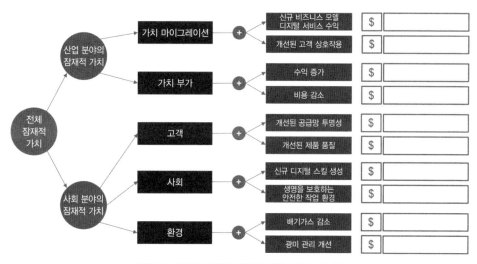

그림 1.12 디지털 트윈에 대한 잠재적 가치 분석 예시

NOTE

위 다이어그램은 다음 페이지(https://reports.weforum.org/digital-transformation/introducing-value-at-stake-a-new-analytical-tool-for-understanding-digitalization/)의 내용을 수정했다.

위 다이어그램에서 볼 수 있듯이, 디지털 트윈의 잠재적 가치에 대한 단일 페이지 뷰는 디지털 트윈의 가치 제안을 설명하는 간단하면서도 강력한 방법을 제공한다.

디지털 트윈의 가치를 살펴봤으니 이어지는 핵심 단계는 비즈니스에서 디지털 트윈의 이상적인 후보를 식별하는 것이다.

⁝⁝ 기회 식별

디지털 트윈 애플리케이션의 잠재적 가치에서 다뤘듯이 디지털 트윈은 특정 비즈니스 과제를 해결하거나 새로운 기회를 활용하는 데 중점을 둔다. 이런 과제와 기회는 산업용 애플리케이션에서 디지털 트윈의 기회를 식별하기 위한 지침을 제공한다. 이 내용은 4장에서 더 자세히 다룰 것이다.

이 책에서는 디지털 트윈을 선택하고 구축하는 데 중점을 두겠지만, 후보자 풀에서 잠재적 파일럿을 식별하는 데 사용할 수 있는 하이레벨 지침 원칙에 대한 간략한 정보도 제공할 것이다.

자산 성능 향상, 다운타임 감소, 생산 또는 처리량 증가에 중점을 둔 디지털 트윈의 이상적인 출발점은 현재의 "악성 행위자$^{bad\ actors}$"를 식별하는 것이다. 이 방식은 기존 다운타임 장애에 대한 현재 장애 데이터, 생산 손실 정보 또는 장애 모드 분석을 사용하는 것을 기반으로 한다. 80/20 파레토 원칙을 적용하면 대부분의 다운타임을 발생시키는 엔티티의 리스트 초안을 작성할 수 있다.

> **NOTE**
>
> 파레토 원칙(Pareto principle)은 많은 결과에서 대략 80%의 결과가 20%의 원인("중요한 소수")에서 나온다고 말한다. 이 원칙은 80/20 법칙, 소수의 법칙, 인자의 원칙이라고도 한다(https://bit.ly/DTPareto8020).

새로운 수익 창출 기회를 활용하기 위한 디지털 트윈은 일반적으로 보다 전략적이고 고도화된 비즈니스 사례를 갖고 있다. 새로운 서비스를 디자인할 때 해당 디지털 트윈의 기술적인 실현 가능성 또한 하나의 고려 요소다. 실시간 데이터 접근, 센서 정보, 그 밖의 디지털 트윈 기능은 초기부터 구축할 수 있다.

이 시나리오의 다음 단계는 디지털 트윈의 기술적 실현 가능성과 관련된 비즈니스 영향도를 측정하는 것이다. 기술적 실현 가능성은 일반적으로 인프라스트럭처, 연결성, 데이터 접근, 변화에 대한 욕구 및 조직 성숙도와 관련된 요소들이다.

아래 그림은 엑셀에서 쉽게 사용할 수 있는 하이레벨 랭킹으로 템플릿은 https://bit.ly/DTPriority에서 찾을 수 있다.

XMPRO 비즈니스 가치 평가

#	Use Case/Scenario	Business Impact					Economic	Technical Feasibility				
		Safety	Downtime	Throughput	Quality	Cost	Value/year	Automation	IT Systems	Analytics	Environment	Project
1	Use Case 1	Medium	High	High	High	High	> $10m	High	High	Medium	High	High
2	Use Case 2	Low	Low	Medium	customer satisf	High	> $10m	High	High	Low	High	High
3	Use Case 3	Low	Low	Low	Low	Low	> $1m	High	High	Low	High	High
4	Use Case 4	Low	Low	Low	Low	Low	> $1m	High	High	Low	High	High
5	Use Case 5	Low	Medium	High	Low	Medium	> $10m	Medium	High	Low	High	High
6	Use Case 6	Medium	Medium	Medium	Medium	Medium	> $1m	High	High	High	High	High
7	Use Case 7	Low	Medium	Medium	Medium	Low	> $1m	High	High	High	High	High
8	Use Case 8	Medium	Medium	Medium	Medium	Medium	> $10m	High	High	High	High	High
9	Use Case 9	Medium	High	High	High	High	> $1m	High	High	High	High	High
10	Use Case 10	High	Medium	Low	High	Low	> $1m	Medium	Medium	Medium	High	High

그림 1.13 비즈니스 영향도 및 기술적 타당성 평가

예시에서는 아래와 같은 기술 타당성 평가 기준을 사용한다.

- OT 복잡도

- IT 복잡도

- 분석

- 시스템 복잡도

- 프로젝트 준비도

기술 평가 기준은 비즈니스 요구 사항에 맞게 조정할 수 있지만 이 예시는 일반적인 산업 설비에 대한 기준이다.

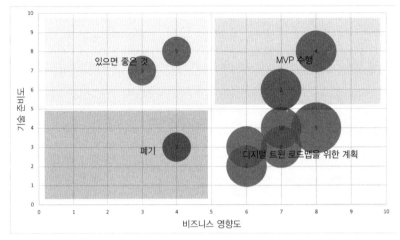

그림 1.14 디지털 트윈 우선순위 매트릭스

중요도$^{order\ of\ magnitude}$는 버블 차트에 시각적으로 나타나며, 2가지 중요한 측정값으로 비즈니스 영향도와 기술 준비도 점수가 포함된다. 이 측정값의 가중 평균값$^{weighted\ average}$ ^{values}은 사분면으로 분할된 그래프에 배치된다. 경제적 영향의 가치는 버블의 크기를 결정한다. 사분면은 각 디지털 트윈 시나리오에 대한 비즈니스 준비 상태를 나타낸다. **최소 기능 제품**$^{MVP,\ Minimum\ Viable\ Product}$ 사분면은 높은 비즈니스 영향과 높은 수준의 기술적 준비 상태를 나타낸다.

버블 크기가 가장 큰 사분면의 가장 오른쪽에 있는 기회는 모든 이해관계자의 성공 가능성이 가장 높은 디지털 트윈 프로젝트를 나타내는 경우가 많다.

이런 평가 절차는 디지털 트윈의 첫 번째 후보를 결정할 때 사용하는 매우 간단한 방법이다. 다음 장에서는 디지털 트윈 프로젝트 계획에 대한 더 많은 지침을 제공할 것이다.

:⫶ 요약

1장에서는 디지털 트윈의 역사와 디지털 트윈의 초기 개발 의도를 간략하게 다뤘다. 개별 디지털 트윈과 복합 디지털 트윈의 차이점을 살펴본 다음 디지털 트윈 자격을 갖추기 위해 필요한 요소를 확인했다. 디지털 트윈 라이프 사이클과 관련된 몇 가지 일반적인 사용 사례를 소개했고, 디지털 트윈과 디지털 스레드의 차이에 대해 논의했으며 디지털 트윈의 가치 제안을 설명하는 지침을 제공했다. 여러분의 첫 번째 DTP 사용 사례에 대한 하이레벨 평가를 수행하기 위해 디지털 트윈 우선순위 매트릭스 프레임워크를 사용했다.

이제 디지털 트윈 개념, 주요 특성, 디지털 트윈의 가치를 이해했고 비즈니스에서 디지털 트윈을 접목할 수 있는 평가를 할 수 있게 됐다.

나머지 장에서는 첫 번째 디지털 트윈의 구축 과정을 자세히 알아볼 것이다. 디지털 트윈의 계획부터 첫 번째 디지털 트윈에 적합한 후보를 식별한 후 설정, 구축, 배포 및 DTP 결과를 검증하는 방법에 대한 지침을 제공할 예정이다.

02

디지털 트윈 계획

1장에서 디지털 트윈의 필요성과 특정 비즈니스 성과를 도출하기 위한 활용 방법을 알아봤다. 디지털 트윈의 역사와 디지털 트윈을 통해 비즈니스 기회를 확보할 수 있는 다양한 산업들을 살펴봤다.

이제 기업 환경에서 산업용 디지털 트윈을 계획하는 방법에 대해 알아보자. 산업용 디지털 트윈이 비즈니스 시나리오에 적용 가능한지 여부를 결정하는 데 사용할 수 있는 핵심 기준을 알아볼 것이다. 디지털 트윈 투자에 대한 비즈니스 사례를 개발하는 방법도 살펴볼 것이다. 계속해서 기능 및 비기능 요구 사항을 포함해 기업에서 디지털 트윈을 활용하기 위한 전제 조건을 살펴볼 것이다. 이를 통해 디지털 트윈에서 요구되는 기본적인 디지털 기술을 식별할 수 있다. 산업용 디지털 트윈 이니셔티브의 성공을 위해 필요한 조직적 요소에 대한 고려를 배제하지 않는다.

2장은 아래와 같은 주요 주제를 다룬다.

- 핵심 기준
- 비즈니스 결과 예측

- 디지털 트윈의 전제 조건

- 조직적 요소

- 기술적 요구 사항

∷ 핵심 기준

기업이 산업용 디지털 트윈 도입의 적절한 시점을 결정하는 데 도움이 되는 핵심 기준을 알아볼 것이다. 디지털 트윈은 물리적 자산 시스템 또는 공장의 제조 프로세스와 같은 프로세스가 될 수 있다. 디지털 트윈의 타겟에 따라 디지털 트윈이 비즈니스 가치를 추가할 수 있도록 객관적인 기준을 설정해야 한다. 여기에서는 비즈니스 가치와 결과는 더 넓은 의미로 사용되며 아래 내용을 포함한다.

- 자산의 수명 개선

- 프로세스 효율성 개선

- 운영 최적화 또는 운영 비용 절감

- 새로운 디지털 수익

- 경쟁 우위

- 최종 고객 만족도 개선

- 안정성 개선

- 탄소 발자국 감축과 같은 사회적 선행

결과적으로 핵심 기준이 설정되면, 더 광범위한 비즈니스 가치 대비 직접 및 간접 투자 및 기회 비용을 그림 2.1과 같이 더 쉽게 평가할 수 있다.

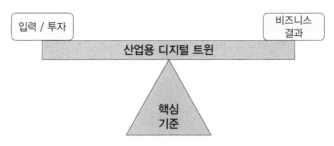

그림 2.1 산업용 디지털 트윈의 비즈니스 성과 평가

1장에서 산업용 디지털 트윈 도입의 결과로 도출되는 비즈니스 가치와 혁신적 가치를 논의했다. 디지털 트윈을 통해 추가된 전환 가치는 새로운 디지털 수익의 형태가 되는 경우가 많다. 디지털 트윈의 수익화는 단일 디지털 트윈 또는 **트윈투트윈**T2T, Twin2Twin 생태계 개념과 같은 트윈 생태계를 기반으로 할 수 있다(https://www.hcltech.com/blogs/twin2twin-new-paradigm-enterprise-digital-transformation 참조). T2T 개념은 **DTA**와 유사하다. 하지만 T2T는 상업용 빌딩을 효과적으로 운영하기 위한 **공조 설비**HVAC, Heating, Ventilation, and Air Conditioning와 보안 시스템 트윈을 갖춘 빌딩 및 공간 트윈과 같은 개별 트윈을 포함한다. 이 T2T 트윈은 비계층적인 특성을 갖는다.

단일 디지털 트윈은 **OEM**을 통해 수익을 창출할 수 있다. 즉, 물리적 제품의 디지털 트윈 사용에 대해 고객에게 요금을 청구한다. 이런 디지털 트윈은 물리적 제품에 대한 추가 기능add-on으로 판매될 수 있으며 자산의 예측 유지 보수 같은 특정한 목적을 갖고 있다. 앞서 언급한 T2T 관련 자료는 가치 사슬 내 다양한 이해관계자의 디지털 트윈이 "활기찬 T2T 경제를 만드는 데 도움이 될 수 있다"고 명시하고 있다. 이는 산업 가치 사슬의 다양한 공급자에게 수익 창출 기회를 제공한다. 최근에는 클라우드 분야의 마켓플레이스가 활성화돼 있다. 관련 예시 중 하나는 오라클(Oracle)의 클라우드 마켓플레이스로, 다양한 이해관계자들이 공동으로 수익을 창출할 수 있는 클라우드 컴퓨팅 서비스의 활기찬 생태계를 생성할 수 있다(https://cloudmarketplace.oracle.com/marketplace/oci 참조).

우리는 생태계의 다양한 참여자들이 디지털 트윈 시스템 또는 디지털 트윈 통합의 상호 의존적인 부분에 기여할 수 있는 디지털 트윈과 유사한 생태계가 형성될 것이라고 생각한다.

민간 부문은 종종 수익성에 의해 좌우되기 때문에 디지털 트윈은 일반적으로 비즈니스 가치를 주도해야 한다. 하지만 공공 부문의 경우 주요 동력은 지속 가능성을 제공하거나 향상된 시민 경험을 제공하는 공공 이익이 될 수 있다. 싱가포르는 자체적으로 도시의 디지털 트윈을 실험하고 있다. 정부 기관인 국립연구재단National Research Foundation은 교통 상황이나 긴급 상황을 시뮬레이션하는 데 활용할 수 있는 버추얼 싱가포르Virtual Singapore를 만들었다. 다음 링크(https://www.youtube.com/watch?v=QnLyy0owGL0&feature=youtu.be)에서 버추얼 싱가포르를 볼 수 있다. 디지털 트윈의 핵심 기준은 이해관계자에 따라 달라진다는 얘기다.

다음 절에서 공공 부문 시나리오와 함께 민간 부문의 특정 산업에서 예상되는 비즈니스 결과를 더 자세히 살펴볼 것이다.

비즈니스 결과 예측

1장에서 나온 디지털 트윈의 산업 활용 부분에서 산업용 디지털 트윈을 적용 가능한 산업 분야에 대해 논의했다. 이제 보다 구체적으로 예측 가능한 비즈니스 결과를 자세히 알아보자.

제조업 분야

물리적인 제품을 다루는 경우 제조사는 아래와 같은 책임을 가진다.

- 제품 디자인 및 개발

- 제조/조립

- 공급망 및 유통

- 제품 보증 및 평판

- 선택적 서비스 계약

이와 관련해 개별 및 프로세스 제조에 대해 자세히 알아보자.

개별 제조

항공기 제조를 예로 들어보자. 민간 항공기는 상당히 복잡한 제품으로 기체 또는 동체, 날개, 두 개 또는 네 개의 엔진, 착륙 기어 및 안정기와 같은 부품의 조립으로 구성된다. 항공기의 디지털 트윈을 복합 자산으로 구축하려면 항공기 주요 부품의 디지털 트윈을 전제로 해야 한다. 이런 부품은 서로 다른 OEM에서 제조할 수 있다. 예를 들어 항공기 는 보잉사에서 제조할 수 있지만 엔진은 **제너럴 일렉트릭**[GE]에서 만들 수 있다. 보잉이 설계한 착륙 장치는 현재 레이시온 테크놀로지스라고 불리는 유나이티드 테크놀로지스에 서 제조될 수도 있다. 그림 2.2는 항공기와 항공기의 주요 부품을 보여준다.

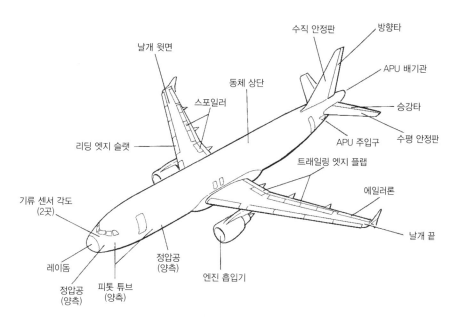

그림 2.2 항공기 주요 부품

항공기처럼 공급 업체가 제공하는 조립품이 복합 자산인 경우, 복합 디지털 트윈은 전 체 공급망의 협력에 의존한다. 결과적으로 GE와 레이시온 같은 주요 OEM 업체는 세부 부품 공급에 대해서는 여러 다른 공급 업체와 협력 관계를 갖는다.

승객과 화물을 운송하는 데 사용되는 민간 항공기의 경우 하이레벨 비즈니스 성과를 아래와 같이 나열할 수 있다.

- **항공기 제조사**: 항공사에 안정적인 항공기를 제공함

- **항공기 서비스 제공자**: 제조사는 유지 보수 서비스 제공 업체일 수도 있으며 작업의 신뢰성, 가동 시간 및 안전을 보장할 책임이 있음

- **항공기 소유자 또는 운영자**: 항공기를 운항하는 항공사는 승객이 이용하는 항공편의 안전과 정시 운항을 책임짐

- **항공기 승객**: 최종 고객은 다른 항공사와 같거나 더 나은 항공기 여행 비용으로 정시에 안전한 비행을 기대함

위 리스트는 항공기 제품을 생산하는 개별 제조 산업 맥락에서 이해하기 쉬운 비즈니스 성과로 구성된다. 이는 보잉이나 에어버스^{Airbus} 같은 기업이 아메리칸 항공이나 영국항공 같은 다른 기업에 판매하고 결과적으로는 항공기 승객인 개별적인 최종 소비자에게 서비스를 제공하는 **비투비투씨**^{B2B2C, Business-to-Business-to-Consumer} 비즈니스 모델의 좋은 예시다.

이제 민간 항공 산업의 단순화된 가치 사슬을 이해했기 때문에 항공기의 산업용 디지털 트윈이 여기에 얼마나 적합한지 평가할 수 있다. 제조사가 더 나은 항공기를 제작하거나 항공사에 더 나은 서비스를 제공하는 데 있어 항공기의 디지털 트윈이 도움이 된다면, 디지털 트윈은 비즈니스 성과를 제공하는 것이다. 마찬가지로, 디지털 트윈이 다운타임 시간, 특히 항공기의 예정되지 않은 다운타임 시간을 줄이고 비행의 안전과 효율성을 개선하는 데 도움이 된다면 비즈니스 가치를 제공하는 것이다.

항공사 승객은 항공기의 디지털 트윈 채택 또는 사용에 대한 직접적인 결정을 내리지 않지만 고객 만족도는 항공사의 비즈니스 결과에 직접적인 정보를 제공한다. 항공기의 디지털 트윈과 그 일부인 제트 엔진이 연비 또는 탄소 배출량을 개선하는 데 도움이 된다면 규제 준수를 개선하고 사회적 이익을 증진할 수 있다. 지나치게 단순화된 항공기 가치 사슬 모델에서 우리는 공항 및 지상 서비스 제공자와 같은 여러 비항공^{non-aeronautical}

이해관계자를 포함하지 않았다. 하지만 모든 이해관계자는 기본적인 항공 가치 사슬의 효율성에 대한 혜택을 받는다. 항공기의 디지털 트윈을 통해 예정에 없던 항공편 중단을 감소시킬 수 있고, 항공편 운영을 원활하게 진행할 수 있다.

이전에 논의한 필수 비즈니스 결과를 제공하기 위해 민간용 항공기의 산업용 디지털 트윈에서 기대되는 주요 비즈니스 결과를 정리하면 아래와 같다.

- 항공기의 현재 및 미래 모델을 개선

- 항공기의 예정되지 않은 다운타임 시간 감소. 이는 **불가동 항공기**[AOG, Aircraft On Ground]로 측정 가능함(https://www.proponent.com/causes-costs-behind-grounded-aircraft/ 참조)

- 연료 효율과 이산화탄소 배출량 개선

- 안전성과 신뢰성 개선, 운영 내 변동성 감소

다음 절에서 프로세스 제조 예시에 대해 알아볼 것이다.

프로세스 제조

개별 제조 부문에서 민간 항공기 예시를 살펴봤다. 항공 산업은 가장 큰 운영 비용 중 하나인 연료에 크게 의존한다. 따라서 프로세스 제조가 중요한 석유 및 가스 산업은 자연스러운 흐름[natural segue]이 될 것이다.

프로세스 제조는 식품 및 음료 산업을 포함한 소비재 포장 제품과 함께 석유 및 가스, 화학, 반도체, 플라스틱, 금속, 제약 및 생명 공학 산업에서 폭넓게 사용된다. 이는 정해진 레시피를 기반으로 혼합되는 액체와 다른 형태의 재료를 사용하는 경우가 많다. 프로판 가스는 프로세스 제조의 결과물이지만, 판매되는 최종 포장 제품은 개별 실린더 개수로 측정될 수 있다.

석유 산업은 아래와 같은 3가지 주요 부문으로 구성된다.

1. **업스트림 산업**: 유정^{oil wells}을 통한 원유 또는 천연 가스의 탐사, 시추 및 생산과 관련 있다.

2. **미드스트림 산업**: 석유 제품의 저장과 운송에 관련 있다.

3. **다운스트림 산업**: 석유 제품이 주유소를 통해 최종 소비자에게 도달할 수 있도록 정제 및 유통과 관련 있다.

그림 2.3은 해당 산업의 3가지 부문을 보여준다.

| **업스트림 산업**
• 마이닝 및 시추
• 원유 생산
• 천연 가스 | **미드스트림 산업**
• 운송
• 저장 | **다운스트림 산업**
• 정유
• 유통 |

그림 2.3 오일 및 가스 산업의 3가지 부문

이제 석유 및 가스 산업의 다양한 분야에서 디지털 트윈의 적용 가능성을 살펴보자. 유전은 **분출 제어 장치**^{BOP, BlowOut Preventer}라는 중요한 장비를 사용한다. BOP는 폭발을 방지하기 위해 유정 및 가스정을 모니터링, 밀폐 및 제어하는 데 사용된다. 하지만 BOP는 개별 프로세스 제조를 통해 생산된다. 다운스트림 산업에서 정유는 프로세스 제조를 포함한다. 그림 2.4와 같이 석유 화학 정유소는 항공기를 포함한 운송 산업을 위한 연료 생산의 중요한 역할을 한다.

그림 2.4 석유 화학 정유소

이제 디지털 트윈이 어떻게 석유 정유소에 가치를 제공할 수 있는지 살펴보자. 이런 맥락에서 일반적으로 사용되는 용어는 디지털 정유소[digital refinery]이며, 정유소 운영을 디지털화해 운영에 대한 전체적인 뷰를 제공하는 것을 의미한다. 원유 분류 프로세스를 최적화하기 위한 **상압 증류 공정**[CDU, Crude Distillation Unit] 디지털 트윈과 같은 몇몇 이니셔티브가 제공된다. 2018년 타네코[TANECO]와 켐텍[ChemTech]은 석유 분류[oil fractionation] 프로세스 최적화라는 비즈니스 목표 아래 상압 증류 공정의 디지털 트윈을 개발하기 위해 파트너십을 체결했다. 이 디지털 트윈은 생산 프로세스의 열역학적 모델을 사용한다(https://www.hydrocarbonprocessing.com/news/2018/06/taneco-and-chemtech-create-digital-twin-of-refinery 참조). 또한 아스펜테크[AspenTech]는 설비 내 운영 위험을 줄이기 위해 CDU 디지털 트윈을 사용했다.

석유 화학 산업은 배기가스 배출로 인한 환경적 영향을 제어해야 하는 과제를 안고 있다. 인도의 바라트 석유 회사[Bharat Petroleum Corporation Ltd]는 정유소 운영에 따른 환경에 미치는 영향을 제어하고 규제 지침을 준수하기 위해 정유소 전체 배기가스 배출 모델[Refinery Wide Emission Model] 디지털 트윈과 관련되어 아스펜테크와 협력하고 있다(https://www.worldofchemicals.com/media/digital-twin-for-refinery-wide-emission-and-efficiency-monitoring/4697.html 참조).

앞서 우리는 항공 산업과 석유 및 가스 산업 같은 2가지 중요한 산업을 살펴봤다. 개별 프로세스 제조 및 프로세스 제조의 예시와 해당 분야에서 비즈니스 성과를 촉진하기 위해 디지털 트윈 도입 기회를 제공하는 방법을 배웠다.

이번에는 스마트 제조 분야에서의 산업용 디지털 트윈을 알아보자.

스마트 제조

스마트 제조 또는 스마트 팩토리는 디지털 트윈, **IoT**, 3D 프린팅이라고도 하는 3차원 인쇄 같은 디지털 기술을 적용해 제조 산업을 개선하는 데 사용하는 광범위한 용어다. 산업 자동화 공급 업체인 지멘스, 록웰, GE 같은 산업 자동화 장비 공급 업체들은 스마트 제조를 용이하게 하기 위해 연결된 장비를 제공하는 데 초점을 맞추고 있다. 그러나 여기서는 쿠카[Kuka], ABB(구 Asea Brown Boveri) 같은 로봇 제공 업체에 중점을 둘 것이다. 디지털 트윈은 제조 로봇 제공 업체가 고객에게 디지털 서비스를 제공할 수 있는 기회를 제공한다. 그림 2.5는 관련 개념을 간략하게 보여준다.

실시간 데이터

실시간 제어

물리 기반 모델

디지털 트윈 특성

과거 데이터

통계적 모델

익명의 작가가 찍은 이 사진은 CC BY-SA라이선스를 받음

제조 현장의 로봇   디지털 트윈

그림 2.5 제조 로봇의 디지털 트윈

자동차 설비의 자동차와 같이 개별 프로세스 제조의 조립 라인 프로세스에서 로봇을 사용하는 경우 프로세스의 특정 단계를 디지털화해 해당 단계를 최적화할 수 있다. 그림 2.6의 쿠카처럼 제조업체가 제공하는 디지털 트윈 로봇을 사용해 조립 프로세스를 디지털 방식으로 매핑할 수 있으며, 이를 통해 처리량과 품질을 포함한 성능을 최적화하는 시뮬레이션 모델을 구축할 수 있다. 이러한 상황에서 쿠카는 디지털 트윈 로봇으로 작동되는 디지털 서비스를 설비 운영자에게 판매할 수 있다. 결과적으로, 설비 운영자는 스마트 제조에 디지털 서비스를 사용할 수 있고 생산하는 물리적 자산의 처리량과 품질을 개선할 수 있다. 디지털 데이터는 제조 프로세스의 초기 기록을 캡처해 자산의 디지털 스레드에 기여할 수 있다. 이런 서비스는 ABB나 쿠카 같은 공급자를 위한 **서비스로서의 로봇**RaaS, Robots as a Service의 가능성으로 연결된다.

인체를 생물학적 공장으로 생각하면 심장의 디지털 트윈과 스마트 페이스 메이커smart pacemaker는 비슷한 애플리케이션이다. 스마트 로봇이 공장 운영을 강화하고 개선할 수 있는 것처럼 페이스 메이커는 심장에 문제가 있을 경우 이 문제를 해결할 수 있다. 페이스 메이커는 기계적 및 전기적으로 인간의 심장을 모방하려고 한다. 페이스 메이커 디지털 트윈은 물리적 자산, 여기서는 페이스 메이커를 사용하는 사람의 심장을 개인화하는 데 도움을 준다. 디지털 방식으로 캡처되고 모델링된 페이스 메이커의 신호는 환자에게 의료 서비스를 제공하는 데 도움을 줄 수 있다(https://www.reuters.com/article/us-healthcare-medical-technology-ai-insi-medtech-firms-get-personal-with-digital-twins-idUSKCN1LG0S0 참조).

이 시나리오에서 디지털 트윈은 아래와 같은 결과를 제공한다.

- 페이스 메이커 제조사는 제품의 디자인을 개선하기 위한 인사이트를 얻을 수 있다.

- 데이터 및 패턴에 대한 이해가 증가함에 따라 제조사는 제품에 대한 추가 데이터 및 분석 서비스를 의사 또는 환자에게 제공할 수 있다.

- 의사와 같은 의료 서비스 제공자는 페이스 메이커의 배터리 교체 시기를 포함해 환자의 모니터링과 관리를 개선할 수 있고 이는 현재 널리 사용되고 있는 방식이다.

- 환자는 스마트폰 또는 태블릿 기반 애플리케이션을 통해 자신의 심장 관련 활동을 직접 모니터링할 수 있다.

앞에서 개별 제조 자산 최적화, 프로세스 제조 최적화, 스마트 팩토리 등 다양한 시나리오를 살펴봤다. 이런 영역은 산업용 디지털 트윈을 수용함으로써 추가적인 비즈니스 성과를 창출할 수 있다. 그림 2.6은 디지털 트윈의 물리적 자산 개입과 관련된 통찰력을 제공함으로써 가치를 창출하는 방법을 간단히 요약한 시각화 자료다.

실제 개체의 발명은 자동화할 필요가 없고 솔루션 초기 단계에서 사람이 개입할 수 있다.

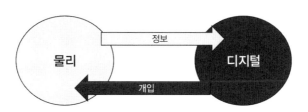

그림 2.6 물리 자산 및 디지털 트윈의 피드백 루프

물리적 개체에 대한 정보는 실시간 센서 데이터와 자산에 대한 과거 지식의 조합이다. 보다 정교한 시나리오에서는 날씨 데이터 또는 거시 경제 데이터와 같은 서드파티 데이터와 기업의 IT 시스템에서 제공하는 엔터프라이즈 데이터가 정보 소스에 포함될 수 있다.

계속해서 산업용 디지털 트윈 시스템, 즉 **공급망 관리**^{SCM, Supply Chain Management}에 대해 알아볼 것이다.

공급망 관리

SCM은 원재료 공급자를 생산자와 연결한 다음, 유통 측면에서는 생산자를 비즈니스(B2B) 또는 최종 소비자(B2C)와 연결한다. 그림 2.7은 공급망 프로세스에서 서로 다른 엔티티 간의 관계를 보여준다.

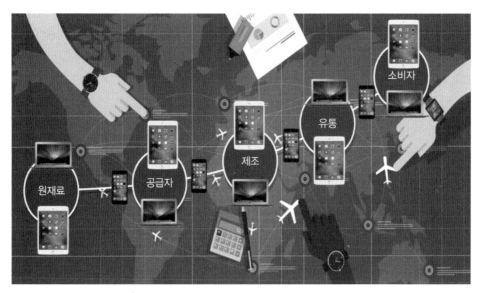

그림 2.7 공급망 프로세스

NOTE

이미지 출처: https://geobrava.wordpress.com/2019/04/16/how-ai-innovation-transforms-supply-chain-planning/

1장의 그림 1.5에서 물리적 자산의 관점으로 디지털 트윈 및 디지털 스레드 간의 관계를 살펴봤다. 공급망의 디지털 트윈은 시스템 관점에서 효율성에 중점을 두며 생산되는 특정 물리적 자산과는 무관하다. 2020년 8월에 발행된 가트너^{Gartner}의 보고서 「Hype

Cycle for Supply Chain Strategy」에서 디지털 공급망 트윈은 혁신 트리거 단계에 있음을 확인할 수 있다(https://www.supplychainquarterly.com/articles/3877-gartner-says-iot-technology-is-two-to-five-years-from-transformational-impact 참조). 이런 공급망의 디지털 포지셔닝은 5년 내에 "생산성의 정점plateau of productivity"에 도달할 것임을 내포한다. 하지만 우리는 특정 산업 부문에서 훨씬 더 가까운 시일 내에 상당한 비즈니스 가치를 제공할 것이라고 생각한다.

앞에서 우리는 산업 디지털 트윈을 통해 정량화 가능한 비즈니스 결과를 제공할 수 있는 다양한 시나리오를 다뤘다. 디지털 트윈 이니셔티브에 투자하거나 소비자로서 서비스와 혜택에 대한 비용을 지불하는 의사 결정자에게 매우 중요한 비즈니스 결과의 잠재적인 수혜자를 살펴봤다. 산업용 디지털 트윈에서 기대되는 비즈니스 성과는 가트너처럼 저명한 분석 회사들에 의해 잘 뒷받침되고 있다. 가트너는 2021년까지 대기업 절반가량이 디지털 트윈을 사용할 것으로 예상했다. 이를 통해 대기업은 비즈니스 부문에서 10%의 효율성을 개선할 수 있다(https://www.gartner.com/smarterwithgartner/prepare-for-the-impact-of-digital-twins/ 참조).

다음 절에서 디지털 트윈의 전제 조건에 대해 알아볼 것이다.

⸭ 디지털 트윈의 전제 조건

디지털 트윈에 대한 투자를 정당화하기 위해서는 디지털 트윈의 적용 가능성이 명확하게 이해되는 방식으로 비즈니스 문제를 다뤄야 한다. 트럭 운송 산업의 연료 비용을 예시로 들어 관련 전제 조건을 살펴보자.

- **비즈니스 문제**: 트럭 운송과 관련된 높은 연료 비용
- **비즈니스 목표**: 트럭 운송 작업에 부정적인 영향을 미치지 않고 연료 비용 절감
- **제안된 솔루션**: 트럭 또는 트럭 운송 작업에 대한 디지털 트윈을 생성하고 연료 비용 최적화

디지털 트윈과 관련된 비즈니스 문제와 제안된 솔루션에 대한 간략한 설명을 바탕으로 아래와 같은 전제 조건을 살펴보자.

- **모델**: 1장에서 살펴본 것처럼, 트럭의 디지털 트윈을 생성하려면 물리 기반 또는 분석 기반 모델을 사용해야 한다. 모델이 이미 존재하거나 물리적 자산 및 운영에 대한 데이터와 지식을 기반으로 할 경우 쉽게 생성할 수 있다.

- **프레임워크**: 프레임워크는 모델을 인스턴스화하고 자산(트럭)에 적용하는 데 사용할 수 있는 소프트웨어 또는 시스템이다. 프레임워크는 센서 데이터 및 관련 데이터를 수집해 디지털 트윈을 생성하거나 최신 상태로 유지할 수 있어야 한다.

- **애플리케이션**: 트럭 운송과 관련된 연료비 절감과 같은 비즈니스 목표를 달성하기 위해, 프레임워크 기반의 애플리케이션은 비즈니스 사용자에게 실행 가능한 단계를 제공해야 한다. 애플리케이션은 트럭 운전자에게 주기적 또는 거의 실시간으로 데이터를 제공할 수 있다.

요약하면 모델, 프레임워크 및 애플리케이션은 조직 내에서 디지털 트윈을 성공적으로 도입하기 위한 핵심 전제 조건이다. 디지털 트윈의 구성 요소를 관찰할 수 있는 다양한 관점이 존재한다. 특히 퓨처리스믹^{Futurithmic}은 디지털 트윈의 핵심 구성 요소를 3가지로 정의했다(https://www.futurithmic.com/2020/04/14/how-digital-twinsdriving-future-of-engineering/ 참조). 3가지 구성 요소는 아래와 같다.

1. 데이터 모델

2. 알고리듬 또는 분석

3. 실행 제어

이 관점에서 데이터 모델은 물리적 엔티티의 자산 모델과 연동된다. 간단히 말해 자산에 온도, 압력 및 진동에 대한 센서가 있는 경우 데이터 모델 또는 자산 모델은 센서 데이터의 메타 데이터의 정보를 제공한다. 이를 통해 어떤 시계열 데이터 스트림이 온도 값과 해당 엔지니어링 단위(섭씨 또는 화씨)인지 결정하는 데 도움이 된다. 알고리듬은 센서 데이터의 중요성과 자산 상태에 대한 상관 관계를 보여준다. 간단한 예시를 들면 진동 수준이 심해지면서 자산 온도가 10분 동안 5도 증가하면 경보를 생성한다. 실행 제어는 온도 및 진동의 급격한 증가로 인해 사용자의 행위를 발생시키는 행동과 관련된 통제를 의미한다. 이런 개입은 센서 데이터(온도, 압력 그리고 해당 속성의 변화율)를 통해 측정된 변화에 대응해야 하기 때문에 자산을 중단시킬 수도 있다.

듀라오Durao, 헤이그Haag, 슈처Schutzer, 잔쿨Zancul이 작성한「Digital twin requirements in the context of Industry 4.0」이라는 논문은 관련 문헌의 조사를 바탕으로 디지털 트윈 전제 조건 또는 요구 사항을 보다 상세하게 열거한다. 아래 리스트는 문헌 조사에 포함된 디지털 트윈 전제 조건에 대한 언급 횟수를 내림차순으로 나타낸 것이다.

- 자산의 실시간 데이터

- 통합

- 정확도

- 상호 작용

- 통신

- 컨버전스

- 자동 업데이트

- 자율성

- 연결성

- 데이터 수집

- 데이터 캡처

- 데이터 품질

- 데이터 보안

- 데이터 웨어하우징

- 효율성

- 확장성

- 외부에서의 실시간 접근성

- 독립적으로 확장

- 정보 처리 상호 운용

- 모듈성

- 프로세스 계획

- 실시간 위치

- 확장성/확장형

- 안정적인 데이터 수집

- 안정적인 운영

이런 관점에서 디지털 트윈의 가장 중요한 요구 사항은 실시간 데이터 처리 능력과 통합 및 정확도다. 이 부분을 좀 더 분석해보자. 데이터를 생성하려면 자산에 적절한 센서를 장착해야 한다. 센서는 자산에 포함되거나 자산의 표면 또는 주변 환경에 새로 장착할 수 있다. 실시간 데이터 요구 사항은 디지털 트윈에서 제공하는 애플리케이션에 적합한 속도로 해당 정보를 수집하는 기능을 의미한다. 실시간 데이터를 통해 자산의 현재 상태를 확인하고 적시에 개입할 수 있다. 예를 들어 항공기는 비행 중에 제트 엔진 같은 핵심 시스템의 스냅샷 또는 요약 정보를 전송한다. 해당 실시간 정보는 적시에 처리돼 다음 비행을 위한 항공기 상태와 관련된 중요한 결정을 내릴 수 있다. 따라서 여기서 "실시간"이라는 용어는 상대적이다. 항공기 데이터를 디지털 트윈에 적용한 결정의 시간 범위는 몇 분에서 1시간 정도다. 하지만 사람의 심장을 강화하는 페이스 메이커의 경우 시간 단위가 훨씬 더 미세할 수 있다.

데이터 통합의 두 번째 요구 사항은 트윈의 서로 다른 하위 시스템 또는 자산 집합의 경우 서로 다른 자산의 데이터를 연결하는 것이다. 민간 항공기는 2개 또는 4개의 엔진을 장착하고 있다. 대부분의 항공기는 엔진 하나가 비행 도중 고장 났을 때 안전하게 작동하도록 설계됐다. 설계상 운항 중 엔진 한 개가 중지되더라도 항공기에 영향을 미치지 않으며 승객들은 알아채지 못한다. 복합 자산의 서로 다른 구성 요소, 즉 항공기와 해당 엔진 간의 데이터 통합이 핵심이다. 데이터 통합뿐만 아니라 실시간에 가까운 데이터도 필요하다. 이는 항공기의 자매 엔진을 수정해 발생하는 추력 수준을 증가시켜 엔진이 하나 줄어든 상태에서 항공기의 고도를 유지하도록 하기 위한 것이다.

엔진 오일 압력의 급격한 감소는 운항 중 엔진 고장의 주요 지표가 될 수 있다. 특정 엔진 또는 엔진 하나가 부족한 상황에서 안전하게 비행하기 위해 조종사는 항공기 속도나 고도를 조정할 수 있다.

1장에서 살펴본 것처럼, 디지털 트윈 신뢰도는 모델의 정교함과 관련된 경우가 많다. 신뢰도는 물리적 자산의 유사성을 결정한다. 신뢰도를 가진 디지털 트윈은 보다 복잡한 디지털 트윈 애플리케이션에 사용될 수 있지만, 계산 복잡성이 증가해 전체 프로세스를 관리하는 비용도 증가한다.

이제 전제 조건과 디지털 트윈 요구 사항에 대한 더 자세한 내용을 배웠다. 이어지는 두 개의 절에서는 디지털 트윈 이니셔티브의 조직적 · 기술적 요구 사항을 살펴볼 것이다.

먼저 조직 요소와 문화적 요소를 알아볼 것이다.

⁝⁝⁝ 조직적 요소

산업 분야 대기업들은 디지털 트윈을 채택함으로써 주요 디지털 전환을 이룰 것이다. 이 기업들은 일종의 소프트웨어 회사가 될 것이다. 이런 현상은 이미 지난 5~7년 동안 대부분의 대기업에서 확인됐다. 허니웰Honeywell, GE, 지멘스Siemens, ABB, 히타치Hitachi, 보쉬Bosch, 슈나이더 일렉트릭Schneider Electric 등과 같은 기업의 예시를 살펴보자.

- 허니웰: 2019년 7월, 허니웰의 CEO인 다리우스 아담치크^{Darius Adamczyk}는 허니웰이 "커넥티드 소프트웨어 판매가 계속해서 두 자릿수 속도로 성장하는 최고의 소프트웨어 산업 기업"으로 변화하고 있다고 말했다. 허니웰은 **산업용 IoT**^{IIoT, Industrial IoT} 소프트웨어 솔루션과 같은 디지털 기술에 집중하기 위해 **허니웰 커넥티드 엔터프라이즈**^{HCE, Honeywell Connected Enterprise} 유닛을 출범했다.

- GE: GE는 2010년대 중반에 디지털 산업 기업이 되기로 결정했다. 디지털 산업 기업에 대한 GE의 비전은 인포그래픽으로 확인할 수 있으며, 관련 내용은 다음 링크(https://www.ge.com/digital/sites/default/files/download_assets/What-is-a-digital-industrial-company-infographic.pdf)에서 다운로드할 수 있다. GE는 이 비전을 실행하기 위해 **최고디지털책임자**^{CDO, Chief Digital Officer} 아래 GE 디지털^{GE Digital}을 설립했다. GE 디지털은 소프트웨어 기업과 유사한 비즈니스 유닛이다. 이 유닛의 목표는 GE가 제조한 산업 자산의 디지털 트윈을 생성하고 유지 보수하기 위해 사용할 수 있는 산업용 인터넷 플랫폼을 만드는 것이었다. 동일한 플랫폼을 사용해 다른 제조업체의 유사한 자산에 범용적인 트윈을 적용하거나 GE 고객이 사용하는 서드파티 자산에 대한 맞춤형 디지털 트윈을 구축할 수 있다. 서드파티 자산의 예시는 GE의 제트 엔진으로 구동되는 항공기를 사용하는 항공사에서 사용하는 제빙기가 될 수 있다. 또한 GE디지털은 이를 중심으로 광범위한 파트너 생태계를 조성하고 2014년 **산업용 인터넷 컨소시엄**^{IIC, Industrial Internet Consortium}이 등장하는 데 핵심적인 역할을 했다.

- 지멘스: 비슷한 맥락에서 지멘스는 "우리는 가상과 물리, 하드웨어와 소프트웨어, 디자인과 제조 세계를 통합해 산업 영역 간의 경계를 허물고 있다"며 포괄적인 디지털 트윈에 대한 비전을 밝혔다(https://www.sw.siemens.com/ 참조).

IoT 및 디지털 트윈과 같은 새로운 기술을 최대한 활용하려면 조직의 많은 변화를 필요로 한다. 우리는 유사한 변화를 겪고 있는 허니웰, GE, 지멘스 같은 산업 분야 대기업들의 예시들을 살펴봤다. 이런 변화 요소를 아래처럼 분류할 수 있다.

- **디지털 기술 및 인재**: 여기에는 IoT, 시뮬레이션, 클라우드 컴퓨팅 등과 같은 분야의 기술을 가진 인재가 포함될 수 있다.

- **생태계 및 제휴**: 산업용 디지털 트윈의 이점을 최대한 활용하려면 기업이 운영하는 생태계 전반에서 협업하고 필요에 따라 파트너십과 제휴를 맺어야 한다.
- **조직 구조 및 문화**: 민첩하고 새로운 이니셔티브에 맞춰 문화와 조직 구조를 변경할 수 있는 기업은 산업용 디지털 트윈을 성공적으로 적용할 가능성이 높다.

디지털 기술 및 인재

디지털 트윈은 커넥티드 장치 또는 운영 환경에서 센서 데이터를 관리하기 위해 IoT 플랫폼과 같은 새로운 기술을 적용할 수 있다. 디지털 트윈 구축에는 트윈의 모델링 및 시각화를 위한 추가적인 소프트웨어 기능이 포함될 수 있다. IoT 플랫폼은 자산 또는 운영에 근접한 클라우드 및 엣지 컴퓨팅 환경 내의 IoT 코어로 구성되는 경우가 많다. 또한 자산의 디지털 트윈은 개념적으로 사용 사례에 따라 클라우드 또는 엣지에 포함돼 있을 수 있다. 조직은 기술 요구 사항을 식별, 구축 및 유지 보수하기 위한 디지털 인재를 필요로 한다.

생태계 및 제휴

조직은 내부 관련자, 생태계 참여자와 협업하는 경우가 많다. 예를 들어 우리는 이미 공급 업체의 복잡한 부품이 조립된 항공기를 살펴보았다. 즉 보잉은 GE나 롤스로이스^{Rolls-Royce}로부터 필요한 제트 엔진을 구입할 수도 있다. 이런 경우 전체 항공기의 디지털 트윈은 전체 생태계의 참여에 크게 좌우된다. 공급망의 다양한 참여자들은 그동안 서로 경쟁하는 경우가 많았고 협력할 인센티브가 많지 않았다. 이로 인해 해당 산업 분야가 가치 사슬 전반에서 협업을 촉진하기 어려운 환경에 처해 있었다.

최근 몇 년 동안 IIC 및 **디지털 트윈 컨소시엄**^{DTC, Digital Twin Consortium} 같은 산업 컨소시엄의 성장을 목격했다. IIC와 DTC 같은 조직은 업계의 이해관계자를 참여시켜서 범용적인 프레임워크 및 기본 원칙을 수립하고 IoT 및 산업용 디지털 트윈과 같은 신기술의 채택을 가속화했다.

조직 구조 및 문화

산업용 디지털 트윈은 **주제 전문가**^{SME, Subject Matter Expert}와 기술 인력 간의 긴밀한 조정이 필요하다. 따라서 디지털 트윈은 **최고정보관리책임자**^{CIO, Chief Information Officer} 산하의 IT 조직에 완전히 속하지 않을 수도 있다. 마찬가지로 제조부서 부사장과 같은 **영업 부문**^{LOB, Line Of Business} 리더에 완전히 속하지도 않는다. 대신 그런 기술 관련 역량을 주관하는 새로운 조직과 역할의 출현을 목격했다. 그러한 역할 중 하나가 CDO로, 이 부서는 산업용 디지털 트윈과 같은 이니셔티브의 성공을 담당한다. 이런 상황에서 CDO 그룹은 관련 기술을 조사하고 해당 기술 관련 디지털 인재 풀 개발을 책임지게 된다. CDO 그룹은 관련 컨소시엄에 대한 기업의 참여를 촉진하고 디지털 트윈의 개발과 가치 창출을 가속화하기 위해 제휴와 파트너십을 구축할 수도 있다. 이런 프로세스는 최신 기술을 신속하게 도입할 수 있게 해준다. 이 책에서 디지털 트윈과 재생 에너지의 혁신이 어떻게 통합되는지 설명할 것이다.

새로운 기술을 도입할 때 혁신과 실험의 문화는 매우 중요한 역할을 한다. 이를 위해서는 기술자와 주제 관련 전문가가 부서의 장벽을 허물고 소통하고 협력해야 한다. 때로는 교차 기능 전문가들을 **전문가 조직**^{CoE, Center of Excellence} 같은 부서에 배치함으로써 이런 목표를 달성할 수 있다. 이런 그룹은 다른 경우에 시각적일 수 있지만 더 높은 수준의 커뮤니케이션 및 협업이 가능하다.

조직 민첩성의 결과

이런 조직 및 문화 변화가 가치 창출에 도움이 되는지 확인하기 위해 앞서 논의한 몇몇 기업의 성공 사례를 간략히 살펴보자. 노르웨이 오슬로에 있는 기업 룬딘^{Lundin}은 허니웰 자산 디지털 트윈 기능을 사용해 왔다. 북해에서 운영 중인 이 석유·가스 기업은 사람, 프로세스 및 자산의 생산성을 극대화하기 위해 허니웰 포지^{Honeywell Forge}의 엔터프라이즈 성능 관리^{Enterprise Performance Management} 소프트웨어를 사용해 해양 석유 플랫폼의 프로세스 및 장비를 모니터링한다.

룬딘은 이산화탄소 배출량 계산에 도움이 되는 "에너지 손실$^{energy\ loss}$" 보고서를 작성하기 위해 허니웰 자산 디지털 트윈을 사용하고 있다. 에너지 생성 프로세스의 디지털 트윈은 룬딘이 에너지 생성 자산 수준에서 전체 에너지 분석을 수행할 수 있도록 지원한다.

산업용 디지털 트윈의 기술 요구 사항을 살펴보자.

⫶ 기술적 요구 사항

앞에서 우리는 산업용 디지털 트윈에 대한 전제 조건과 요구 사항을 포괄적으로 논의했다. 이제 이들에서 비롯된 기술적 요구 사항에 대해 알아보자. 최근 부상하고 있는 디지털 기술이 여기서 유용하게 쓰일 것이다. 알아볼 분야는 아래와 같다.

1. 프레임워크 및 모델: IIoT 시스템 및 클라우드 vs 온프레미스

2. 연결성: 자산에서 엣지로, 엣지에서 클라우드로, 클라우드에서 클라우드로

3. 데이터 캡처 및 스토리지

4. 엣지 컴퓨팅

5. 알고리듬 및 분석: **중앙처리장치**$^{CPU,\ Central\ Processing\ Unit}$ 및 **그래픽처리장치**$^{GPU,\ Graphics\ Processing\ Unit}$

6. 플랫폼 및 애플리케이션

7. 시각화: 대시보드, 경고, **AR** 또는 **VR**

8. 인사이트 및 대응: 루프 및 현장 서비스에서 상호 작용

9. 피드백: 제품 피드백, 프로세스/운영, 트레이닝

10. 소프트웨어 개발 패러다임 및 로우코드

위 내용이 모든 것을 포함하지는 않는다. 데이터 수집에 필요한 센서, 자산의 센서 배치, 전원 및 배터리 수명이 추가적인 고려 사항으로 포함될 수 있다.

프레임워크 및 모델

이번에는 디지털 트윈의 맥락을 이해하고 디지털 트윈 관련 자산, 프로세스 또는 시스템의 메터 데이터를 관리하기 위한 소프트웨어 시스템을 살펴볼 것이다. 일반적으로 IIoT 플랫폼과 디지털 트윈 시스템은 상당히 중복되고 있음을 알 수 있다. 디지털 트윈 시스템은 IIoT 플랫폼에 포함되기도 한다. 일반적으로 논의되는 디지털 트윈 시스템의 몇 가지 예시는 아래와 같다.

- 오라클Oracle IoT 디지털 트윈 프레임워크Digital Twin Framework(https://docs.oracle.com/en/cloud/paas/iot-cloud/iotgs/iot-digital-twin-framework.html)

- 애저Azure 디지털 트윈Digital Twin(https://azure.microsoft.com/en-us/services/digital-twins/)

- IBM 디지털 트윈 익스체인지Digital Twin Exchange(https://www.ibm.com/internet-of-things/trending/digital-twin/ 또는 https://digitaltwinexchange.ibm.com/)

- 앤시스Ansys 트윈 빌더Twin Builder(https://www.ansys.com/products/systems/ansys-twin-builder)

- GE 프리딕스 플랫폼Predix Platform(https://www.ge.com/digital/applications/digital-twin)

위 리스트 중 GE, 마이크로소프트, 오라클, IBM은 IIoT 플랫폼 관련 제품으로 잘 알려져 있다. 여기서는 이들 기술적인 시스템을 자세히 다루지 않겠지만 추후 이 부분을 자세히 알아볼 것이다.

연결성

연결성은 크게 아래 범주로 분류할 수 있다.

- 센서와 자산 사이의 연결성: 센서는 물리적 자산에 내장하거나 서비스 중에 개조하거나 자산 표면과 같은 애프터마켓에 개조할 수 있다. 이런 경우 센서는 자산 또는 위치별로 하나의 중앙 시스템과 통신을 수행해야 한다. 모든 센서가 유선으로

연결되는 것은 아니다. 모든 물리적 자산이 자체 전원을 갖고 있는 것도 아니기 때문에 일부는 배터리가 필요할 수도 있다. 엔진이 켜지지 않은 지상의 항공기는 지상 동력 장치를 사용한다는 점을 기억해야 한다. 프로토콜 변환 같은 추가 기능이 필요할 수 있다.

- 자산 또는 센서에서 게이트웨이/엣지 장치로: 자산은 특정 위치에서 애그리게이터 또는 게이트웨이 장치에 연결될 수도 있다. 이런 경우 **저전력 블루투스**BLE, Bluetooth Low Energy나 와이파이 같은 무선 통신이 필요하다. 설정을 통해 하나의 게이트웨이 장치(최소 장치 개수)가 특정 위치에서 클라우드 또는 원격 데이터 센터에서 운영되는 IoT 코어IoT Core/디지털 트윈 시스템에 포함된 모든 자산에 대한 연결을 관리할 수 있다.

- 엣지/게이트웨이에서 클라우드로: IoT 또는 디지털 시스템이 퍼블릭 클라우드 또는 원격 데이터 센터에 있다고 가정하면, 엣지 장치는 코어에 연결하고 안전한 방식으로 데이터를 전송해야 한다. 엣지 장치는 필요한 경우 데이터를 처리하거나 저장할 수 있다. 5G 기술의 출현은 중앙 위치에서 원격 현장 자산의 디지털 트윈을 중앙에서 확인하거나 유지 보수하는 데 도움이 될 수 있다. 노키아Nokia와 보쉬는 이런 이니셔티브를 수행하고 있다. 커넥티드 디지털 트윈 시스템과 관련된 인사이트의 결과로, 자산 시스템의 활용은 가까운 미래에 실현될 수 있다. 공장이나 발전소의 자산은 대부분 유선 네트워크를 통해 클라우드 기반 시스템에 연결된다.

- 클라우드에서 클라우드로: 데이터 수집 및 데이터 처리 시스템이 다를 수 있으며 서로 다른 클라우드에 있을 수 있다. 이런 상황에서 클라우드 간 통신이 필요하다. 데이터가 외부에 저장되는 경우 사이버 보안이 중요해진다.

앞서 데이터 연결 요구 사항의 다양한 시나리오를 살펴봤다. 이들 시나리오는 디지털 트윈 프레임워크의 다양한 아키텍처 패러다임을 활성화한다.

데이터 캡처 및 스토리지

자산 데이터는 디지털 트윈 시스템에서 수집, 저장 및 구성된다. 센서의 가장 일반적인 데이터 포맷은 시계열 데이터로, 일반적으로는 이력 장치나 시계열 데이터베이스에 저장된다. 보통 빅데이터라고 하는 비디오 또는 사운드 파일 같은 비정형 데이터도 이런 시스템에 저장할 수 있다. 하둡Hadoop 같은 시스템이 이런 데이터를 저장하는 데 적절하다. 메타 데이터나 자산 데이터는 기업 데이터와 함께 관계형 데이터베이스에 저장될 수 있다. 요약하면 데이터 저장소 요구 사항은 SQL, NoSQL, 하둡 같은 복합적인 기술들을 통해 수행할 수 있다.

엣지 컴퓨팅

일반적으로 데이터는 센서와 자산에서 생성돼 엣지를 통해 코어로 전달된다. 하지만 대부분의 경우 엣지는 데이터 형성 또는 데이터 전처리, 분석, 저장 및 통신에서 중요한 역할을 한다. 디지털 트윈 시스템 구성 요소는 필요한 경우 엣지 시스템과 코어 시스템에 배포될 수 있다. 지리적으로 분산된 전체 자산의 디지털 트윈은 핵심 또는 중앙 위치에만 존재할 수 있다. 엣지는 시스템에 단일 자산의 트윈을 배포하는 데 사용된다.

알고리듬 및 분석

엣지는 특정 자산을 대상으로 제한된 알고리즘과 실시간 분석을 실행할 수 있다. 따라서 범용 디지털 트윈 시스템에서 자산 수준의 알고리듬 및 분석 모델은 이상적으로 한 번 작성되고 엣지 또는 코어 내에 배포된다. 엣지에 필요한 볼륨, 특성 및 계산 속도에 따라 CPU와 GPU를 사용할 수 있다. GPU 필요성에 대한 전형적인 예시는 비디오 데이터를 처리하는 경우 및 해당 데이터를 엣지에서 처리해야 하는 경우다. 코어 시스템을 포함해서 IoT나 디지털 트윈 플랫폼을 실행하는 시스템은 일반적으로 GPU가 장착된 가상 머신, 베어 메탈 서버 또는 고성능 컴퓨팅HPC, High-Performance Computing을 활용한다.

딥러닝을 포함해서 복잡한 **AI** 알고리듬 학습이 필요한 경우 GPU를 활용한다. 더 자세한 내용은 추후에 다룬다.

플랫폼 및 애플리케이션

디지털 트윈 시스템의 블록 생성 기능을 플랫폼이라고 한다. 플랫폼을 통해 동일한 일반 기능 모음이 반복적으로 재구성되는 것을 방지할 수 있다. GE의 프리딕스 플랫폼이나 마이크로소프트 애저 플랫폼은 IoT 플랫폼 범주에 포함된다. 이 IoT 플랫폼은 다양한 산업에 대한 사용 사례를 제공한다. 하지만 이런 플랫폼 위에 구축된 애플리케이션은 매우 제한된 목적을 위해서 사용된다. 동일한 플랫폼에서 페이스 메이커, 항공기나 자동차의 디지털 트윈을 관리할 수 있지만 이 애플리케이션과 애플리케이션의 목표는 매우 다를 수 있다. 때로는 항공 또는 의료 산업과 같이 IoT 플랫폼을 기반으로 산업별 또는 기능별(자산 모니터링 VS 제조) 애플리케이션 제품군을 개발할 수 있는 계층적 접근 방식이 사용된다. 하나의 계층은 산업별 보안 및 규정 준수 요구 사항과 함께 해당 산업의 보편적인 애플리케이션 요구 사항을 일반화할 수 있다. 그 다음 또 다른 애플리케이션 계층은 항공 산업의 제트 엔진 같은 특정 자산군이나 헬스케어/의료 기기 분야의 페이스 메이커가 될 수 있다.

시각화

플랫폼은 디지털 트윈의 시각화, 경고 기능이 있는 자산 모니터링 대시보드 또는 자산 트윈의 전체 보기와 같은 기본 시각화 기능을 제공할 수 있다. 애플리케이션 사용자는 이런 기능을 재사용 또는 수정하거나 자신만의 디지털 트윈 시각화를 생성할 수 있다. 보다 정교한 솔루션에서는 자산 디지털 트윈과 상호 작용을 강화하기 위해 AR이나 VR을 활용할 수 있다.

인사이트 및 대응 : 루프 및 현장 서비스에서 상호작용

여기에는 운영자가 디지털 트윈을 통해 자산에 대한 통찰력을 얻고 적절한 조치를 취할 수 있는 광범위한 기능이 포함된다. 현장 서비스 전문가는 AR/VR을 사용해 예정되지 않은 유지 보수 작업과 같은 현장 상황에서 자산과의 상호 작용을 강화할 수 있다.

피드백 : 제품 피드백, 프로세스/운영, 트레이닝

디지털 트윈의 전체 솔루션은 피드백 루프를 제공해야 한다. 이런 조치는 지식 관리 시스템을 통해 트윈에서 얻은 통찰력을 확보하기 위한 것이다. 제품 디자이너와 엔지니어는 향후 제품을 개선하기 위해 이 정보를 마이닝할 수 있어야 하며, 테슬라 자동차처럼 소프트웨어 중심 제품 경우 현장에서 제품의 향후 수정 버전을 제공할 수 있어야 한다. 테슬라는 소프트웨어 수명에 걸쳐 현재의 차량 소프트웨어 제품을 개선하기 위해 소프트웨어에 대한 **공중 무선통신**^{OTA, Over-the-Air} 업데이트를 사용한다.

그림 2.8 차량에 OTA 업데이트 적용

소프트웨어 개발 패러다임 및 로우코드

결국 소프트웨어 개발 프레임워크는 민첩하고 신속한 개발을 수행하기 위해 안정적이고 다양한 기능을 제공해야 한다. 자주 사용되는 용어는 아래와 같다.

- 클라우드 네이티브 또는 마이크로 서비스 프레임워크

- 로우코드 개발 프레임워크

- 전체 생태계에서 여러 팀과 기업들 간 협력을 위한 **소프트웨어 개발 키트**^{SDK, Software Development Kit} 및 **애플리케이션 프로그래밍 인터페이스**^{API, Application Programming Interface}

앞서 산업용 디지털 트윈 시스템의 기술적 요구 사항을 살펴봤다. 다음 장에서 디지털 트윈으로 해결할 수 있는 특정 문제에 대해 이런 기술 구성 요소의 선택 방법을 알아볼 것이기 때문에, 그런 측면 중 일부를 더 자세히 알아볼 것이다.

요약

이번 장에서는 산업용 디지털 트윈의 계획 프로세스에 대해 살펴봤다. 디지털 트윈 애플리케이션의 특성과 원하는 예상 결과를 바탕으로 하는 주요 기준도 배웠다. 기업의 디지털 트윈 도입을 위한 기술적 및 비기술적 전제 조건을 검토했다. 이러한 의사 결정 프로세스를 적용하기 위해 항공 산업, 석유 및 가스 산업, 의료 기기 산업 등 다양한 산업 분야의 사례를 다뤘다. 따라서 이번 장에서 살펴본 디지털 트윈의 범용 프레임워크는 산업 영역에 구애 받지 않고 적용할 수 있다. 우리는 산업용 디지털 트윈에 대한 비즈니스 정당성을 고려하고 검토하고자 한다.

1장과 2장은 산업용 디지털 트윈의 "의미^{what}"와 "이유^{why}"에 초점을 맞췄다. 1장에서 디지털 트윈의 배경과 정의를 다룬 후에 이런 정보를 바탕으로 디지털 트윈의 전제 조건에 대한 평가와 분석의 장을 마련했다.

2부에서는 디지털 트윈을 식별, 계획, 구축하는 데 초점을 맞출 것이다

3장에서는 디지털 트윈의 적합한 후보를 평가하는 방법을 논의할 것이다. 이런 맥락에서 다양한 역할과 책임에 대해 알아볼 것이다. 이 프로세스는 이 책에서 산업용 디지털 트윈의 프로토타입을 구축하기 위한 최종 후보를 선발하는 데 활용할 수 있다.

질문

아래 질문들은 이번 장의 이해도를 테스트하기 위한 목록이다.

1. 산업용 디지털 트윈의 예상 비즈니스 결과는 무엇인가?

2. 디지털 트윈을 프로세스 제조 산업에 적용할 수 있는가?

3. 디지털 트윈 이니셔티브 성공에 기여할 수 있는 조직적 요인은 무엇인가?

4. 디지털 트윈에서 클라우드 컴퓨팅의 역할은 무엇인가?

2부

디지털 트윈 구축

2부에서는 첫 번째 디지털 트윈을 구축한 다음 의도된 목적과 관련해 디지털 트윈을 테스트 및 검증하는 방법을 알아본다. 또한 디지털 트윈의 운영을 안정화하고 궁극적으로 해당 프로세스를 확장하는 방법을 살펴볼 것이다.

2부는 아래와 같이 5개의 장으로 구성된다.

- 3장 첫 번째 디지털 트윈 식별

- 4장 첫 번째 디지털 트윈 구축

- 5장 디지털 트윈 프로토타입 설정

- 6장 디지털 트윈 프로토타입 구축

- 7장 배포 및 가치 추적

03

첫 번째 디지털 트윈 식별

2장에서는 디지털 트윈의 기획 방법과 기업에서 필요한 디지털 트윈의 주요 요건, 이에 대한 예상 비즈니스 성과를 다뤘다. 서로 다른 산업 분야와 그 분야의 생태계 관점에서 이를 살펴봤다. 또한 조직적·문화적 요인을 포함한 디지털 트윈의 전제 조건을 분석했다. 마지막으로 디지털 트윈을 위한 기술적 요구 사항도 살펴봤다.

이번 장에서는 다양한 기업의 맥락에서 디지털 트윈의 평가 프로세스를 다룬다. 이 프로세스는 내외부 기회에 있어 디지털 트윈의 관련성에 대한 폭넓은 이해를 제공한다. 우리는 이 관련성을 현재 기업에서 만들고 광고하는 실제 역할 및 책임과 연결시킬 것이다.

- 디지털 트윈 후보 평가
- 역할과 책임
- 조사 및 상호작용
- 최종 후보

요약하자면 이번 장에서는 비즈니스의 특성과 달성 가능한 결과에 기반한 첫 번째 디지털 트윈 구축 과정을 다룰 것이다. 따라서 첫 번째 디지털 트윈을 식별하고 평가하는 것이 중요한 의미를 가진다. 여기에서 해당 프로세스를 자세히 살펴볼 것이다.

⠿ 디지털 트윈 후보 평가

이번 절에서는 산업용 디지털 트윈의 잠재력을 파악한 다음 추후 사용하고자 하는 디지털 트윈을 평가할 것이다. 이는 사용자와 관련된 기업 또는 이니셔티브의 맥락에서 수행돼야 한다. 여기에서 다양한 시나리오에 대한 평가를 수행할 것이며, 여러 사용 사례를 확인함으로써 디지털 트윈 평가에 도움을 줄 것이다.

아래와 같은 환경에서 디지털 트윈 평가를 수행할 수 있다.

- 산업 분야 대기업

- 단일 산업 분야에서의 대규모 기업

- 공공 부문 엔티티

- 소프트웨어 대기업 또는 공공 클라우드 제공 업체

- **독립 소프트웨어 공급 업체**ISV, Independent Software Vendor

- 대기업 **시스템 통합 업체**SI, System Integrator 또는 경영 컨설팅 회사

- 소규모/니치 서비스 회사

이제 각 시나리오에 대해 알아보자.

산업 분야 대기업

산업 분야 대기업에 해당하는 회사에는 GE, 지멘스, ABB, 히타치, 허니웰, 존슨 콘트롤즈Johnson Controls, 슈나이더 일렉트릭, 보쉬, 에머슨 일렉트릭Emerson Electric 등이 있다. 이들

글로벌 기업들은 최근 기업 내 디지털 역량 센터를 만들어 산업 분야 디지털 트랜스포메이션을 가속화하고 있다. GE 디지털 및 허니웰 커넥티드 엔터프라이즈가 대표적인 예시다. 우리는 디지털 조직이 디지털 트윈 후보나 **LOB**를 평가하는 2가지 시나리오를 모두 살펴볼 것이다. 먼저 디지털 조직을 살펴보자.

디지털 역량 관점의 디지털 트윈

디지털 역량^{digital competency}은 대개 다양한 LOB에 대한 서비스를 목표로 하는 수평적 LOB이며, 때로는 직접 외부 고객을 대상으로 새로운 시장이나 디지털 수익원 개발을 목표로 하는 것을 말한다. 디지털 그룹은 디지털 트윈 후보를 평가할 때 다음 고려 사항을 검토한다.

- 디지털 트윈의 비즈니스 사용 사례를 하나 이상 식별한 LOB는 무엇인가?

- 디지털 트윈은 LOB의 내부 효율성을 높일 것인가, 아니면 고객에게 채택될 것인가?

- LOB는 **SME**들이 디지털 그룹과 함께 일할 수 있도록 협력할 것인가?

- 디지털 트윈 프레임워크는 다른 LOB에서 재사용할 수 있는가?

- 물리적 자산의 데이터 가용성 및 소유권과 같은 데이터의 현재 상태는 무엇인가?

- 물리 또는 수학 기반 모델의 현재 상태는 무엇이며 물리적 자산 또는 프로세스의 디지털 트윈을 위해 처음부터 개발해야 하는가?

이제 디지털 트윈의 주요 고려 사항을 확인했으니 디지털 트윈 후보를 식별할 준비가 됐다. 디지털 그룹이 항공 및 전력 사업과 협력하는 시나리오를 살펴보자. 항공 사업은 항공기용 제트 엔진을 제작해 항공사 고객에게 서비스를 제공한다. 전력 사업은 전기 유틸리티 회사에서 사용하는 터빈을 제조한다. 유틸리티 회사는 제조업체로부터 장기 서비스 계약을 구매하기도 한다. 이를 바탕으로 디지털 그룹은 첫 번째 디지털 트윈을 위해 3가지 후보를 평가할 것이다. 후보는 아래와 같다.

- 항공 LOB와 협력해 제조하는 엔진 E의 디지털 트윈 구축

- 전력 LOB와 협력해 제조하는 가스 발생기 G의 디지털 트윈 구축

- 제조사에 구애 받지 않는 일반 터빈의 디지털 트윈 구축. 상업용 항공기에서 사용되는 엔진 공급 업체는 소수에 불과해서 일반적인 제트 엔진 모델은 그다지 유용하지 않음

이제 아래 표에서 3가지 시나리오를 각각 비교해보자.

기준	엔진 트윈 E	가스 발생기 트윈 G	일반 가스 발생기 트윈
초기 고객/사용자	예	예	없음
트윈 재사용성	낮음	다른 터빈에서 사용 가능	높음
생산성/효율성 사용 사례	예	예	아니오 – 외부에서만 사용 가능
신규 디지털 수익	가능	가능	예
투자	보통	보통	높음

위의 표는 디지털 그룹이 시작점에서 디지털 트윈 식별의 우선순위를 결정하는 데 도움이 되는 객관적 기준의 열거 방법을 보여준다. 이 표는 엔진 E와 가스 발생기 G의 트윈이 LOB 주도의 내부 사용 사례에 주로 사용될 것이라는 것을 보여준다. 비즈니스에서 트윈 사용으로 얻을 수 있는 생산성 향상에 따라 투자가 정당화될 수 있다. 하지만 트윈 사용 사례가 외부 고객만을 대상으로 한다면 초기 투자가 증가할 수 있다.

다음 절에서는 LOB 관점에서 유사한 시나리오를 살펴볼 것이다.

LOB 관점의 디지털 트윈

대기업의 LOB는 디지털 트윈 이니셔티브에 투자하기로 결정하기 전에 자체 렌즈를 통해 동일한 시나리오를 살펴볼 수 있다. 여기에서는 LOB가 3가지 서로 다른 기준을 확인한다.

- 디지털 트윈 이니셔티브에 대한 LOB 자체의 준비 상태가 기업의 자체 비즈니스 전략에 부합하는지 아니면 잠재적인 방해 요인이 될 수 있는지 여부 확인

- 트윈이 제공하는 생산성 또는 효율성을 정량화하는 능력

- 기술 방향성

LOB는 현재 비즈니스 전략을 살펴본 다음 디지털 트윈을 적용할 만한 적절한 위치를 찾는다. 예를 들어 항공 및 전력 사업은 일반적으로 물리적 자산을 한 번 판매한 다음 고객에게 장기 서비스를 판매한다. 이 경우 LOB는 예측 유지 보수 서비스를 개선하기 위해 디지털 트윈에 투자할 것이다. 이는 장기 계약이기 때문에 예측 유지 보수를 위한 디지털 트윈 도입은 수익에 변동을 주지는 않을 것이다. 하지만 디지털 트윈을 사용하면 서비스 제공 및 마진을 크게 개선할 수 있다. 따라서 디지털 트윈은 LOB의 비즈니스 전략과 일치할 것이다. 항공기 랜딩 기어 디지털 트윈에 대한 유사한 사례 연구를 다음 링크(https://www.ge.com/digital/customers/predictive-insights-aid-aircraft-landing-gear-performance)에서 확인할 수 있다. 이 디지털 트윈 프로토타입은 GE와 인포시스Infosys가 공동 개발했으며, 이 책의 저자 중 한 명인 나트Nath가 참여했다.

항공사 LOB에서 디지털 트윈에 대한 투자는 질적으로 합리적인 것으로 보이지만 비즈니스 사례를 정량적으로 구축해야 할 수도 있다. 이 작업을 수행하기 위해 LOB는 디지털 트윈의 적절한 활용과 추가 투자로 인한 서비스 계약 마진의 개선을 충분히 신뢰할 수 있게 추정해야 한다. 이런 비즈니스 사례는 장기적인 관점에서 의미가 있지만 올바른 방향으로 가고 있는지 확인하기 위해 중단기적으로도 측정 가능해야 한다.

마지막으로 LOB는 기술적 고려 사항을 살펴봐야 한다. 기술적 고려 사항에는 물리적 자산의 데이터 및 연결을 위한 인프라스트럭처뿐만 아니라 소프트웨어 플랫폼이 포함될 수 있다. LOB는 자산 소유자 또는 운영자와 협력해 디지털 트윈의 목적을 위해 데이터를 확보해야 한다. LOB가 디지털 그룹 또는 대기업과 협력하기로 결정한 경우 디지털 플랫폼이 자산의 데이터 및 모델링 요구 사항을 처리할 수 있는지 확인해야 한다. 예를 들어 그림 3.1에 나와 있는 가스 발생기는 발전소와 같은 고정된 위치에서 작동하기 때문에 유틸리티 고객이 현장에 함께 있는 경우 데이터 수집을 위한 고속 네트워크에 쉽게 연결할 수 있다.

그림 3.1 가스 발생기

그림 3.2에 나온 발전소에는 가스 발생기가 있다. 종종 유틸리티 회사는 제조업체로부터 장기 서비스 계약을 구입해 유지 보수 및 다운타임 리스크를 제조업체에 전가한다. 결과적으로 유틸리티 회사는 더 나은 서비스와 다운타임 시간 감소라는 인식된 가치를 위해 터빈에서 데이터를 수집하고 제조업체와 공유하는 것에 동의하는 경우가 많다.

그림 3.2 전력 발전소

항공기는 일반적으로 중요한 데이터 전송에만 사용되는 매우 대역폭이 낮은 위성 연결을 사용한다. 따라서 제트 엔진에서 상세한 데이터를 수집하려면 이전 비행에서 대량의 데이터를 오프라인 메커니즘으로 수집해야 한다. LOB는 디지털 그룹이 그림 3.3과 같이 엔진 E 디지털 트윈에 대한 데이터 수집을 용이하게 하는 디지털 플랫폼을 제공할 수 있는지 확인해야 한다.

그림 3.3 롤스로이스 항공기 엔진 및 랜딩 기어

지금까지 디지털 트윈의 채택 및 투자에 대한 산업 분야 대기업의 주요 고려 사항과 LOB의 관점에서 중앙 디지털 그룹의 의사 결정 과정을 살펴봤다.

단일 산업 분야에서의 대규모 기업

항공 및 전력이라는 주제를 이어가면서, 주로 단일 산업 분야에서 운영되는 대기업에 대해 알아보자. 이론 기업들에는 대형 항공기 제조업체인 보잉과 에어버스, 대형 에너지 기업인 엑셀론Exelon이 있다. 이들은 대기업의 LOB 평가와 유사할 수 있다.

보잉과 에어버스를 예시로 활용해 보자. 이들은 주로 항공사에 항공기를 판매하고 경우에 따라 국방 부문에 판매되는 항공기를 제조한다. 하지만 "항공사"의 정의는 점차 달라졌고 페덱스FedEx, UPS, DHL, 아마존Amazon과 같은 기업들도 "항공사"처럼 운영된다. 페덱스, UPS, DHL은 각각 항공기 250대 이상을 보유하고 있다. 2018년 9월 기사에 따르면(https://www.aviationtoday.com/2018/09/14/boeing-ceo-talks-digital-twin-era-aviation/ 참조) 보잉의 CEO는 디지털 트윈 자산 개발 모델을 활용해 서브 시스템 및 항공기 부품의 초기 품질을 40%까지 개선시킬 수 있었다고 주장했다.

항공기 제조업체는 투자 결정을 내리기 전에 디지털 트윈을 어떻게 수익화할 것인지 평가해야 한다. 따라서 아래 내용들을 고려해야 한다.

- 시뮬레이션 및 디지털 스레드의 일부로 디지털 트윈을 사용해 제조 과정에서 제품 품질 개선

- GE, 롤스로이스, 허니웰 등 대형 부품 업체와 관계된 민간 항공사 및 화물 취급자에게 제공하는 유지 보수, 수리, **정밀 검사**MRO, Maintenance, Repair, and Overhaul 서비스 개선

- 국방 고객을 포함해 새로운 수익으로 판매되는 디지털 트윈 기반 제품(https://www.machinedesign.com/automation-iiot/article/21139448/full-throttle-digital-twins-boost-airworthiness-in-legacy-airplanes 참조)

이런 사항은 항공 산업에서 어떤 디지털 트윈 유형을 중요시 해야 하는지를 결정하는 데 도움을 준다. 직원 약 2만 명을 보유한 다쏘 시스템Dassault Systèmes도 디지털 트윈 기능을 구축했다(https://www.3ds.com/3dexperience/cloud/digital-transformation/digital-twin-technology 참조). 이 기업은 항공 산업에서 중요한 역할을 하고 있지만 해당 산업에 국한되지 않는다.

엑셀론 같은 에너지 부문 회사는 발전, 송전, 배전 분야에서 운영된다. 발전은 재생 가능한 소스와 재생 불가능한 자원을 통해 이뤄진다. 이런 기업은 대개 터빈을 비롯한 대부분의 장비를 외부의 제조업체로부터 구매한다. 그 결과 GE에서 제공하는 터빈 같은 장비의 디지털 트윈을 구축하기 위해 제조업체에 가야 할지, 다양한 제조업체의 발전 장비에서 사용할 수 있는 일반적인 모델을 구축할지 결정해야 한다. 또한 엑셀론은 발전 효율성이 송전 및 배전 기능에 의해 발생하는 정전 감소보다 중요한지 내부적으로 우선순위를 정해야 한다. 자사 디지털 서비스를 위해 지멘스, 벤틀리 시스템^{Bentley Systems}과 협력해 브라운필드 송배전을 위한 디지털 트윈 서비스를 활용할 수 있다(https://www.bentley.com/en/about-us/news/2019/october/22/bentley-systems-introduces-assetwise-digital-twin-services 참조). 이 경우 엑셀론은 자사의 자산 및 네트워크 성능을 위해 오픈 유틸리티스 디지털 트윈^{OpenUtilities Digital Twin} 서비스를 채택하고 개발할 것이다.

만약 엑셀론의 우선순위가 재생 가능한 발전인 경우, 풍력 터빈 또는 전체 풍력 터빈의 디지털 트윈을 우선 개발할 것이다. 풍력 터빈은 일반적으로 사막이나 산 꼭대기에 위치하기 때문에 연결성은 중요한 고려 사항이다. 대안으로 자산 및 여러 장비의 디지털 트윈을 발전소 수준에서 배치할 수 있다.

마지막으로 디지털 트윈을 사용하는 대형 의료 기기 제조 회사를 살펴보자. 2020년 코로나19 팬데믹으로 인해 의료 기기 및 생명 과학 기업에 대한 관심이 새롭게 높아졌다. 대형 의료 기기 기업에는 메드트로닉^{Medtronic}, 써모피셔^{Thermofisher}, **존슨앤존슨**^{J&J}, 애보트^{Abbott} 등이 있다. 메드트로닉은 페이스 메이커 같은 의료 기기를 제조하는데, 페이스 메이커 같은 복잡한 장치를 위한 디지털 트윈은 적절한 시작점이 될 것 같지만 2020년 공급망의 디지털 트윈을 공개했다(https://www.forbes.com/sites/stevebanker/2020/06/19/medtronics-digital-twin-supports-their-ability-to-respond-in the-pandemic/?sh=d4819b6857ee 참조). 공급망 디지털 트윈은 산업 디지털 트랜스포메이션의 일환으로 2020년에 반드시 필요했던 운영 및 의사 결정 프로세스의 민첩성을 높이는 데 도움을 줬다.

공공 부문

공공 부문은 일반적으로 수익성이나 경쟁 우위가 아니라 사용자 경험에 중점을 둔다. 결과적으로 공공 부문의 리더는 디지털 트윈을 사용해 지역구의 공중 보건, 안전 및 편의를 개선할 수 있다. 공중 보건의 맥락에서 인간 디지털 트윈의 개념이 인기를 얻고 있다. "시간이 지남에 따라 나의 의료 기록은 나의 디지털 트윈이 될 수 있다"(https://www.challenge.org/insights/the-next-era-of-public-sector-digital-transformation/ 참조). 이 디지털 트윈은 산업 물리적 자산의 디지털 트윈과는 다른 개념으로 인간은 "자산"이 된다.

도시 디지털 트윈은 유럽에서 고려 대상이 돼왔다(https://www.digitalurbantwins.com/post/why-the-public-sector-should-look-to-digital-twins-for-better-policy-making 참조). 이런 도시 트윈은 공공 정책 변화 분석, 교통 분석 및 대기질 분석에 사용될 수 있다. **중국 정보통신기술연구원**CAICT, China Academy of Information and Communications Technology도 도시 디지털 트윈과 관련된 아키텍처에 대한 작업을 수행했다.

공공 부문은 상위 정부 기관의 자금 및 보조금뿐만 아니라 기타 비기술적 고려 사항을 기반으로 디지털 트윈 관련 이니셔티브의 우선순위를 정해야 할 수 있다. 하지만 이는 시와 군counties이 디지털 트윈을 시범 운영하기 위한 초기 단계에서 민관 협력을 모색하며 창의적 업무 수행을 제한하지 않는다.

미 해군 같은 연방 및 국방 기관도 해군 함정의 디지털 트윈 사용을 모색하고 있다(https://federalnewsnetwork.com/federal-insights/2020/05/navy-using-digital-twins-to-speed-innovation-to-the-fleet/ 참조).

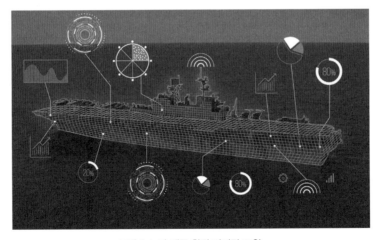

그림 3.4 미 해군 함정 디지털 트윈

공공 부문에서 디지털 트윈을 사용하는 몇 가지 예시를 살펴봤다. 이번에는 소프트웨어 및 퍼블릭 클라우드 제공 업체와 디지털 트윈 도입 및 관련 서비스를 알아보자.

소프트웨어 및 퍼블릭 클라우드 제공 업체

소프트웨어 제공 업체의 2가지 주요 카테고리를 다룰 것이다. 해당 카테고리는 아래와 같다.

- 오라클, SAP, 세일즈포스닷컴 같은 비즈니스 애플리케이션 소프트웨어 제공 업체
- 아마존 AWS, 마이크로소프트 애저, 구글 GCP, 오라클 OCI, IBM, 알리바바 같은 퍼블릭 클라우드 제공 업체

오라클 및 SAP와 같은 비즈니스 애플리케이션 제공 업체는 **기업 자원 관리**[ERP, Enterprise Resource Planning], **인적 자원 관리**[HCM, Human Capital Management], **고객 관계 관리**[CRM, Customer Relationship Management] 및 관련 소프트웨어를 사용하는 대규모 기업 고객 기반을 보유하고 있다. 이런 기업 고객들은 새로운 기술 솔루션을 도입하기 위해 비즈니스 애플리케이션 공급 업체를 활용하는 경우가 많다. 따라서 이들이 디지털 트윈 사용을 고려하는 경우 디지털 트윈 제품이 있는지, 현재 비즈니스 애플리케이션 제품에 얼마나 잘 통합돼 있는지 여부를 확인하기 위해 이런 제공 업체를 살펴보는 경우가 많다. 그 결과 오라클, SAP 같은 기업은 **IoT** 플랫폼에 투자하고 이를 기반으로 디지털 트윈 기능을 구축했다. 오라클, SAP와 같은 기업은 내부 용도로 디지털 트윈을 사용할 가능성이 적다. 오히려 주로 고객이 산업용 디지털 트윈을 구축할 수 있는 프레임워크를 제공한다. 이 기업들은 고객의 디지털 트윈 도입을 가속화하는 데 도움이 되는 디지털 트윈 샘플을 제공할 수 있다. 이런 비즈니스 소프트웨어 기업은 제조 및 SCM 모듈에 중점을 둔 ERP 같은 기업 소프트웨어와 디지털 트윈을 통합하기 위한 사용 사례를 제공할 수 있다.

> **NOTE**
>
> SAP는 자사 고객인 캐져콤푸레셔(Kaeser Kompressoren), 네취(Netzsch)의 디지털 트윈 사례를 공유했다(https://www.sap.com/products/supply-chain-management/digital-twin.html).

이제 퍼블릭 클라우드 공급 업체를 살펴보자. 오라클은 비즈니스 애플리케이션과 퍼블릭 클라우드 공급 업체에 모두 해당된다. 퍼블릭 클라우드 제공 업체는 클라우드 인프라, 즉 **서비스로서의 인프라**IaaS, Infrastructure as a Service, **서비스로서의 플랫폼**PaaS, Platform as a Service, 경우에 따라 **서비스로서의 소프트웨어**SaaS, Software as a Service를 중심으로 서비스한다. 기업 대부분은 다양한 수준에서 자사 소프트웨어 시스템을 퍼블릭 클라우드에서 운영하고 있다. 따라서 이런 기업들은 현재 사용중인 퍼블릭 클라우드에서 활용 가능한 IoT 및 디지털 서비스를 검토한다. 기업들은 IT 및 **OT** 솔루션을 위한 클라우드 제공 업체를 최소화하려고 하기 때문에 퍼블릭 클라우드 제공 업체는 퍼블릭 클라우드 플랫폼에 IoT 및 디지털 트윈 서비스를 추가하기 시작했다. 마이크로소프트 애저 디지털 트윈과 오라클 디지털 트윈 프레임워크가 대표적인 사례다. 퍼블릭 클라우드 제공 업체는 도구 및 서비스를 디지털 트윈을 구축하고자 하는 자사의 고객들에게 제공하는 것에 중점을 두며 자체 서비스 운영을 위한 디지털 트윈은 주요 고려 사항이 아니다. 하지만 퍼블릭 클라우드 제공 업체는 엣지에서 클라우드로 유입되는 데이터 흐름에 대한 보안 프레임워크를 제공할 것이다.

ISV

아스펜테크, 아비바AVEVA, 벤틀리 같은 기업이 ISV에 속한다. 하지만 슈나이더 일렉트릭이 2018년에 아비바를 인수했다. ISV 기업들은 최종 사용자 또는 운영 기업에게 디지털 트윈 솔루션을 제공하기 위해 퍼블릭 클라우드 제공 업체 또는 그와 유사한 기업들과 같은 대형 소프트웨어 제공 업체와 협력한다. 이번 장의 앞부분에서 벤틀리가 디지털 트윈 솔루션을 엑셀론에 제공하기 위해 SAP와 협력했음을 확인했다. 마찬가지로 아스펜테크는 파트너 에퀴닉스Equinox와 협력해 **아부다비 국영석유회사**ADNOC, Abu Dhabi National Oil Company가 보유한 샤 가스 시설Shah gas plant의 디지털 트윈을 구축하고 있다(https://www.aspentech.com/en/blog/blog/GLOBal_Threads_of_Sustainability_From_Digital_Transformation 참조).

ISV가 소프트웨어 및 서비스 공급 업체와 협력 관계를 유지해 디지털 트윈 제품을 운영 기업에 제공한다는 것을 알 수 있다. ISV는 디지털 트윈을 중심으로 재사용 가능한 소프트웨어 제품을 구축하는 경우가 많으며, 일반적으로 특정 분야 산업에 집중한다. ISV는 초기 시범 고객들을 통해 제품을 개선하는 경우가 많다.

SI

엑센츄어[Accenture]와 딜로이트[Deloitte], **타타 컨설턴시 서비스**[TCS, Tata Consultancy Services], 인포시스, 캡제미니[Capgemini] 같은 SI 및 경영 컨설팅 기업은 인더스트리 4.0 관련 솔루션 전략 및 구현에 대한 컨설팅 서비스에 중점을 둔다. 이들의 고객은 대부분 대기업이다. 일반적으로 SI는 재사용 가능한 소프트웨어 제품을 구축하지 않는 대신 IoT 플랫폼 및 디지털 트윈 시스템의 기술 제공 업체와 파트너 관계를 수립한다. 하지만 컨설팅 인력의 교육 및 훈련에 투자하고 디지털 트윈의 프로토타입을 구축해 서비스를 전파하는 데 활용할 수도 있다. 항공기 랜딩 기어의 디지털 트윈은 GE의 도움을 받은 인포시스에서 제작했다. 이 경우 인포시스는 도메인 지식과 **IIoT** 플랫폼을 제공한 GE의 SI 파트너였다.

니치 기업

디지털 트윈은 아직 신흥 기술이기 때문에 전문화된 여러 니치 제공 업체가 이 분야에서 활동하고 있다. C3.ai, 업테이크[Uptake] 및 XM프로[XMPro](https://xmpro.com/digital-twins-the-ultimate-guide/ 참조)가 대표적이다. 우리는 이런 니치 제공 업체들의 전문적인 서비스를 앞으로 계속 사용하게 될 것이다. 서비스는 일반적으로 아래와 같은 퍼블릭 클라우드 제공 업체의 마켓플레이스를 통해 제공될 것이다.

- 애저의 디지털 트윈 i제너레이션[iGeneration](https://azuremarketplace.microsoft.com/en-us/marketplace/apps/adfolks.igenerations-implement?tab=Overview 참조)

- L&T 테크놀로지 서비스[L&T Technology Services]의 자산 성능 관리 – L&T 기술 서비스 (https://azuremarketplace.microsoft.com/en-us/marketplace/apps/ltts.rapm_asset_performance_management?tab=overview 참조)

이런 서비스는 주로 운영 회사가 디지털 트윈 환경으로 전환하는 과정에서 사용할 수 있도록 제공된다. 디지털 트윈 기술을 중심으로 새로운 비즈니스를 구축하기 위해 이 분야에 진출하는 스타트업은 점차 늘어나고 있다. 다양한 유형의 디지털 트윈이 2020년 가트너의 「Hype Cycle for Supply Chain Strategy」에서 중요한 위치를 차지하고 있다.

다양한 비즈니스 환경에서 디지털 트윈의 가치를 평가하는 여러 가지 방법을 살펴봤다. 이제 다양한 조직에서 디지털 트윈을 담당하는 담당자와 역할을 살펴보자.

⠿ 역할과 책임

여기서는 디지털 트윈 이니셔티브의 일부가 될 다양한 페르소나^{personas}와 역할을 알아볼 것이다. 역할과 책임을 설명하는 일반적인 방법 중 하나는 **RACI 매트릭스**다. RACI의 약어는 아래와 같은 4가지 주요 책임을 기반으로 한다.

- 실무 담당자^{Responsible}

- 의사 결정권자^{Accountable}

- 자문 담당자^{Consulted}

- 결과 통보 대상자^{Informed}

그림 3.5와 같이 소유권 수준을 구분할 수 있다.

RACI 매트릭스 정의

R	실무 담당자	해당 업무에 배정된 팀 또는 개인
A	의사 결정권자	최종 결정을 내리고 책임을 지는 팀 또는 개인
C	자문 담당자	의사 결정 또는 업무 수행 전에 결과물을 검토하는 팀 또는 개인
I	결과 통보 대상자	의사 결정 또는 업무에 대해 보고받아야 하는 팀 또는 개인

그림 3.5 RACI 매트릭스 설명

대기업을 예로 들어 샘플 RACI 매트릭스를 구성해보자.

	CDO/CTO	LOB 리더	아키텍트	개발자
디지털 트윈 아이디어	RA	C	I	
아이디어 검증	A	RA	C	
프로토타입	R		RA	C
테스트/검증	I		A	R
프로덕션/마켓 성숙도	R	A	C	I

샘플 RACI 매트릭스는 기업이 처한 상황에 따라 디지털 트윈 이니셔티브의 포함될 역할에 대한 포인터를 제공한다. 비즈니스 리더가 제품 판매에서 제품 및 서비스 번들로 전환을 결정하면 디지털 트윈을 목표를 달성하기 위한 수단으로 생각할 것이다. 이 단계를 종종 제품의 서비스화라고 한다. 기업의 CEO와 이사회는 서비스화를 위한 방향을 제시하거나 **CDO**에게 해당 업무를 위임할 수 있다. 몇몇 조직에서는 CDO 대신 **최고기술책임자**CTO, Chief Technology Officer가 LOB 리더와 협력해 디지털 트윈 아이디어를 구현한다. 월스트리트저널의 최근 기사에 따르면 디지털 트윈 마켓은 2019년 38억 달러 규모였으며 2025년까지 358억 달러에 이를 것으로 예상된다(https://deloitte.wsj.com/cio/2020/06/23/digital-twins-bridging-the-physical-and-digital 참조).

일반적으로 기술 이니셔티브는 CIO가 주도하지만, 경험에 따르면 대기업의 경우 디지털 트윈 이니셔티브는 주로 LOB 리더와 긴밀히 협력하는 다른 기술 담당자가 주도하는 경우가 많다. CIO 팀은 일반적으로 기술, 플랫폼 및 인프라스트럭처가 결정된 경우 참여한다. 디지털 트윈 환경에서 CIO에게 기대되는 역할 관련 흥미로운 기사에서 **공학 기술**ET, Engineering Technology 개념이 소개됐다(https://thansyn.com/why-cios-must-better-engage-with-engineering-technologists-to-leverage-digital-twins/ 참조).

아래 표는 이 기사의 요약 내용이다.

	디지털 트윈 특성	소유자/사용자	사용 사례	CIO의 역할
1	물리적 특성 모델	시설 엔지니어, 제품 디자이너	• 시설 유지 보수 • 신규 제품 프로토타입 가속화	HPC와 PLM 기능 제공
2	전자적 특성 모델	시설 담당자, 전기 엔지니어	전력 소비 감소	데이터 센터 전략
3	화학적 또는 열역학적 특성 모델	시설 엔지니어, 프로세스 엔지니어	제품 및 프로세스 대안	시뮬레이션 및 제품 시스템 통합
4	프로세스 운영 모델	프로세스 운영 엔지니어	운영상의 신속한 문제 해결 및 효율성 개선	ERP, MES 및 시설 운영 같은 서로 다른 시스템 통합
5	신뢰성 모델	유지 보수 엔지니어	유지 보수 비용 감소 및 업타임 향상	유지 보수 시스템 및 시계열 데이터 통합
6	경제 모델	CFO/재무 팀	경제 성과 향상	재무 계획 및 수익성 시스템 통합

디지털 트윈의 개념이 나온 지 이제 거의 20년이 됐지만, 아직도 주류 기술에 편입되지 못했다. 혁신과 재창조를 이룰 주체가 해당 분야에서 오랫동안 일해온 전문가들일지, 아니면 다른 분야 출신의 구성원들일지 여부는 중요한 질문이다. 수십 년 동안 같은 분야에서 일하는 전문가들은 해당 분야에 대한 이해도가 뛰어나며, 현재 특정 방식으로 작동하는 제품과 솔루션을 구축했다. 이런 전문가들에게 새로운 접근 방식을 요구하는 것은 때때로 힘든 제안이 될 수 있다. 활주로에 착륙 중인 항공기를 예로 들어보자. 2개 또는 4개의 제트 엔진을 가진 민간 항공기는 지상 주행을 위해서는 하나의 엔진만 있으면 되지만, 대부분의 민간 항공기 조종사들은 수년 동안 해왔던 것처럼 착륙 직후 다른

엔진을 끄지 않는다. **미국 연방항공청**^{FAA, Federal Aviation Administration} 편람은 이 부분을 다루지 않는다(https://www.faa.gov/regulations_policies/handbooks_manuals/aviation/airplane_handbook/media/10_afh_ch8.pdf 참조). 하지만, 에어아시아^{Air Asia}는 이 프로세스를 채택해 비행당 약 9리터의 연료를 절약할 수 있었다(https://climatechange-theneweconomy.com/aviation-airasia 참조). 이를 통해 이산화탄소 배출량이 비행당 28kg 감소했다. GE는 에어아시아에 이런 혁신적인 연료 절약 팁을 제공했다.

이 예시는 디지털 트윈 이니셔티브의 역할과 책임을 살펴볼 때 내부자와 외부자로 구성된 팀 구성의 중요성을 보여준다. 외부인은 동일한 도메인에 속하지 않은 개인을 의미할 수 있으며 반드시 기업 외부에 있는 개인을 의미하지 않는다.

디지털 트윈 관련 스킬이 명시적으로 언급된 직무에 대한 간단한 설문 조사를 실시했다. 아래 표는 2020년 12월 기준 디지털 트윈 관련 직무에 대한 몇 가지 예시다.

기업	규모	역할	직무 설명
테슬라	4800	선임 가상 커미셔닝 엔지니어	테슬라는 코드 개발과 디지털 제조 장비, 이 장비의 하위 어셈블리 테스트 및 시뮬레이션 업무를 수행할 의욕이 넘치는 선임 가상 커미셔닝 엔지니어를 찾는다. 이 포지션은 특히 산업용 가상 커미셔닝, 디지털 트윈 통합, 산업용 PC/PLC 소프트웨어 시뮬레이션/에뮬레이션, 구조화된 텍스트/객체 지향 프로그래밍을 사용한 코드 개발 및 자동화된 테스트를 수행한다.
노키아	98000	미러X벨스 (Mirror X Bells) 연구소 하계 인턴	로봇, 혼합 현실 장치, 인프라스트럭처 및 기타 센서는 실시간으로 물리적 세계의 Mirror World/디지털 트윈 생성에 필요한 근접 감지 기능을 제공한다. 디지털 트윈은 기업의 디지털화를 주도할 것이다.
아이다호 국립 연구소(INL)	2200	디지털 트윈 연구원	에너지, 환경, 과학 및 기술 이사회에 소속된 INL의 디지털 및 소프트웨어 엔지니어링 그룹은 디지털 트윈 연구원으로서 디지털 트윈 분야와 관련된 커리어를 키워나갈 진보적인 전문가를 찾고 있다.
존슨앤존슨	130000	박사 후 연구원	박사 후 연구원은 얀센(Janssen)의 업스트림 플랫폼 프로세스의 디지털 트윈 모델을 구축하기 위한 공동 프로젝트를 주도할 책임자다. 이 프로젝트의 목표는 대규모 생산 원자로의 디지털 표현 역할을 수행할 정확한 게놈 기반 모델을 만들고, 이 모델을 사용해 생산 생물 반응 장치를 통해 셀 라인 선택에서 업스트림 프로세스 개발을 주도하는 것이다.

기업	규모	역할	직무 설명
PTC	6000	IoT 및 AR 영업 지사장	PTC 기술은 IoT, AR, 3D 프린팅, 디지털 트윈 및 인더스트리 4.0을 통해 물리적 환경과 디지털 환경 융합에서 현재 창출되고 있는 가치를 신속하게 실현할 수 있도록 기업과 협력하고 있다.
오토데스크	10000	지원 프로그램 매니저	오토데스크 탠덤(Tandem) 팀에 합류하라! 우리 목표는 건물이 설계, 건설 및 운영되는 방식을 변화시킬 디지털 트윈 기술 및 솔루션을 제공하는 것이다.
프린서플 파워 (Principal Power)	2600	선임 해양 아키텍트	디지털 트윈 관련 글로벌 성능 엔지니어링 및 분석 작업을 수행한다 확장 모델 테스트 디자인 및 계획, 검증, 디지털 트윈 vs 수치 모델 및 자산 성능 확인).
리비안(Rivian)	100	선임 버추얼 엔지니어	디지털 모델을 최신 상태로 유지하기 위해 전체 디지털 트윈 및 자동화를 제공할 수 있는 로드맵을 정의한다.
브라이트 머신스 (Bright Machines)	330	선임 소프트웨어 엔지니어 – 3D 그래픽	브라이트 머신스의 마이크로 팩토리를 위한 디지털 트윈을 구축 중인 소프트웨어 엔지니어 팀에 합류하게 될 것이다. 사용자가 마이크로 팩토리를 설계, 프로그래밍, 디버깅 및 테스트하는 가상 3D 환경 서비스를 제공하는 디지털 트윈 소프트웨어를 구축하고 있다. 마이크로 팩토리에서는 실수의 비용이 적고 빠르게 환경을 구축할 수 있다.
IBM	346000	디지털 트윈 아키텍트	고객을 위한 디지털 트윈 솔루션 설계 및 서비스를 선도하고 고객에게 디지털 트윈, AR 및 IoT 솔루션이 비즈니스 및 운영을 혁신할 수 있는 방법에 대한 기술 리더십을 제공한다. 경영진에게 IBM의 디지털 트윈 관점을 선보이고, 프리세일즈 및 제안 팀에 기술 리더십을 제공하며, 디지털 트윈 및 IoT 분야에서 IBM의 지적 재산권 및 기술적 명성을 개발한다.

위 내용은 공공 및 민간 분야의 대기업 및 중소기업뿐만 아니라 IBM 같은 컨설팅 서비스 기업까지 아우른다. 즉, 다양한 기업들이 디지털 트윈과 관련된 역할과 책임에 대해 적극 대처하고 있으며, 이를 위해 관련 분야 인력을 채용하거나 내부 교육을 시행하고 있다. 이는 경력을 전환하고자 하는 구직자들에게 좋은 소식이다. 때로는 디지털 트윈 관련 제품이 기존 비즈니스 및 서비스에 영향을 줄 수 있는 만큼 이런 점을 인식하고 이와 관련된 계획을 세워두는 것이 중요하다.

다음 절에서는 의사 결정 주기와 시장 출시 시간을 가속화하기 위한 목표 아래 디지털 트윈에 대한 아이디어를 구상, 개발 및 검증하는 데 사용할 수 있는 방법론을 살펴볼 것이다.

⫸ 조사 및 상호작용

새로운 기술은 다양한 테스트 및 과거 경험으로부터 배우는 능력을 필요로 한다. 그림 3.6은 여러 개의 작은 성공 사례를 이어갈 수 있는 신속한 테스트와 이터레이션iterations 과정을 보여준다.

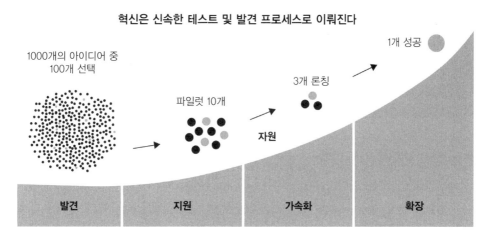

그림 3.6 디지털 트윈 후보에 대한 신속한 조사 및 발견

애자일 선언문

애자일 선언문Agile Manifesto은 애자일 소프트웨어 개발의 가치와 원칙을 설명하는 문서를 말한다. 그림 3.7에 시각적으로 나타나 있다. 2001년 처음 공개된 애자일 선언문과 관련된 가치와 원칙은 여기(https://www.visual-paradigm.com/scrum/agile-manifesto-and-agile-principles/)에서 확인할 수 있다. 애자일 방법론은 소프트웨어 개발 분야에서 기존의 복잡한 워터폴waterfall 방법의 대안을 제공한다. 이는 디지털 트윈 이니셔티브에서 요구되는 신속한 테스트에 적합하다. 지멘스와 엑센츄어에서 활용한 디지털 트윈 관련 애자일 방법론 사용 사례에 대한 자료는 여기(https://blogs.sw.siemens.com/thought-leadership/2018/01/26/using-agile-processes-and-digital-twin-technology)에서 확인할 수 있다. 지멘스 블로그 페이지에 공유된 디지털 트윈 서밋 비디오를 시청해 볼 것을 권장한다(https://youtu.be/ETTITq88oHU 참조).

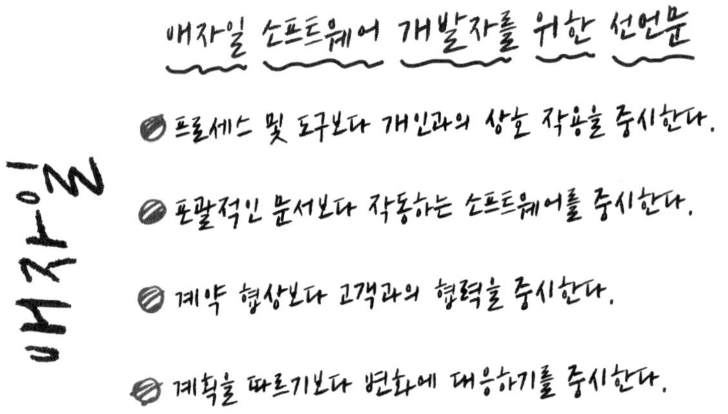

애자일 소프트웨어 개발자를 위한 선언문

애자일

◉ 프로세스 및 도구보다 개인과의 상호 작용을 중시한다.

◉ 포괄적인 문서보다 작동하는 소프트웨어를 중시한다.

◉ 계약 협상보다 고객과의 협력을 중시한다.

◉ 계획을 따르기보다 변화에 대응하기를 중시한다.

그림 3.7 애자일 선언문

그림 3.7은 작은 규모의 이터레이션이 위험을 줄이는 동시에 더 큰 결과로 이어지는 애자일 방법론의 정신을 보여준다. 개발 작업은 일반적으로 아래와 같이 나뉜다.

- 릴리스

- 에픽

- 스토리

- 스프린트

- 일일 스탠드업

- 테스트 케이스

- 데모 및 사용자 인수

- 이터레이션(피봇 또는 개발 방향 유지)

애자일 방법론을 업무에 활용할 수 있는 또 다른 방법은 그림 3.8과 같다.

그림 3.8 스크럼 방법론

프로덕트 백로그는 릴리스, 에픽 및 스토리 측면에서 정의된다. 스토리와 에픽은 종종 1~2주 정도의 짧은 스프린트를 통해 수행된다. 각 스프린트에는 스토리가 스프린트 백로그에 매핑되도록 자체적인 계획이 수립된다. 개발자가 스토리 포인트로 측정된 할당된 작업을 완료하면 해당 작업을 검토하거나 비즈니스 사용자에게 데모를 제공할 수 있다. 그러면 스프린트가 마무리되고 제품 백로그에 대한 지속적인 작업을 수행하게 된다.

이 기술에 대해 좀 더 자세히 알아보기 위해, 실질적인 예를 살펴보자. **웨스턴 디지털 코퍼레이션**Western Digital Corporation은 12주간 진행한 디지털 트윈 테스트 내용을 자사 블로그 (https://blog.westerndigital.com/digital-twins-optimize-robot-manufacturing-ops/)에 공유했다. 웨스턴 디지털은 이를 두고 **자율 주행 로봇 차량**ARV, Autonomous Robot Vehicle을 생산하기 위한 신속한 학습 사이클이라고 불렀다. 이 이니셔티브에 대한 간략한 스크럼 아티팩트를 생성해보자.

릴리스

릴리스는 비즈니스 사용자 또는 제어 그룹에 배포할 수 있는 애플리케이션으로 정의된다. 해당 애플리케이션은 베타 소프트웨어 또는 파일럿 제품이거나 일반적으로 사용 가능한 소프트웨어 제품 버전일 수 있다. 웨스턴 디지털의 경우 릴리스는 디지털 트윈 프로세스를 통해 개발된 ARV 애플리케이션의 일부 버전으로 구성된다. 일반적으로 릴리스는 제품 로드맵에 있는 기능에 따라 정의된다. 해당 기능은 에픽과 관련돼 있을 가능성이 높다.

에픽

에픽은 애플리케이션 사용자 커뮤니티의 관련 요청 또는 요구 사항을 논리적으로 그룹화하는 개발 작업 단위다. 팀이 작업을 논리적으로 그룹화하는 데 필요한 시간과 노력을 추정하는 데 활용된다. 에픽은 비즈니스 사용자가 해당 스프린트가 마무리되는 시점에서 쉽게 이해하고 확인할 수 있는 방식으로 작성돼야 된다. 웨스턴 디지털의 경우 에픽은 "디지털 트윈을 사용한 ARV 파일럿"이라고 할 수 있다. 에픽은 스토리로 구성되는데, 스토리를 통해 보다 정확하게 추정되고 개발 팀 구성원에게 할당될 수 있다.

스토리

스토리는 사용자 스토리라고도 하며 다양한 이해관계자의 관점에서 소프트웨어 애플리케이션의 특성을 설명하는 것이다. 스토리는 최소 작업 단위지만 구체적인 성격을 갖고 있어야 한다. 이해관계자는 최종 사용자 또는 최종 솔루션을 유지 보수하는 IT 담당자이거나 프로젝트의 비즈니스 후원자가 될 수 있다. 스토리는 아래와 같은 특징을 갖는다.

- 애플리케이션의 특성이 이해관계자에게 얼마나 중요한지 자세히 설명함

- 제품 인수 과정에서 어떻게 애플리케이션에 대한 데모를 수행하고 테스트하며 검증할 것인지 설명함

- "어떻게"보다는 "무엇"에 집중함. 개발 팀은 애플리케이션을 구축하는 가장 좋은 방법을 찾음

- 스크럼 팀이 필요한 작업량을 쉽게 추정할 수 있으면서도, 위험을 줄일 수 있도록 해야 함

베스트 프랙티스는 스토리를 작업 가능한 최소한의 단위로 생성하는 것이다. 간단한 비유를 들자면 피자는 반죽, 피자 소스, 치즈, 토핑으로 구성돼 있다. 만약 스토리에 반죽만 있다면, 사용자나 테스터는 반죽만 맛보게 되고 최종적으로 만들어지는 피자 "인수 acceptance"에 대한 좋은 피드백을 줄 수 없다. 반면, 작업 가능한 "최소한의 단위vertical slice"

로 생성하는 원칙에 따라 스토리가 작은 피자 조각을 만드는 것인 경우, 사용자는 훨씬 더 의미 있는 피드백을 제공할 수 있고 최종 피자 인수와 관련된 위험은 훨씬 낮아질 것이다. "스토리 최소화$^{vertically\ sliced\ story}$"를 강력하게 권장하지만 항상 실현 가능한 것은 아니다.

웨스턴 디지털 에픽에서 사용할 수 있는 스토리 예시는 아래와 같다.

- 중국 상하이 반도체 제조 공장 2층에서의 ARV 동작 관련 트윈
- 반도체 공장에서 **피시험 장치**$^{DUT,\ Device\ Under\ Test}$에 대한 대기 시간 및 서비스 시간 분포 기록

이는 웨스턴 디지털 에픽의 시작점이 될 수 있다. 스토리들은 하나 이상의 스프린트를 통해 완료할 수 있다. 하지만 목표는 각 스프린트가 종료되는 시점에서 진행 상황을 이해관계자들에게 시연하는 것이다.

스프린트

스프린트는 일반적으로 1~2주라는 짧은 시간 간격을 가진다. 스프린트는 사용자 스토리 등의 작업을 수행하기 위해 실행되고 릴리스는 여러 스프린트를 통해 수행되는 경우가 많다. 예를 들어 웨스턴 디지털의 경우, 12주의 스프린트는 각각 2주씩 6개의 스프린트로 나눌 수 있다. 이런 스프린트가 진행됨에 따라 측정 가능한 작업 단위가 완료되고 문서화된 테스트 케이스를 기반으로 테스트를 수행한다.

일일 스탠드업

일일 스탠드업 미팅은 일별 진행 상황을 공유하기 위한 애자일 방법론이다. 스탠드업 미팅은 하루 한 번 또는 두 번 열린다. 두 번인 경우 업무 시작과 종료 시점에 수행된다. 원활한 커뮤니케이션은 애자일 방법론 성공의 핵심이며 일일 스탠드업은 전체 팀을 동기화하는 핵심 부분이다. 각 구성원은 아래 3가지 내용을 나누는 경우가 많다.

- 업무 종료 스탠드업의 경우 어제 또는 오늘 한 일은 무엇인가?

- 오늘 또는 내일 할 일은 무엇인가?

- 업무를 하는 중에 어려운 일이 있는가?

팀 전체 또는 대다수가 같은 사무실에서 근무하는 경우, 정보 라디에이터나 스크럼 보드를 보면서 일일 스탠드업을 할 수 있다. 그림 3.9는 정보 라디에이터를 보여준다.

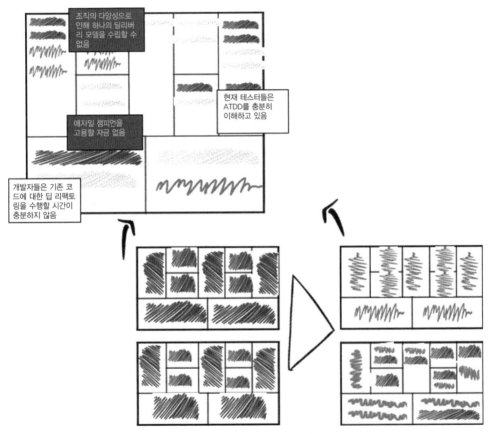

그림 3.9 스크럼 정보 라디에이터

NOTE

출처: http://agileconsulting.blogspot.com/2013/09/agile-transformation-cadence-model_495.html

스크럼 팀이 현재 업무를 수행하고 있는 영역과 일일 스탠드업에 정보 라디에이터를 사용하면 스프린트와 릴리스의 전반적인 진행 상황을 파악할 수 있다. 팀원 대부분이 같은 지역에서 일하지 않는 경우 이런 정보 라디에이터와 스크럼 보드의 온라인 버전을 사용하고 일일 스탠드업 미팅은 비디오 회의 시스템을 통해 진행될 수 있다. 그림 3.10은 온라인 스크럼 보드를 보여준다.

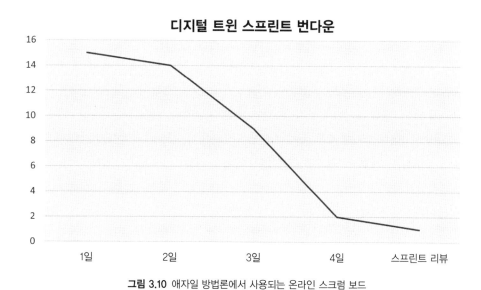

그림 3.10 애자일 방법론에서 사용되는 온라인 스크럼 보드

NOTE

출처: http://phdesign.com.au/general/excel-templates-for-scrum-product-and-sprint-backlogs/

일일 스탠드업은 범용적으로 설명했지만 WDC 시나리오에도 적용된다.

테스트 케이스

테스트 케이스는 스프린트가 스토리와 에픽에 대한 작업을 이해관계자의 요구 사항을 충족시키는 방식으로 수행하고 있는지 검증할 때 사용하는 시나리오다. 이 테스트 케이스는 사용자의 **품질 보증**QA, Quality Assurance 팀에서 작업을 검증하고 인수하기 위해 사용할 수 있다. 테스트 대상 시스템이 요구 사항을 충족하는지 여부를 결정하는 데 사용되는 조건 또는 변수 집합은 사양을 기반으로 수동으로 생성되며, 이는 추후 QA 팀에서 테스트를 수행하는 데 사용된다. 웨스턴 디지털 시나리오에서 테스트 케이스는 이해관계자가 스프린트를 통해 디지털 트윈 기반의 ARV 파일럿에 대한 진행 상황을 검증하기 위해 활용될 수 있다.

데모 및 사용자 인수

각 스프린트가 종료될 때마다 가능한 한 모든 팀이 회의를 하고, 스토리 담당 개발 팀이 이해관계자에게 진행 상황을 시연한다. 최소 단위의 스토리 활용을 통해 작동 가능한 데모를 비즈니스 사용자에게 보여줄 수 있다. 예를 들어 중국 상하이 반도체 제조 공장(팹) 2층에 있는 ARV 동작과 관련된 트윈에 대한 데모에서, 팀은 공장의 특정 부분에서 단일 ARV동작에 대한 2D 플롯을 보여줄 수 있다. 이 데모는 비즈니스 SME에게 의미가 있으며 인수 또는 거부 의사를 쉽게 표명할 수 있다.

이터레이션

애자일 개발 프로세스는 본질적으로 반복되는 특징을 갖는다. 앞서 다룬 것처럼 이해관계자는 사이클이 종료되는 시점에서 스프린트, 스토리 또는 전체 에픽의 결과를 인수하거나 거부할 수 있다. 이해관계자의 이런 피드백을 기반으로 팀은 다음 단계로 진행하거나 피벗을 결정한다. 웨스턴 디지털의 경우, 팀은 개선을 위해 해당 작업을 계속 진행하기로 했다. 웨스턴 디지털의 전반적인 비즈니스 목표는 팹의 전체 서비스 시간을 개선하는 것이었다. 이를 통해 팹 2층의 처리량과 효율성을 개선할 수 있었다. 일단 성공을 거두면 해당 사례를 전체 팹과 다른 디지털 웨스턴 부서에 적용할 수 있다.

이와 관련된 아티팩트 및 애자일 절차에 대한 더 자세한 내용은 여기(https://www.atlassian.com/agile/scrum/artifacts)에서 확인할 수 있다.

이번 절에서 디지털 트윈 관련 이니셔티브에 대한 테스트와 반복의 가치에 대해 알아봤다. 애자일 선언문 같은 이미 확립된 소프트웨어 방법론을 사용하면, 점진적 가치를 제공하고 위험을 줄일 가능성이 높은 관행을 채택하는 데 도움이 된다. 우리는 소프트웨어 애플리케이션 관점에서 예시를 살펴봤지만 하드웨어, 센서 및 IoT 게이트웨이 같은 소프트웨어 구성 요소를 포함하는 최종 솔루션으로 실제 세계와 디지털 세계를 융합하는 경우에도 비슷한 과정을 적용할 수 있다.

다음 절에서는 디지털 트윈 이니셔티브의 최종 후보를 결정하는 방법을 다룰 것이다.

⁞⁞⁞ 최종 후보

첫 번째 디지털 트윈 구축 후보 평가 과정을 거친 후, 우리는 풍력 터빈을 자산으로 선택했다. 풍력 터빈 디지털 트윈 구축을 선택한 몇 가지 이유는 아래와 같다.

- 전반적으로 탄소 사용 제어에 도움이 되는 재생 가능한 에너지원에 대한 관심이 증가하고 있다. 풍력 터빈은 풍속 또는 바람을 연료로 전기를 생성한다.

- 풍력 터빈은 가스 터빈으로 구동되는 전력 발전소나 원자로에 비해 비교적 복잡하지 않은 물리적 자산이다. 따라서 복잡성을 낮추기 위해 첫 번째 디지털 트윈 후보로 풍력 터빈이 더 적합하다.

- 풍력 터빈 디지털 트윈은 터빈의 제조업체/서비스 제공 업체뿐만 아니라 유틸리티 회사인 소유자/운영자 모두에게 이익이 될 것이다. 또한 SI 업체들과 클라우드 플랫폼 및 비즈니스 소프트웨어 제공 업체는 구현 및 기술 관련 서비스를 제공하는 데 관심을 가질 것이다. 재생 에너지가 상업적으로 실현 가능하다는 점을 감안할 때 풍력 터빈과 풍력 터빈의 디지털 트윈을 통한 효율성은 이해관계자에게 즉각적인 가치를 제공할 것이다.

선택한 자산을 염두에 두고, 산업용 디지털 트윈을 구축하기 위한 계획과 전제 조건을 다음 장에서 살펴볼 것이다. 이 책의 나머지 부분에서는 풍력 터빈을 위한 첫 디지털 트윈을 구축하고 해당 트윈을 기술 및 경제적으로 평가해 투자 수익률ROI, Return On Investment를 계산할 것이다. 마지막으로 8장에서는 수력 발전소와 태양열 발전소 같은 재생 에너지 자산까지 확장해 모든 발전 자산을 소유할 수 있는 공공 유틸리티의 관점에서 보다 넓은 범위의 커버리지를 제공할 것이다.

:: 요약

이번 장에서는 다양한 조직과 이해관계자의 관점에서 디지털 트윈의 평가 과정을 살펴봤다. 이 평가 과정은 디지털 트윈이 제공하는 기회를 분석히고 정보를 기반으로 결정을 내릴 수 있는 프레임워크를 제공했다. 디지털 트윈 이니셔티브를 중심으로 기업 내에서 서로 다른 역할과 책임을 살펴봤고 이런 역할의 수행 방식도 다뤘다. 그 다음 디지털 트윈 및 관련 이니셔티브의 개발과 관련된 테스트 및 반복 과정에 대해 알아봤다.

4장에서는 디지털 트윈 구축을 시작하는 방법에 대해 알아볼 것이다. 계획 프레임워크, 디지털 트윈 관련 비즈니스 프로세스, 일부 기술 및 디지털 플랫폼 고려 사항을 다룰 것이다.

:: 질문

1. 어떤 기업이 디지털 트윈 이니셔티브에 관심을 가질 수 있는가?

2. 디지털 트윈을 사용해 효율성과 새로운 수익을 창출할 수 있는가?

3. 항공기 관련 디지털 트윈의 1가지 예시를 제시하라.

4. 디지털 트윈 관점에서 RACI 매트릭스는 어떤 용도로 사용되는가?

5. 디지털 트윈 채택과 관련해 신속한 테스트의 역할은 무엇인가?

04

첫 번째 디지털 트윈 구축

3장에서는 첫 번째 디지털 트윈 후보를 결정하는 과정에서 조직의 다양한 관점을 살펴봤다. 기업의 규모와 유형은 사용자의 관점과 특정 가치관에 영향을 주며 이는 디지털 트윈 선택 과정에 중요한 영향을 미친다. 우리는 디지털 트윈 프로그램을 시작할 때 명확한 역할과 책임의 중요성을 확인했다. 첫 번째 디지털 트윈의 최종 후보자를 결정하기 위한 테스트 과정에 대해서도 설명했다.

또한 디지털 트윈 후보를 식별하기 위한 선정 과정에서 최종 후보자를 결정했다. 이제 특정 조직의 요구 사항을 해결할 수 있는 디지털 트윈 유형에 대한 명확한 개념을 갖췄을 것이다. 앞서 추후 사용할 특정 디지털 트윈 후보를 선택했지만 이런 접근 방식은 사용하고자 하는 모든 디지털 트윈에 적용할 수 있다. 하지만 이 디지털 트윈을 계속 사용할 것이기 때문에 3장에서 선택한 디지털 트윈을 사용할 것을 권장한다.

이번 장에서는 디지털 트윈을 개발하기 위한 기획 프레임워크, 문제 상황과 예상 결과를 검증하는 방법, 제안된 비즈니스 프로세스에 대해 다룰 것이다. 마지막으로 디지털 플랫폼 선택에 대한 몇 가지 기술적 고려 사항과 접근 방식을 살펴보겠다.

이번 장에서 다룰 주제는 아래와 같다.

- 계획 프레임워크

- 문제 기술서 및 결과 검증

- 디지털 트윈 개발을 위한 비즈니스 프로세스 탐색

- 기술적 고려 사항

- 디지털 트윈용 디지털 플랫폼 탐색

먼저 3장에서 설명한 방법론을 기반으로 첫 번째 디지털 트윈을 위한 계획 프레임워크부터 살펴보자.

⁞⁞ 계획 프레임워크

3장에서 설명한 애자일 개발 프로세스는 첫 번째 디지털 트윈 구축에 제안하는 방식이다. 디지털 트윈을 조직에 처음 도입하는 경우 애자일 방법론을 활용하면 신속한 수정 및 대응이 가능하다. 조직은 아마도 상세한 디자인 사양을 갖고 있지 않을 수 있다.

애자일 개발 방법론을 사용하더라도 체계적인 계획 프로세스를 따르는 것은 여전히 필수적이다. 이번 절에서는 첫 번째 디지털 트윈을 시작할 때 고려해야 할 다양한 계획 관점을 설명한다.

프로젝트 계획 프레임워크는 첫 번째 디지털 트윈을 개발하기 위한 다양한 프로젝트 단계에 대한 지침을 제공한다. 디지털 트윈의 기술 및 비즈니스가 미치는 영향력을 예측할 수 없는 만큼 첫 번째 디지털 트윈에 대한 계획 프레임워크로 애자일 방법론을 도입했다.

프로젝트 계획 프레임워크

첫 번째 디지털 트윈 개발 과정에서 각 이해관계자가 기대하는 바를 명확하게 파악하는 것이 중요하다. 3장에서 RACI 다이어그램을 살펴봤고, 첫 번째 디지털 트윈을 구축하려는 조직 유형에 따라 다양한 RACI 역할도 다뤘다.

아래 다이어그램은 대기업의 비즈니스 부문에서의 일반적인 예측 유지 보수 디지털 트윈에 대한 프로젝트 및 계획 프레임워크를 보여준다. 5개의 하이레벨 단계는 첫 번째 디지털 트윈을 개발하는 경우 대부분의 사용 사례 또는 산업에 적용할 수 있다. 각 단계의 내용과 접근 방식은 디지털 트윈의 예측 유지 보수 기능, 운영 모니터링, 시뮬레이션 또는 그 밖의 전문적인 기능 수행 여부에 따라 약간 다를 수 있다.

	0단계: 프로젝트 준비	1단계: (1~2 주) 프로젝트 범위 지정	2단계: (2~4주) 프로젝트 설계/개발	3단계: (1~3달) 프로젝트 검증	4단계: (진행중) 프로젝트 확장
비즈니스 및 운영팀	• 현재 성능을 기반으로 프로덕션 가치 사슬 매핑 • 성능 저하 요인 및 시스템 병목 현상을 정의하고 근본 원인 식별	• 레퍼런스 데이터가 포함된 우선순위 근본 원인 식별 • 첫 번째 디지털 트윈을 식별하기 위한 기술적 준비도 및 비즈니스 영향을 기반으로 사용 사례의 우선순위 지정 • 첫 번째 디지털 트윈의 성공을 좌우하는 가치와 주요 성공 요인 파악	• 엔드 투 엔드 비즈니스 프로세스 및 운영화 계획 설계 • 임베딩 솔루션을 담당할 적절한 팀이 있는지 확인	• 엔드 투 엔드 프로세스 조율 및 임베딩 • 결과 검증 및 주요 성과와 성공 스토리 구체화	• 디지털 트윈이 명확한 프로세스를 통해 비즈니스 부문에 완전히 통합됐는지 검증 • 분석 결과를 기반으로 디지털 트윈 기능 및 조직의 자원 추가 • 디지털 트윈 확장 및 추가적인 검증 작업 진행
IT 및 개발팀	• 디지털 트윈 배포 및 테스팅에 대한 하이레벨 레퍼런스 아키텍처 준비 • 전반적인 보안 및 신뢰성 계획 준비	• 첫 번째 디지털 트윈의 데이터 가용성 및 품질 검증 • 적절한 통합 커넥터를 가진 플랫폼 셋업 • 핵심 성공 기준을 비즈니스에 맞게 조정	• IT 팀과 신뢰성을 갖춘 첫 번째 디지털 트윈 설계 • 비즈니스 시스템에서 작업 주문 같은 작업과 IoT에 디지털 트윈 통합 • 사용 사례 결과를 추적할 수 있는 메커니즘 설계	• 결과를 기반으로 디지털 트윈의 튜닝 개선 • 디지털 트윈 테스트 및 사용량 개선 • 디지털 트윈 활용 및 유지 보수를 위한 IT 자원 구축	• 활용 가능한 디지털 트윈 지원 기술 및 클라우드 인프라를 확장해 장기 사용 지원 • 장기적 사용을 지원하기 위해 디지털 트윈의 활성화 기술과 클라우드 인프라스트럭처 확장

그림 4.1 예측 유지 보수 디지털 트윈에 대한 프로젝트 계획 프레임워크

우리는 디지털 트윈 개발의 핵심적인 부분에 초점을 맞추는 동시에 **LOB**와 **IT**의 역할을 구분한다. LOB 역할은 비즈니스 과제와 이를 해결하기 위한 엔지니어링 분석에 중점을 둔다. 또 디지털 트윈 기술을 지원하기 위해 적용해야 하는 운영 비즈니스 프로세스와도 관련이 있다. IT 역할은 디지털 트윈의 라이프 사이클 전반에 걸쳐 디지털 트윈을 생성하고 운영하기 위해 사용되는 디지털 활성화 기술에 중점을 둔다.

0단계 - 프로젝트 준비 단계

위 표에 나왔듯이 프로젝트 준비 단계는 디지털 트윈 프로젝트에 포함되지는 않지만 수행해야 하는 준비 작업을 말한다. 신뢰성 엔지니어, 운영 관리자 및 다른 LOB 사용자들은 일반적으로 비즈니스 성능 분석을 수행해 향후 효율성 및 효과성 향상을 위해 집중할 영역을 결정한다. 예측 유지 보수에서 볼 수 있듯이, 일반적으로 신뢰성 엔지니어는 린 우선 원칙lean first principles을 사용해 불량 행위자bad actor 분석을 수행한다. 불량 행위자 분석은 공장 또는 시설의 운영 자산에 대한 공식적인 검토 프로세스다. 여기에는 일반적으로 시설의 20%는 장애 80%를 차지하는 파레토 원칙이 적용된다. **파레토 원칙**은 종종 **80/20 법칙**이라고도 하며 다양한 산업 및 응용 분야에서 사용된다. 불량 행위자 분석의 목적은 가동 중단 또는 생산 손실을 가장 많이 유발하는 시설의 20%를 찾아 순위를 매기는 것이다. 이 분석에 사용되는 순위 메커니즘 중 하나는 동일한 파레토 원칙을 20%에 적용하는 것으로, 이는 20%가 장애의 원인 중 80%를 차지함을 의미한다. 즉, 기존 평가의 4%가 장애 또는 다운타임의 64%를 차지함을 의미한다.

LOB는 전반적인 생산 가치 사슬을 분석하고 잠재적인 시스템 병목 현상과 불량 행위자로 간주되는 특정 자산 또는 시스템을 식별한다. 앞에서 살펴본 것처럼 이런 불량 행위자는 대부분의 시설 장애를 발생시키는 주요 원인이다. 처리량 또는 생산 손실, 다운타임 시간, 수리 비용 및 안전과 같은 주요 성과 지표에 따라 불량 행위자의 순위를 매기는 것이 일반적인 관행이다. 제조 라인의 경우 주요 불량 행위자는 컨베이어 시스템일 수 있고, 두 번째 불량 행위자는 로봇 조립 팔이 될 수 있으며 세 번째 불량 행위자는 라인 끝에 있는 포장 스테이션이 될 수 있다.

아래 다이어그램에서 볼 수 있듯이 다음 단계는 이런 최상위 불량 행위자의 주요 장애 모드를 결정하는 것이다. **고장 형태와 원인 분석**FMECA, Formal Failure Mode Effect and Criticality Analysis 은 신뢰성 공학에서 잘 확립된 실무 관행이다. 그러나 첫 번째 디지털 트윈의 경우 본격적인 FMECA가 필요하지 않다. 이력 유지 보수 및 운영 데이터를 기반으로 주요 장애 모드를 식별하는 것은 여전히 중요하다. 이를 통해 프로토타입 디지털 트윈이 단기 프로젝트 검증 단계에서 가치를 입증할 수 있기 때문이다.

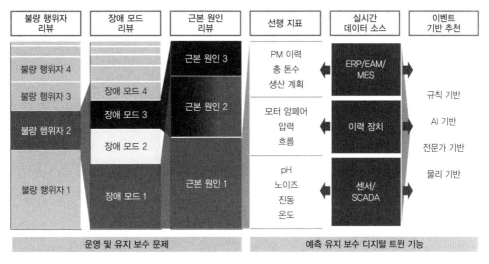

그림 4.2 예측 유지보수 디지털 트윈에 대한 프로젝트 계획 프레임워크

주요 장애 모드를 파악하면 이런 장애 모드의 근본 원인을 식별할 수 있다. 이는 신뢰성 엔지니어링에서도 보편적으로 사용되는 프랙티스다. 그럼에도 불구하고 우리는 이 책에서 가장 일반적인 장애 모드의 주요 원인을 간단히 확인해볼 것이다. 물리적 장비에서 흔히 볼 수 있는 인과 관계로 인해 몇몇 근본 원인들은 여러 가지 장애 모드를 초래할 수 있다.

아래 다이어그램은 근본 원인 2가 장애 모드 1과 장애 모드 3을 야기할 수 있음을 보여준다. 비즈니스 영향과 불량 행위자 장애 모드 특성에 따라 분석 수준이 결정되지만, 예시에서는 LOB 함수가 분석에 필요한 입력을 제공한다고 가정한다.

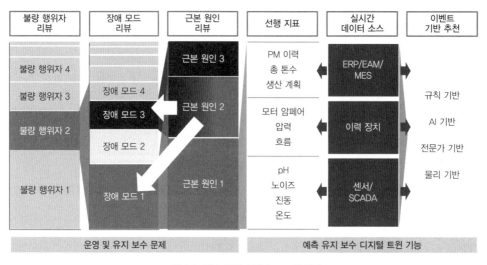

그림 4.3 근본 원인과 장애 모드의 관계

근본 원인을 이해하는 목적은 IoT 및 센서 장치의 실시간 데이터 및 분석을 통해 디지털 트윈에서 지원 가능한 선행 지표의 식별 여부를 확인하는 데 있다. 이 선행 지표는 1장에서 살펴본 원본 센서 데이터, 물리 모델 그리고 수학 또는 통계 모델을 기반으로 한다.

이런 실시간 지표는 **IoT**, **OT** 및 **EAM**, **ERP**, **MES** 솔루션과 같은 엔터프라이즈 비즈니스 시스템에서 설정할 수 있다.

여러 시스템에 대한 이런 통합 요구 사항은 그림 4.1에 제시된 IT 및 개발 관련 역할을 나타낸다. 이는 첫 번째 디지털 트윈에 사용할 수 있는 하이레벨의 레퍼런스 아키텍처를 구축하게 해주는 훌륭한 기회이며, 초기 프로젝트의 결과 학습을 기반으로 해당 아키텍처를 개선해 나갈 수 있다.

또한 이런 초기 단계에서 보안 및 신뢰성에 대한 거버넌스 프로세스를 시작하고 향후 프로젝트에 대한 원칙을 수립하는 것을 권장한다. 디지털 트윈은 몇 가지 새로운 보안 취약점과 잠재적인 공격 표면^{attack surfaces}을 포함한다. IT 부서는 초기 디지털 트윈 프로젝트를 통해 영향을 평가하고 위험 완화 전략을 파악할 수 있다.

1단계 – 프로젝트 범위 지정 단계

프로젝트 범위 지정 단계에서 비즈니스 및 운영 팀은 우선순위가 높은 불량 행위자 자산에 대한 선행 지표 관련 데이터 소스가 있는지 식별하고 확인한다. 사용 가능한 데이터 소스가 아닌 장애 모드 및 근본 원인으로 시작하는 것도 여전히 중요하다. 첫 번째 디지털 트윈 솔루션은 가치를 신속하게 제공하고 문제를 해결하는 데 초점을 맞춰야 한다.

비즈니스 및 운영 팀은 1장의 그림 1.10과 같이 비즈니스 준비 상태 평가를 완료해야 한다. 첫 번째 디지털 트윈을 식별하기 위해 기술적 준비 및 비즈니스 영향을 기반으로 사용 사례의 우선순위를 지정한다. 비즈니스 영향 측정 지표는 1장의 그림 1.9에서 식별한 위험 가치 측정 지표와 관련돼 있다. 1장의 그림 1.10에서 봤듯이 잠재적인 비즈니스 영향 측정에는 안전성, 다운타임, 처리량, 품질 및 비용이 포함된다. 기술 준비 상태 평가는 데이터의 가용성, 자동화 및 IT 시스템의 성숙도, 분석, 제안된 배포 환경 및 프로젝트 관리 성숙도 수준이 포함된다.

또한 이번 단계에는 첫 번째 디지털 트윈의 중요한 성공 기준과 위험 가치를 정의하는 것도 속해 있다. 따라서 "첫 번째 디지털 트윈의 성공은 어떻게 정의할 수 있는가?" 라는 질문에 답할 수 있다.

IT 팀의 경우 비즈니스 팀이 식별한 선행 지표에 대한 데이터 가용성 및 데이터 품질을 평가할 수 있다. 주요 분석 회사의 연구에 따르면 데이터 통합, 접근, 정리 및 데이터 랭글링data wrangling은 IoT 기반 프로젝트의 프로젝트 리소스 및 비용의 50% 이상을 차지할 수 있다고 한다. 프로젝트 범위 지정 단계를 통해 IT 팀은 데이터 통합이 디지털 트윈 프로젝트의 주요 성공 지표에 미치는 영향을 평가할 수 있다.

이번 단계는 또 디지털 트윈 플랫폼을 준비하고 필수 거버넌스 가드레일 내에서 필요한 데이터 통합 커넥터를 설정해야 한다. 미리 이 작업을 준비해서 데이터 접근에 의존하고 기술적인 이유로 통합에 사용할 수 없는 디지털 트윈을 생성할 위험을 감소시킬 수 있다.

이 단계의 최종 핵심 포인트는 비즈니스 사용자와 IT가 첫 번째 디지털 트윈 프로젝트의 **핵심 성공 요인**CSF, Critical Success Factors을 달성하기 위해 협력하는 것이다. 첫 번째 디지털 트윈의 세부적으로 측정 가능한 결과 또는 CSF에 대한 공통적이고 공유된 비전은 프로젝트의 결과를 중심으로 초점을 맞추게 해준다.

다음 단계에서는 디지털 트윈을 개발하고 제공하는 동시에 조직이 운영 비즈니스 프로세스와 직원의 업무 방식에 적응할 수 있도록 준비하는 데 중점을 둔다.

2단계 – 프로젝트 설계 및 개발 단계

디지털 기반 프로젝트는 사람들이 일상적으로 작업을 수행하는 방식에 영향을 준다. 디지털 트윈과 이들이 제공하는 운영, 상황 인식 및 의사 결정 지원은 사람들이 기존에 사용했던 비즈니스 프로세스를 변화시킨다. 이 부분은 추후 더 자세히 다룰 것이다.

첫 번째 디지털 트윈이 성공하려면, 비즈니스 문제를 해결하기 위해 기술 기반 솔루션을 수용하고자 하는 비즈니스 사용자를 중심으로 팀을 구성해야 한다. 산업 조직의 운영자는 일반적으로 새로운 기술에 대해 더 보수적이고 회의적이다. 또한 이 단계는 어떤 종류의 디지털 트윈을 구축하고 설계, 제조, 유지 보수 및 운영 모델과 어떻게 통합할 것인지에 대한 결정이 이뤄지는 단계다. 엔지니어링 팀에게 테스트 및 인증을 위한 추가 센서 및 데이터 수집 지점을 추가할 수 있는 기회를 제공하기도 한다. 센서 데이터의 배치 및 데이터 수집 계획에는 실질적인 계획이 포함된다. 비즈니스 사용자는 디지털 트윈의 비즈니스 가치를 유지하는 방법을 계획하는 데 도움이 되는 필수적인 엔지니어링 지식과 전문 지식을 제공한다. 적절한 팀을 선택하면 첫 번째 디지털 트윈 프로젝트의 성공 가능성을 높여준다.

IT 팀은 설계 및 개발 단계에서 디지털 트윈 개발 및 설정을 수행한다. 실시간 입력 및 기타 메타 데이터 통합, 백엔드 비즈니스 시스템 통합이 여기에 포함된다. 3장의 그림 3.8에 포함된 애자일 관련 내용과 프로세스를 활용하는 애자일 개발 방법론을 권장한다.

설계 및 개발 단계의 검증 단계는 디지털 트윈이 적절하게 설계되고 엔지니어링됐는지 확인하는 데 필요한 거버넌스를 제공한다.

또한 자동화를 통해 사용 사례 결과를 지속적으로 추적할 수 있도록 디지털 트윈을 설정하기를 권장한다. 초기 디지털 트윈 프로젝트는 일반적으로 CSF를 기반으로 디지털 트윈의 가치 검증을 위해 사용된다. 이 부분의 리포트를 자동화하면 프로젝트 검증 단계에서 가치 추적에 도움이 된다.

3단계 – 프로젝트 검증 단계

프로젝트 검증 단계는 프로젝트 범위 지정 단계에서 설정된 주요 성공 기준을 측정하고 디지털 트윈 사용 결과를 검증하는 데 중점을 둔다. 비즈니스 팀 사용자는 2단계에 명시된 비즈니스 프로세스 변경 사항이 검증 단계에 구현됐는지 확인해야 한다.

비즈니스 검증 프로세스 중에 비즈니스 팀과 IT 팀 모두 지속적인 CSF 모니터링 결과를 바탕으로 디지털 트윈의 기능을 개선하고 세부적으로 조정할 수 있다. 또한 이 단계에서는 조직 내 디지털 트윈을 유지 보수하고 확장하는 데 필요한 지원 요구 사항과 기타 비즈니스 역량을 파악할 수 있다.

이 단계의 결과는 디지털 트윈이 초기 CSF를 제공했는지, 프로덕션 환경에서 계속 진행할지 또는 초기 평가를 종료할지 여부를 결정한다. 위에서 살펴본 단계를 따른 경우 성공 가능성이 매우 높으며, 이는 종종 전반적인 프로덕션 애플리케이션에서 디지털 트윈 확장으로 이어진다.

4단계 – 프로젝트 확장 단계

비즈니스 사용자가 개선된 의사 결정 지원 능력의 이점을 인식하면 프로젝트 검증 단계에서 새로운 요구 사항과 기회가 발생한다. 스케일 아웃scaling out은 추가적인 사용자에게 접근 권한을 제공하거나 이런 추가 요구 사항을 해결하기 위해 다른 자원과 기능을 추가하는 것을 의미한다.

이 예시에서 사용된 프로젝트 계획 프레임워크는 예측 유지 보수 사례에만 적용된다. 하지만 모든 디지털 트윈 제품에 적용되며 이와 유사한 방식으로 프로젝트의 계획 프레임워크를 개략적으로 설명하는 것을 권장한다. 단일 페이지 요약을 통해 내부 커뮤니케이션을 개선하고 다양한 단계의 기대 사항을 명확하게 이해할 수 있다.

프로젝트 계획 프레임워크는 디지털 트윈 프로젝트를 후원하는 비즈니스 경영진에게 비즈니스 가치와 범위를 설명하는 솔루션 프레임워크의 지원을 받는다.

솔루션 계획 프레임워크

제안된 솔루션 계획 프레임워크는 **스티브 블랭크**Steve Blank가 소개하고 **에릭 리스**Eric Ries가 대중화한 **린 스타트업**Lean Startup 접근 방식에 뿌리를 두고 있다(https://hbr.org/2013/05/why-the-lean-start-up-changes-everything). 린 디지털 트윈Lean Digital Twin은 **XM프로**(https://bit.ly/idt-ldt)에서 개발한 방법론으로, 확장을 수행하기 전에 신제품의 제품/마켓 적합성을 달성하는 데 중점을 둔 린 스타트업 프레임워크를 기반으로 한다.

애플리케이션 및 디지털 트윈 활용이 아직 조직에서 명확하게 정의되거나 이해되지 않았기 때문에 첫 번째 디지털 트윈을 구축하는 경우 **린 디지털 트윈**이 가장 적절한 접근법이다.

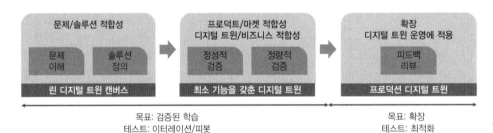

그림 4.4 문제/솔루션에서 디지털 트윈/비즈니스 적합성으로 이동

린 디지털 트윈 접근 방식의 첫 번째 부분은 문제/솔루션 적합성에 중점을 두며, 이 부분을 간단하고 이해하기 쉬운 방식으로 설명하는 가장 좋은 방법은 **린 디지털 트윈 캔버스**를 사용하는 것이다.

린 디지털 트윈 캔버스는 비즈니스 문제, 솔루션 통합 지점 및 비즈니스 사례를 단일 페이지에 나타내며 프로젝트 팀 및 관련 경영진과 쉽게 소통할 수 있는 린 스타트업 접근 방식에 사용되는 린 캔버스를 기반으로 한다.

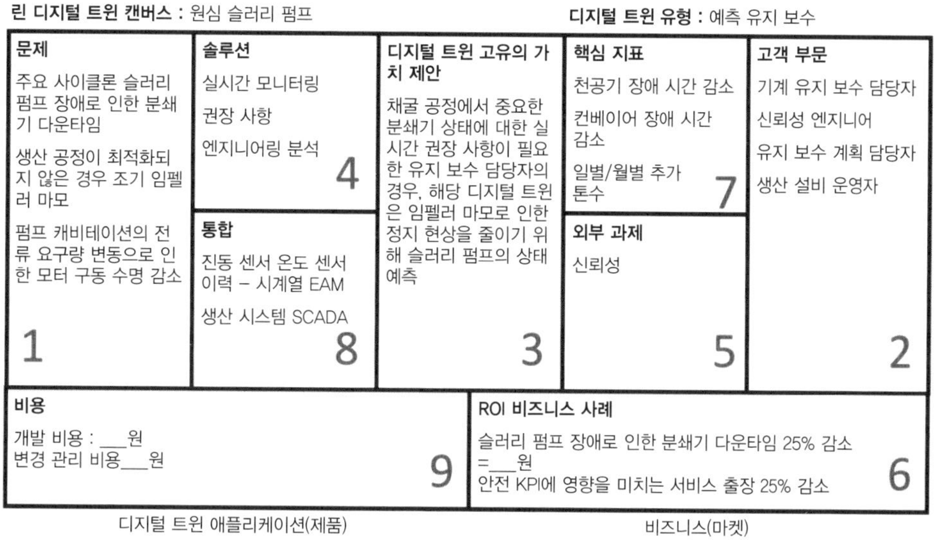
린 디지털 트윈 캔버스 : 원심 슬러리 펌프
디지털 트윈 유형 : 예측 유지 보수
문제
주요 사이클론 슬러리 펌프 장애로 인한 분쇄기 다운타임
생산 공정이 최적화되지 않은 경우 조기 임펠러 마모
펌프 캐비테이션의 전류 요구량 변동으로 인한 모터 구동 수명 감소
1
솔루션
실시간 모니터링
권장 사항
엔지니어링 분석
4
통합
진동 센서 온도 센서 이력 – 시계열 EAM
생산 시스템 SCADA
8
디지털 트윈 고유의 가치 제안
채굴 공정에서 중요한 분쇄기 상태에 대한 실시간 권장 사항이 필요한 유지 보수 담당자의 경우, 해당 디지털 트윈은 임펠러 마모로 인한 정지 현상을 줄이기 위해 슬러리 펌프의 상태 예측
3
핵심 지표
천공기 장애 시간 감소
컨베이어 장애 시간 감소
일별/월별 추가 톤수
7
외부 과제
신뢰성
5
고객 부문
기계 유지 보수 담당자
신뢰성 엔지니어
유지 보수 계획 담당자
생산 설비 운영자
2
비용
개발 비용 : ___원
변경 관리 비용___원
9
ROI 비즈니스 사례
슬러리 펌프 장애로 인한 분쇄기 다운타임 25% 감소 =___원
안전 KPI에 영향을 미치는 서비스 출장 25% 감소
6
디지털 트윈 애플리케이션(제품)
비즈니스(마켓)

그림 4.5 슬러리 펌프 예측 유지 보수 디지털 트윈에 대한 린 디지털 트윈 캔버스

위 다이어그램의 숫자는 비즈니스 및 IT 팀과 워크샵을 진행하는 동안 캔버스를 완료하는 순서를 나타낸다.

1. **문제:** 1장에서 설명한 우선순위 매트릭스를 기반으로 첫 번째 디지털 트윈이 해결할 상위 3가지 문제를 설명하라.
2. **고객 부문:** 첫 번째 디지털 트윈 솔루션의 혜택을 받을 이해관계자와 비즈니스 사용자는 누구인가?
3. **디지털 트윈 고유의 가치 제안**UVP, Unique Value Proposition**:** 디지털 트윈이 기존에 해오던 작업과 다른 점은 무엇인가?
4. **솔루션:** 디지털 트윈의 주요 기능(AI, 실시간, 의사 결정 지원 등)을 제공하는 3가지 주요 기능은 무엇인가?
5. **외부 과제:** 디지털 트윈에 대한 외부 위험 신호는 무엇인가(보안, 데이터 접근, 연결 등)?
6. **ROI 비즈니스 사례:** 이 디지털 트윈은 1장에서 설명한 것과 같이 계획된 위험 가치 측정 지표를 어떻게 제공할 것인가?
7. **핵심 지표:** 디지털 트윈은 어떻게 정량적으로 측정되는가?

8. **통합**: 디지털 트윈을 적용할 때 요구되는 핵심적인 통합은 무엇인가?

9. **비용**: 디지털 트윈을 개발하고 운영하는 데 드는 예상 비용은 얼마인가?

위 다이어그램은 산업 분야 광산 회사의 예측 유지 보수 디지털 트윈의 일부로, 슬러리 펌프를 위한 전체 캔버스를 보여준다. 이러한 접근 방식의 주요 이점 중 하나는 캔버스 가 임원진의 의사 결정자가 관심 있는 모든 중요한 측면을 한 페이지로 보여준다는 것이다. 캔버스용 템플릿은 다음 링크(https://bit.ly/idt-ldtc)에서 다운로드할 수 있다.

린 디지털 트윈 캔버스는 문제 기술서problem statement를 문서화하고 예상 결과를 가시적으로 설명할 수 있기 때문에 첫 번째 디지털 트윈을 위한 솔루션 계획 프레임워크로 적절하다.

첫 번째 디지털 트윈 결과에 대한 문제 기술서와 가정을 검증하는 작업은 간과해서는 안 될 중요한 단계다. 첫 번째 프로젝트는 종종 조직에서 디지털 트윈과 같은 새로운 접근 방식에 대한 지속적인 인식을 생성한다. 그림 4.4의 두 번째 블록은 린 스타트업 접근 방식의 제품/시장 검증과 유사한 접근 방식을 설명한다. 린 디지털 트윈의 개정된 버전은 디지털 트윈/비즈니스 적합성을 참조하며, 문제 진술을 검증하고 예상 결과를 확인하는 데 사용된다.

이번 절에서는 첫 번째 디지털 트윈의 비즈니스 검증 및 영향을 계획하기 위한 솔루션 프레임워크로 린 디지털 트윈 캔버스를 제안했다. 이는 검증된 학습을 강조하는 린 스타트업 접근 방식을 기반으로 하며, 핵심 측면은 적절한 결과를 제공하기 위해 적절한 문제를 해결하고 있음을 검증하는 것이다. 이제 문제 기술서와 예상 결과를 검증하는 방법을 알아보자.

⠿ 문제 기술서 및 결과 검증

그림 4.4와 같이 문제 기술서와 예상 결과를 검토하는 것은 초기 단계의 검증된 학습의 핵심적인 부분이다. 이는 성공적인 프로젝트를 위해 지속적으로 반복하고 피봇할 수 있는 기회를 제공한다.

디지털 트윈 프로토타입의 개발 라이프 사이클(그림 4.1)의 각 단계에서 해결하려는 문제와 비즈니스 결과에 대한 기대치를 검증하는 것이 중요하다. 해당 작업을 수행하는 가장 쉬운 방법은 각 단계가 종료될 때 정식 리뷰 워크숍에서 린 디지털 트윈 캔버스를 사용하는 것이다. 이를 체크포인트로 사용해 모든 이해관계자가 여전히 동일한 문제와 예상되는 비즈니스 결과를 예상하는지 확인할 수 있다.

프로젝트가 종료될 때 중요한 인사이트를 제공하려면 각 단계에서 캔버스를 신규 버전으로 업데이트해야 한다. 그러면 개발 라이프 사이클 전체에 걸쳐 예상되는 비즈니스 결과에 대한 문제 기술서의 변경 사항을 평가할 수 있다. 캔버스는 기술적 측면뿐만 아니라 비즈니스 고려 사항까지 포함하는 디지털 트윈의 진화와 발전을 보여주기 위해 경영진에게 제시할 수 있는 편리한 도구다.

⁑ 디지털 트윈 개발을 위한 비즈니스 프로세스 탐색

비즈니스 프로세스에 대한 변경 사항을 정의하고 최종 사용자가 디지털 트윈에 대한 새로운 인사이트를 극대화할 수 있도록 교육을 수행해야 한다. 앞에 나온 2단계에서 이 부분을 언급했지만 디지털 트윈 프로젝트의 라이프 사이클 초기에 이런 영향을 고려해야 한다.

	모니터링	주의 경고	적색 경보	직원 파견	유지 보수 작업	작업 오더 완료
소유자	디지털 트윈	신뢰성(이메일)	신뢰성(SMS)	유지 보수 담당자	유지 보수 교대조 담당자	디지털 트윈
				디지털 트윈 외부의 EAM에서 유지 보수 수행		디지털 트윈 작업 종료
작업	슬러리 펌프의 상태 기반 모니터링 및 예측	경고 검증 또는 제거 / 유지 보수 계획에 정보 전달	경고 검증 또는 제거 / 검증이 완료된 후 긴급 작업 요청 생성	작업 생성 및 우선순위 설정 / 예정된 유지 보수 또는 장애	슬러리 펌프 서비스, 베어링 및 씰 교체	WO를 완료로 설정 / 디지털 트윈에서 자동으로 경보 제거
타이밍	실시간	다운타임 이벤트 1주 전	다운타임 이벤트 2일 전	작업 순서 우선순위 기반	동일 교대조	동일 교대조

그림 4.6 디지털 트윈 입력을 기반으로 한 비즈니스 프로세스 변경 예시

위 다이어그램은 광산에서 쓰는 슬러리 펌프에 대한 예측 유지 보수 예시에서 디지털 트윈의 비즈니스 프로세스 영향을 설명한다. 이 예시에서는 디지털 트윈, 신뢰성 엔지니어링 팀, 유지 보수 계획 팀 및 유지 보수 직원 간의 상호 작용을 보여준다.

디지털 트윈 서비스 팀은 특히 디지털 기술 솔루션을 정기적으로 사용하지 않는 운영 및 비즈니스 사용자에게 영향을 미칠 경우 기존 프로세스가 새로운 작업 방식을 포함해 변경되도록 보장할 책임이 있다.

이 작업을 할 때는 대규모 프로젝트에 대한 공식적인 비즈니스 프로세스 검토가 필요할 수도 있지만, 위에서 살펴본 다이어그램에 표시된 예시와 유사하게 첫 번째 디지털 트윈에 대한 간단한 프로세스 다이어그램을 작성하는 것이 좋다. 해당 다이어그램을 통해 여러 이해관계자 간의 협업 및 커뮤니케이션이 개선되고 모든 프로세스 참가자가 변경 사항을 확인할 수 있다. 각 단계에서 이런 변경 사항을 검토하는 것이 중요하며, 특히 제안된 신규 프로세스가 전반적인 경험을 개선하도록 검증 단계에서의 검토 작업이 중요하다.

그림 4.7 펌프 디지털 트윈 기반의 엔드 투 엔드 비즈니스 프로세스

위 다이어그램은 디지털 트윈이 물리적 펌프로부터 실시간 데이터를 수신하고 있는 펌프의 간략한 엔드 투 엔드 비즈니스 프로세스를 보여준다. 디지털 트윈이 잠재적인 장애를 예측하면 서비스 기술자에게 메시지를 보내 수리 작업을 수행하도록 한다. 디지털 트윈은 ERP와 같은 비즈니스 시스템에서 관련 작업 오더를 생성할 수 있다.

비즈니스 프로세스를 변경하는 것이 첫 번째 디지털 트윈의 유일한 고려 사항은 아니다. 이 시점에서 내리는 기술적 결정은 향후 배포되는 프로젝트 결과와 규모에 영향을 미칠 수 있다. 이런 기술적 고려 사항에 대해 알아보자.

⠿ 기술적 고려 사항

이제 첫 번째 디지털 트윈을 통해 해결하고자 하는 문제, 예상되는 결과, 린 및 애자일 개발 사이클의 다양한 프로젝트 단계 그리고 이를 지원하는 데 필요한 비즈니스 프로세스를 명확하게 이해했기 때문에, 첫 번째 디지털 트윈에 대한 기술적 고려 사항을 해결해야 한다.

디지털 트윈의 정의, 상호 운용성 및 디지털 트윈과 상호 작용하는 방법을 표준화하기 위해 다양한 조직이 문제 해결을 위한 기술 표준을 마련하고 있다. 이 분야에서 주목할 만한 2가지 프로젝트는 **플랫폼 인더스트리 4.0**^{Platform Industrie 4.0}(https://bit.ly/idt-aas)에서 개발한 **자산 관리 쉘**^{AAS, Asset Administration Shell}과 마이크로소프트(https://bit.ly/idt-dtdl)가 오픈 소스 이니셔티브로 후원하는 **디지털 트윈 정의 언어**^{DTDL, Digital Twin Definition Language}다. 이 외에도 ISO 23247로 발표될 "디지털 트윈 제조 프레임워크"와 같이 현재 개발 중인 제조 분야의 디지털 트윈을 위한 표준 프레임워크도 있다.

AAS 및 DTDL 이니셔티브는 디지털 트윈을 기술적으로 설명하고 인스턴스화하는 데 중점을 두며 상당한 기술적 영향을 미친다. 이 책을 저술하는 시점에서 이 프레임워크들은 완전히 작동하는 독립형^{standalone} 디지털 트윈을 만드는 데 도움이 되는 세부 정보를 충분히 제공하기 위한 표준을 개발하고 있다. 이런 프레임워크나 자체 접근 방식을 사용하는 것은 조직의 기술 스택과 중단기적으로 요구되는 정교함의 수준에 영향을 미치는 중요한 아키텍처 관련 결정이다. 첫 번째 디지털 트윈을 최소 실행 가능한 수준으로 구축해 비즈니스에서 사용할 표준을 결정하기 전에 활용 가능한 접근 방식을 테스트해볼 수 있는 장점이 있다.

첫 번째 산업용 디지털 트윈에 어떤 표준을 사용해야 할지 결정하기 위해 위에서 언급한 2가지 새로운 표준(AAS 및 DTDL)을 하이레벨에서 살펴볼 것이다.

자산 관리 쉘

AAS는 독일의 기업, 협회, 노동 조합, 과학 단체 및 정부 기관의 네트워크인 플랫폼 인더스트리 4.0에 대한 디지털 트윈을 구현한 것이다. 해당 디지털 트윈은 플랫폼 인더스트리 4.0(https://bit.ly/idt-wgl40)의 "참조 아키텍처, 표준 및 규범"(WG1) 작업 그룹에서 개발했다.

그림 4.8 AAS의 하이레벨 메타 모델(https://bit.ly/idt-zvei-aas)

디지털 트윈 아키텍처로 AAS를 고려해야 하는 이유 중 하나는 AAS가 복합 디지털 트윈을 조립하는 데 사용할 수 있는 제품 제조업체의 잠재적인 디지털 트윈 라이브러리이기 때문이다.

AAS는 주로 인더스트리 4.0 활동과 관련이 있으며 대부분의 활동은 유럽 제조업체 및 해당 업체의 고객과 관련되어 있다. 기술적인 고려 사항은 주로 다른 AAS 기반 자산 디지털 트윈과의 상호 운용성에 관한 것이다.

포괄적인 AA 관련 기술 평가는 이 책의 범위를 벗어나지만 추후 디지털 트윈 개발을 표준화하는 경우 중요한 기술적인 고려 사항이다. 공식적인 기술 관련 정보는 다음 링크(https://bit.ly/idt-zvei-aas)에서 확인할 수 있지만, 여기서는 첫 번째 디지털 트윈을 위한 몇 가지 중요한 결정 사항을 다룰 것이다.

디지털 트윈 개발을 위한 기술적 고려 사항 중 하나는 디지털 트윈 정보 모델을 정의, 생성, 저장 및 운영하기 위해 사용하는 형식이다. 이 작업을 표준화하면 디지털 트윈 간의 상호 운용성을 개선할 수 있다. 또한 통합 작업을 효율적으로 수행하고 모델을 더 쉽게 재사용할 수 있다.

물리적 자산은 AAS의 핵심이다. 이 프레임워크는 재료 사양서bill of materials와 유사한 제품 계층 구조를 설정하는 자산, 구성 요소, 정보 및 하위 모델을 수용하도록 설계됐다. 해당 프레임워크는 공급 업체와 소비자의 광범위한 인더스트리 4.0 생태계에서 작동해야 하므로 디지털 트윈 정보 모델에 유용한 구조다. 프레임워크는 시스템에서 읽을 수 있는 형식으로 자산에 대한 최신 정보를 제공하며, AAS는 자산 및 관련 데이터에 대한 메타 모델을 설명한다. AAS 프레임워크에서 속성 및 물리적 단위에 대한 개념 설명을 정의하기 위한 데이터 사양 템플릿이 있다.

현재 제공되는 AAS 직렬화 및 매핑은 아래와 같으며 일반적인 사용 사례를 포함시켰다.

- .aasx 자료 교환 포맷을 통해 파트너 간 통신을 위한 ML 및 JSON
- 추론을 위한 **자원 기술 프레임워크**RDF, Resource Description Framework
- 엔지니어링 단계를 위한 오토메이션MLAutomationML
- 운영 단계를 위한 **OPC 통합 아키텍처**OPC UA, OPC Unified Architecture

직렬화는 공동 작업 및 상호 운용성을 개선하는 데 도움이 되는 표준화 구조를 따른다.

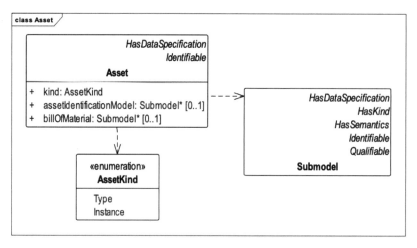

그림 4.9 AAS 구조에서 자산의 메타 모델

아래 XML 코드 스니펫^{snippet}은 자산과 해당 구성 요소 또는 하위 모델 계층을 시스템이 읽을 수 있는 형식으로 정의하는 구조를 보여준다.

```
. . .
<aas:assetAdministrationShells>
    <aas:assetAdministrationShell>
        <aas:idShort>ExampleMotor</aas:idShort>
        <aas:category>CONSTANT</aas:category>
        <aas:identification idType="URI">http://customer.com/
         aas/9175_7013_7091_9168</aas:identification>
        <aas:assetRef>
          <aas:keys>
            <aas:key type="Asset" local="true"
            idType="URI">http://customer.com/assets/KHBVZJSQKIY
            </aas:key>
          </aas:keys>
        </aas:assetRef>
        <aas:submodelRefs>
          <aas:submodelRef>
            <aas:keys>
              <aas:key type="Submodel" local="true"
              idType="URI">http://i40.customer.com/
              type/1/1/1A7B62B529F19152</aas:key>
            </aas:keys>
          </aas:submodelRef>
```

```
          </aas:submodelRefs>
          <aas:conceptDictionaries />
        </aas:assetAdministrationShell>
      </aas:assetAdministrationShells>
. . .
```

직렬화는 통합 수준에서 디지털 트윈과 상호 작용하는 데 사용될 수 있으며 디지털 트윈 사용자의 요구 사항에 따라 자산의 시각적 표현도 가능하다. 오픈 소스 개발자 도구는 인더스트리 4.0 커뮤니티에서 사용할 수 있게 됐으며, AAS 익스플로러^{AAS} Explorer는 다음 링크(https://bit.ly/idt-aasx)에서 소스 코드를 사용할 수 있으며 현재 진행중인 프로젝트다.

일부 디지털 트윈 지원 기술 공급 업체는 시각화 및 데이터 통합 기능을 통해 AAS에 대한 기본적인 기능을 지원한다. 아래 스크린샷은 상용 애플리케이션에서 AAS의 스마트 팩토리 로봇용 디지털 트윈 구현을 보여준다.

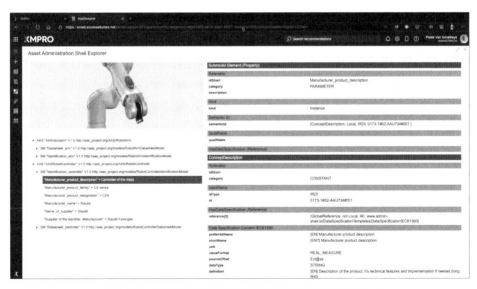

그림 4.10 스마트 팩토리의 AAS 정의에서 로봇팔 디지털 트윈 예시

기타 공급 업체 예시는 다음 링크(http://www.i40-aas.de)에서 확인할 수 있다.

또 다른 기술적 고려사항은 단일 기술 환경에서 표준화된 데이터 모델을 구축하고 관리하는 것이다. 이 방식은 클라우드 솔루션 공급 업체의 기술 스택을 표준화 하는 경우 적합하다. 마이크로소프트의 DTDL 오픈 소스 이니셔티브는 이런 기술적 고려 사항을 지원한다.

디지털 트윈 정의 언어

오픈 소스 이니셔티브를 통해 마이크로소프트는 IoT 기기, 기기 디지털 트윈 및 자산 디지털 트윈을 포함하는 모델을 설명하기 위한 언어로 **디지털 트윈 정의 언어**^{DTDL, Digital Twins Definition Language}를 개발했다. 기기 디지털 트윈은 센서 기기의 디지털 표현이며 배터리 수준 및 연결 품질과 같은 기기 정보를 포함하며 일반적으로 자산 디지털 트윈과 연결되지 않는다. DTDL은 JSON 또는 **RDF** 시스템에서 사용하도록 설계된 JSON의 변형인 **JSON-LD**를 사용한다.

DTDL은 AAS와 유사한 방식으로 일련의 메타 모델 클래스로 구성된다. DTDL 기반 디지털 트윈의 동작을 정의하는 데 6가지 메타 모델 클래스가 사용된다.

- 인터페이스

- 텔레메트리

- 속성

- 명령어

- 관계

- 컴포넌트

이러한 메타 모델 클래스는 **SDK**를 사용해 구현할 수 있다. DTDL의 오픈 소스 구현 및 6가지 클래스에 대한 자세한 기술 정보는 다음 링크(https://bit.ly/idt-dtdlv2)에서 확인할 수 있다.

이 책을 저술하는 시점에서 DTDL은 마이크로소프트 애저 클라우드에서 사용할 수 있는 **애저 디지털 트윈** 서비스에만 배포할 수 있다. 애저 및 애저 서비스에서 기술 스택을 표준화하는 조직은 DTDL을 사용해 디지털 트윈 솔루션 구축을 선호할 가능성이 높다. 애저 디지털 트윈에 대한 자세한 내용은 다음 링크(https://bit.ly/idt-adts)에서 확인할 수 있다.

DTDL은 디지털 트윈 상호 작용을 반영하는 지식 그래프에 연결하는 엔티티 간의 시맨틱semantic 관계를 정의한다. DTDL은 전문화된 디지털 트윈을 생성해 모델 상속을 지원한다.

애저 디지털 트윈의 디지털 트윈 지식 그래프는 다양한 디지털 트윈 모델 간의 관계를 보여주는 애저 디지털 트윈 익스플로러(https://bit.ly/idt-dtdlx)를 사용해 시각화할 수 있다.

- DTDL 기반 디지털 트윈의 모델과 그래프 업로드 및 탐색

- 여러 레이아웃을 통한 디지털 트윈 그래프 시각화

- DTDL 디지털 트윈 속성 편집 및 그래프에 대한 쿼리 실행

아래 스크린샷은 복합 디지털 트윈의 DTDL 모델을 기반으로 하는 지식 그래프의 예시를 보여준다. 이 예시 관련 자료는 다음 링크(https://bit.ly/idt-dtdlx)에서 확인할 수 있다.

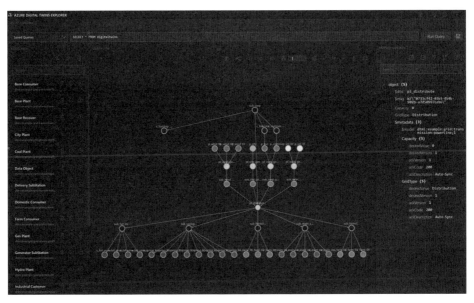

그림 4.11 애저 디지털 트윈 서비스의 DTDL 기반 디지털 트윈 그래프

DTDL은 현재 AAS보다 덜 복잡하지만 범위와 기능은 제한적이다. DTDL은 현재 상태만 기록하기 때문에 디지털 트윈에 과거 데이터는 저장하지 않는다. 센서의 온도 입력이 변경되면 현재 값이 신규 유입된 값으로 변경된다.

DTDL을 사용하는 애저 디지털 트윈 서비스 사용자는 일반적으로 시간 데이터를 시계열 데이터베이스에 저장한 다음 DTDL 자산 식별자 및 속성을 사용해 분석 목적으로 이력 레퍼런스를 생성한다. 마이크로소프트의 개발자나 엔지니어와 같은 주제 전문가가 애저 디지털 트윈 및 시계열 데이터베이스에 모두 접근할 수 있는 통합 커넥터가 있는 로우코드 디지털 트윈 플랫폼에서 수행할 수 있다. 통합 커넥터 예시는 그림 4.12에서 확인할 수 있다.

이런 사항은 첫 번째 디지털 트윈 개발을 지원하는 디지털 트윈 지원 기술을 결정할 때 중요한 기술적 고려 사항이다. 디지털 트윈은 주로 소프트웨어 개발자가 개발하고 사용하는가, 아니면 조직에서 디지털 트윈을 생성하고 유지 보수하는 비즈니스 사용자를 대상으로 하는가? 2가지 모두 기술적으로 실현 가능한 옵션이지만 디지털 트윈 프로젝트의 목표를 지원하기 위해서는 서로 다른 기술적 역량이 필요하다.

아래는 원심 슬러리 펌프의 일부 특성을 설명하는 DTDL JSON 예시다.

```json
{
    "@id": "dtmi:com:XMPro:PumpAssembly;1",
    "@type": "Interface",
    "@context": "dtmi:dtdl:context;2",
    "displayName": "Pump Assembly",
    "contents":[
        {
         "@type": "Property",
         "name": "Description",
         "schema": "string"
        },
        {
         "@type": "Property",
         "name": "PumpType",
         "schema": "string"
        },
        {
```

```
        "@type": "Property",
        "name": "MotorRatedPower",
        "schema": "double"
    },
    {
            "@type": more types and properties here
        }
    ]
}
```

아래 스크린샷은 텔레메트리 데이터를 애저 디지털 트윈 및 시계열 인사이트에 전송하는 로우코드 애플리케이션 개발 플랫폼 예시를 보여준다.

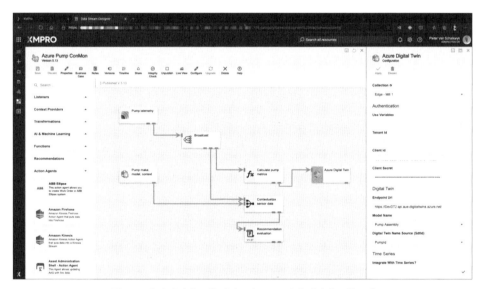

그림 4.12 애저 디지털 트윈 서비스의 DTDL 기반 디지털 트윈 그래프

아래 스크린샷은 DTDL로 모델링된 이전 스크린샷의 펌프 텔레메트리 분석 데이터가 최종 사용자 인터페이스에 표시되는 방식을 보여준다.

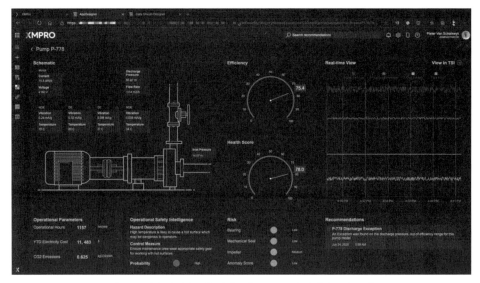

그림 4.13 애저 디지털 트윈 서비스의 DTDL 기반 디지털 트윈 그래프

AAS 및 DTDL은 디지털 트윈 개발에 사용할 기본 활성화 기술을 결정할 때 해결해야 할 몇 가지 기술적 고려 사항을 강조한다. 이 밖에도 보안, 신뢰성, 원격 접근, 통신 요구 사항 및 사용자 인터페이스 같은 여러 기술적 측면이 있으며, 이는 추후 첫 번째 디지털 트윈을 개발할 때 대략적으로 살펴볼 것이다. 디지털 트윈 개발 프로세스를 지원하는 디지털 플랫폼을 살펴볼 것이다.

디지털 트윈용 디지털 플랫폼 탐색

디지털 트윈은 애플리케이션을 구축하고 배포하기 위해 디지털 환경을 필요로 한다. 디지털 트윈을 위한 디지털 플랫폼은 디지털 트윈 지원 기술 스택을 제공하기 위해 함께 연동되는 여러 가지 컴포넌트로 구성되는 경우가 많다.

이들 디지털 컴포넌트는 아래와 같다.

- IoT 플랫폼
- 비즈니스 프로세스 관리 플랫폼

- 분석 및 데이터 플랫폼

- 애플리케이션 플랫폼

이들을 통해 애플리케이션을 구축하고 배포하기 위한 디지털 환경의 생성 방법을 살펴보자.

IoT 플랫폼

IoT 플랫폼은 일반적으로 분석 및 비즈니스 애플리케이션에 IoT 기기를 연결하는 것과 같은 여러 기능들로 구성된다. 기존의 **OT** 플랫폼은 독점 기기 및 제어 시스템에 연결된다. 반대로 IoT 플랫폼은 개방형 프로토콜을 통해 광범위한 IoT 기기에 연결하고 운영 및 비즈니스 애플리케이션에서 정보를 접근할 수 있도록 해준다.

IoT 플랫폼은 아래와 같은 작업을 통해 디지털 트윈 개발을 지원한다.

- IoT 엔드 포인트 및 실시간 데이터 스트림 모니터링

- 연결 및 데이터 전송을 위한 독점 및 개방형 산업 연결 프로토콜 지원

- IoT 데이터에 대한 물리 및 수학 기반 분석 지원

- 엣지, 분산 및 클라우드 컴퓨팅 옵션 제공

- 애플리케이션 개발에 사용되는 API를 통한 통합 제공

- 비즈니스 및 운영 시스템의 정보를 사용해 상황에 맞게 IoT 데이터 조정

고급 IoT 플랫폼의 주요 기능 중 일부는 아래와 같다.

- 기기 관리

- 데이터 통합

- 데이터 스토리지 및 관리

- 분석

- 애플리케이션 개발 지원

- 보안 및 개인 정보

이런 기능을 통합하면 디지털 트윈 개발 프로젝트에 적절한 기술 기반을 제공할 수 있다. 하지만 디지털 트윈의 목표는 실시간 센서나 IoT 정보가 아니라 디지털 트윈이 주도하는 비즈니스 성과다.

비즈니스 결과는 디지털 트윈에서 얻은 인사이트를 활용한 조치에 영향을 받는다. 이번 장의 앞부분에서 언급한 바와 같이 비즈니스 프로세스를 변경하거나 조정하는 것은 디지털 트윈의 장기적 가치 관점에서 중요한 성공 요인이다.

IoT 플랫폼의 대표적인 공급 업체는 아래와 같다.

- 알레안티아Alleantia(alleantia.com)

- 파티클Particle(particle.io)

- 마이크로소프트(microsoft.com)

- 릴레이어Relayr(relayr.io)

- 싱웍스Thingworx(ptc.com)

NOTE

> 위 리스트는 대표적인 공급 업체일 뿐 전체 리스트가 아니다. 이 리스트는 레퍼런스용으로 제공된 것이다.

디지털 트윈 정보는 운영자의 의사 결정을 지원하거나 특정 작업에서 사용자의 역할을 제거하는 프로세스 자동화에 활용될 수 있다. 비즈니스 프로세스 관리 플랫폼은 해당 작업을 모두 처리할 수 있다.

비즈니스 프로세스 관리 플랫폼

디지털 트윈용 **BPM** 플랫폼은 IoT 플랫폼 기능과 상당히 유사하지만 BPM 플랫폼의 초점은 IoT 데이터 기반의 비즈니스 프로세스 또는 워크 플로를 추진하는 데 더 중점을 둔다. BPM은 IoT 기기 관리, 연결 및 통신 프로토콜에는 상대적으로 덜 집중한다.

또한 고급 BPM 솔루션은 주제 관련 전문가가 작업을 활성화하거나 자동화하기 위한 워크 플로우, 프로세스 및 비즈니스 규칙을 설정할 수 있도록 도와주는 로우코드 설정 환경을 제공한다. 이 프로세스는 IoT 소스의 데이터를 제공할 뿐만 아니라 실행 중인 프로세스에 고급 분석 기능을 포함해 디지털 트윈 애플리케이션에서 인사이트와 상황 인식을 생성한다.

BPM 플랫폼의 대표적인 공급 업체는 아래와 같다.

- 애볼루션Avolution(avolutionsoftware.com)

- 복사Boxarr(boxarr.com)

- 아이그래픽스iGrafx(igrafx.com)

- QPR(qpr.com)

- XM프로(xmpro.com)

NOTE

> 위 리스트는 대표적인 공급 업체일 뿐 전체 리스트가 아니다. 이 리스트는 레퍼런스용으로 제공된 것이다.

BPM 플랫폼은 디지털 트윈의 작업을 제공하지만 솔루션은 작업 과정을 식별하기 위해 더 많은 데이터 및 분석 작업이 필요할 수 있다.

분석 및 데이터 플랫폼

분석 및 데이터 플랫폼은 고급 분석 기능을 제공하는 디지털 도구다. 기능에는 ML, AI 및 신뢰도가 높은 물리 기능이 여기에 포함된다.

이런 분석 플랫폼은 일반적으로 센서 및 제어 시스템 소스의 데이터 수집을 위해 IoT 플랫폼을 활용한다. 추가적인 데이터 관리 기능에는 이력 서비스, 데이터 레이크 및 특정 장비 유형에 대한 사전 구축된 분석 라이브러리가 있다.

분석 및 데이터 플랫폼은 BPM 또는 애플리케이션 플랫폼과 함께 사용돼 분석 인사이트의 결과를 시각화하고 실행하는 경우가 많다.

분석 및 데이터 플랫폼의 대표적인 공급 업체는 아래와 같다.

- 앤시스(ansys.com)

- C3.ai(c3.ai)

- OSI소프트^{OSIsoft}(osisoft.com)

- 사이트 머신^{Sight Machine}(sightmachine.com)

- 업테이크(uptake.com)

> **NOTE**
>
> 위 리스트는 대표적인 공급 업체일 뿐 전체 리스트가 아니다. 이 리스트는 레퍼런스용으로 제공된 것이다.

애플리케이션 플랫폼

애플리케이션 플랫폼은 조직에서 디지털 트윈을 개발하고 사용할 때 고려해야 하는 디지털 트윈 지원 기술의 마지막 분야다. 애플리케이션 플랫폼은 **자산 성능 관리**^{APM, Asset Performance Management}, **EAM** 및 **운영 성능 관리**^{OPM, Operations Performance Management} 같은 기존 애플리케이션을 지원하는 특정 디지털 트윈 솔루션을 생성하기 위해 사용된다. 디지털 트원은 이러한 비즈니스 애플리케이션에 새로운 기능을 제공하며 디지털 트윈의 설정은 공급 업체의 광범위한 애플리케이션 제품군의 일부다.

애플리케이션 플랫폼과 관련된 대표적인 공급 업체는 아래와 같다.

- 아비바(aveva.com)

- 벤틀리(bentley.com)

- GE 디지털(ge.com)

- IBM(ibm.com)

- 오라클(oracle.com)

- SAP(sap.com)

- 지멘스(siemens.com)

> **NOTE**
>
> 위 리스트는 대표적인 공급 업체일 뿐 전체 리스트가 아니다. 이 리스트는 레퍼런스용으로 제공된 것이다.

디지털 트윈의 애플리케이션 및 사용 사례에 따라 필요한 디지털 플랫폼 기능이 결정된다. 이번 장의 앞부분에서 설명한 것처럼 요구되는 결과의 비즈니스 문제를 검증하는 것은 적절한 디지털 기술과 인프라를 고려하는 데 있어 매우 중요하다.

첫 번째 디지털 트윈 프로토타입 설정을 시작하는 다음 장에서 이 부분을 더 자세히 알아볼 것이다.

⋮⋮ 요약

이번 장에서 첫 번째 디지털 트윈 프로젝트를 시작하기 전에 필요한 계획 프레임워크에 대해 살펴봤다. 관련 단계를 설명하는 프로젝트 계획 프레임워크와 우리가 해결하고자 하는 문제와 초점을 맞춰야 하는 사용자 그리고 예상되는 결과를 정의하는 솔루션 계획 프레임워크를 배웠다.

그 다음 문제 기술서와 예상 결과를 검증하는 방법, 이것이 기존 및 향후 비즈니스 프로세스에 미칠 영향을 검토했다. 또한 기술적 결정의 영향에 대해서도 배웠다. 마지막으로 다음 장에서 설정할 첫 번째 디지털 트윈에서 사용할 수 있는 지원 기술 및 다양한 유형의 디지털 플랫폼에 대한 대략적인 개요를 제공했다.

5장에서 디지털 트윈 플랫폼을 선택하고 클라우드 인프라스트럭처를 결정하고 설정 및 셋업을 생성해 첫 번째 디지털 트윈 프로토타입 구성을 시작할 것이다. 또한 데이터의 영향을 고려하고 첫 번째 디지털 트윈을 위한 솔루션 아키텍처를 생성할 것이다.

⫸ 질문

1. 디지털 트윈 프로토타입의 프로젝트 단계를 설명하라.

2. 솔루션을 설명하기 위해 린 디지털 트윈 캔버스를 생성할 수 있는가?

3. 디지털 트윈 솔루션에 대한 주요 기술적 고려 사항은 무엇인가?

4. 조직에서 디지털 트윈을 활용하는 경우 이점은 무엇이라고 생각하는가?

05

디지털 트윈 프로토타입 설정

4장에서 디지털 트윈 여정의 계획 단계와 프레임워크를 평가했다. 디지털 트윈에서 기대되는 비즈니스 결과와 원하는 상태에 도달하기 위한 프로세스를 다뤘다. 기업에서의 디지털 트윈 구축과 관리 관련 기술 요구 사항을 논의했다.

이번 장에서는 디지털 트윈의 프로토타입을 구축하는 데 필요한 단계를 다룬다. 퍼블릭 클라우드 및 **IoT** 플랫폼 고려 사항과 함께 디지털 트윈을 구축하는 데 필요한 기능을 평가하는 것으로 시작해보자.

이번 장에서 다룰 주제는 아래와 같다.

- 디지털 트윈 플랫폼 식별
- 디지털 트윈을 위한 퍼블릭 클라우드, IoT, 전문 플랫폼 평가
- 설정 및 구성
- 애저 디지털 트윈에 대한 데이터 고려 사항
- 솔루션 아키텍처

이전 장의 논의를 바탕으로 디지털 트윈 플랫폼 관련 고려 사항을 먼저 알아보자.

⠿ 디지털 트윈 플랫폼 식별

3장에서 다양한 기업의 관점에서 디지털 트윈에 대한 평가를 살펴봤다. 첫 번째와 두 번째 유형은 산업 자산의 제조 업체가 될 수 있는 대기업이다. 여기서는 이런 고려 사항을 제품의 사용 기간 동안 제품을 개선하고 우수한 유지 보수 서비스를 제공하는 데 관심이 있는 산업 분야 제조 업체에서 해당 제조 업체의 고객 또는 자산 운영자까지 확대할 것이다.

자산 소유자 관점

에너지 부문과 풍력 터빈 제조 업체로 범위를 좁혀보자. 지구 온난화와 재생 가능한 에너지원의 사용이 증가하고 있다. 따라서 풍력 터빈이 에너지 분야에서 중요한 산업 자산이 될 것이라고 생각된다. 아래 그림과 같은 **수평축 풍력 터빈**HAWT, horizontal-axis wind turbine 은 가장 일반적으로 사용되는 풍력 터빈 유형이다. 이는 단일 자산 또는 풍력 터빈의 일부로 사용될 수 있다. 산업용 풍력 터빈은 약 20년 간 사용할 수 있다. 풍력 터빈은 풍력을 에너지원으로 사용하기 때문에 에너지 생성을 위한 화석 연료가 필요하지 않다. 태양광이 태양열 발전소의 에너지원인 것처럼, 풍력은 에너지를 생성하기 위한 풍력 터빈의 단일 에너지원이다. 최근의 대형 풍력 터빈은 10~20**메가와트**(MW)의 에너지를 생성할 수 있다(https://reneweconomy.com.au/germany-gears-up-to-test-20mw-wind-turbines-79007 참조). 이런 풍력 터빈은 길이 200미터의 날개를 가진다.

그림 5.1 HAWT

풍력 발전소는 다양한 규모의 터빈을 수용할 수 있다. 이런 풍력 발전소는 육상 또는 해상에 있을 수 있다. 아래 그림은 해상 풍력 발전소를 보여준다. 효과적인 발전을 위해 이런 위치에는 일반적으로 풍속 5~10**미터/초**(m/s)의 바람이 존재한다. 풍력 발전소의 상대적 위치와 거리는 풍력 터빈의 전반적인 에너지 생성을 개선하는 데 중요한 역할을 한다. 마찬가지로 풍력 발전소는 일반적으로 연중 또는 하루의 대부분이 지속적인 풍속이 존재하는 지역에 위치한다.

그림 5.2 해상 풍력 발전소

이제 풍력 발전소와 풍력 터빈의 디지털 트윈을 구축하기 위한 요구 사항을 수용할 준비가 됐으니 풍력 발전소에서 풍력 터빈의 물리적 배치가 어떻게 이뤄지는지 이해하는 것이 중요하다. 터빈의 기둥과 배치 거리는 하나의 터빈이 나머지 터빈의 풍속에 미치는 영향을 최소화하도록 결정된다. 후류 효과^{wake effect}는 동일한 풍력 터빈(내부 후류 효과) 또는 인접한 풍력 터빈(외부 후류 효과)의 서로 다른 터빈에서 발생할 수 있다(https://www.wind-energy-the-facts.org/wake-effect.html# 참조). 후류 효과는 근처에 건설될 미래의 풍력 터빈에서 고려해야 하는 사안이다. 후류 효과는 풍력 터빈과 풍력 터빈 수명에 영향을 주기 때문에 중요하다. 인접한 숲의 나무들도 장기적으로 풍력에 영향을 미칠 수 있다.

다음으로 풍력 터빈 및 풍력 발전소와 같이 디지털 트윈 솔루션의 기반을 구축하기 위해 필요한 기본적인 기능들을 알아보자.

필요한 IoT 기능

디지털 트윈은 트윈을 최신 상태로 유지하기 위해 자산의 데이터가 필요하다. 이 데이터는 더 정확한 트윈을 생성하고 유지 보수하는 데 도움이 되며 결과적으로 더 나은 결과를 보장한다. 이런 결과는 예측 유지 보수를 위한 의사 결정을 지원하거나 자산 활용률 개선을 통해 나타날 수 있다. 지난 10년 동안 다양한 IoT 플랫폼의 성장을 봤고 그 중 일부는 산업 자산을 대상으로 한다. 아래 그림은 범용적인 IoT 기술 스택으로, 데이터를 캡처하고 변환해 IoT 코어 플랫폼과 통신할 수 있는 형태로 생성하는 기기 연결을 보여준다. 이런 코어 IoT는 퍼블릭 클라우드 플랫폼에 속하는 경우가 많다. 디지털 트윈을 포함한 애플리케이션은 대부분 IoT 플랫폼을 기반으로 구축된다.

그림 5.3 IoT 기술 스택

NOTE

이미지 출처: 「Integrated graphene oxide resistive element in tunable RF filters」, Abunahla, H., Gadhafi, R., Mohammad, B. et al., Sci Rep 10, 13128 (2020). https://doi.org/10.1038/s41598-020-70041-x

계속해서 IoT 플랫폼의 기본적인 기능들을 살펴볼 것이다. 그 내용은 아래와 같다.

- 자산, 센서, 게이트웨이 장치 또는 환경 데이터와 같은 서드파티 소스에서 데이터를 수집하는 기능

- 데이터를 데이터 저장소 계층으로 안전하고 안정적으로 전송할 수 있는 기능. 이 작업은 프로토콜 변환 또는 데이터 암호화를 요구할 수 있음

- 원격에서 유무선 또는 위성 통신과 같은 다양한 유형의 통신 매체 처리

- 데이터를 의미 있는 구성에 매핑할 수 있도록 자산 및 자산 구조를 이해하는 기능

- 시계열, 관계형 또는 비정형 등 다양한 데이터 저장소 유형에서 데이터를 분석하고 모델과 알고리듬을 적용해 인사이트를 생성하는 기능

- 플랫폼 기능을 기반으로 특정 용도의 애플리케이션 구축

IoT 플랫폼에 필요한 기본적인 기능은 아래와 같다.

- 컴퓨팅

- 스토리지

- 네트워크

탄력적이고 민첩한 방식으로 이런 기본 기능을 구축하기 위해 IoT 플랫폼은 퍼블릭 클라우드를 사용한다. IoT 자산의 분산 특성으로 인해 컴퓨팅, 스토리지, 네트워크 및 연결 기능이 여러 위치에서 필요할 수 있다. 퍼블릭 클라우드 플랫폼에는 일반적으로 이러한 요구 사항을 만족시킬 수 있는 리전 및 **가용 영역**^{AZ, Availability Zone} 개념이 있다. 사이

버 보안은 a) 현재 사용중인 제어 시스템을 거치지 않는 기기의 원격 작동 제한, b) 엣지와 클라우드 간 데이터 암호화를 사용해 전송 중인 데이터의 조작 가능성 제한 같은 보안 프랙티스를 수행한다.

기능 구축 vs 기능 구매

앞에서 IoT 플랫폼에 필요한 기본 기능을 살펴봤다. 이런 기능이 모든 퍼블릭 클라우드 플랫폼에 존재한다는 점을 고려할 때, 해당 기능을 "구축"하기보다는 퍼블릭 클라우드에서 "구매"하는 것이 더 편리할 수 있다. 약 10년 전으로 거슬러 올라가면, 대기업 대부분이 컴퓨팅 요구 사항을 충족하고 데이터 및 IT 애플리케이션을 기업 방화벽 내에 유지하기 위해 자체 데이터 센터를 구축하곤 했다. 퍼블릭 클라우드 기술이 발전하고 보안 및 규정 준수가 강화됨에 따라 기업은 퍼블릭 클라우드에서 가상 데이터 센터와 유사한 기능을 "구매"하기 시작했다.

풍력 터빈용 디지털 트윈처럼 디지털 트윈 솔루션을 구축하는 경우 제조 기업은 이와 유사한 구축 또는 구매 결정을 내려야 한다. 제조 기업의 현재 기술 환경에 대한 세부적인 정보를 통해 해당 결정 프로세스에 대해 아래와 같이 자세히 알아볼 것이다.

- 글로벌 대기업으로서 다양한 애플리케이션과 데이터베이스를 보유하고 있다. 이 애플리케이션은 a) 미션 크리티컬 b) 미션 크리티컬하지 않은 애플리케이션으로 분류된다. 또한 데이터베이스는 a) 통제된 내보내기/내보내기 제한 b) 내부 c) 공용 데이터로 분류된다.

- CIO는 미션 크리티컬하지 않은 범주에 애플리케이션을 저장하고 퍼블릭 클라우드 플랫폼에서 프라이빗 또는 공용 데이터를 사용할 수 있는 승인을 획득한다. 하지만 이 작업을 수행하려면 퍼블릭 클라우드 공급 업체가 특정 수준의 업계 표준 및 규정 준수 요구 사항을 충족한다는 것을 입증해야 한다.

- 기업에서 이미 승인된 퍼블릭 클라우드 플랫폼을 기반으로 클라우드 플랫폼에서 IoT 플랫폼에 대한 옵션을 사용할 수 있다. IoT 플랫폼이 IT 애플리케이션 및 데이터베이스에서 사용되는 퍼블릭 클라우드 플랫폼에 근접하기 때문에 선택된 클라우드 플랫폼의 데이터 이동량을 줄일 수 있다.

- 선택한 퍼블릭 클라우드 플랫폼에서 실행되는 IoT 플랫폼의 하위 집합은 산업 자산을 대상으로 하며 소비자 IoT 시나리오에 국한되지 않는다.

- 기업은 미션 크리티컬 애플리케이션과 고도로 제한되거나 수출이 통제되는 데이터를 제외하고 데이터 센터의 공간을 줄이고 있다. 하지만 기업은 향후 2년 내에 퍼블릭 클라우드 또는 하이브리드 클라우드/엣지 클라우드 제품을 통해 성능 및 규정 준수 요구 사항을 충족할 수 있는 퍼블릭 클라우드 공급 업체의 로드맵을 평가하고 있다.

위의 고려 사항을 기반으로 기업은 "구축"하기보다는 "구매"를 선택하기로 결정했다.

⁝⁝ 디지털 트윈을 위한 퍼블릭 클라우드, IoT, 전문 플랫폼 평가

풍력 터빈용 디지털 트윈 솔루션을 구축할 때 고려 해야 할 사항을 알아보자. 기업 컴퓨팅은 지난 10년 동안 퍼블릭 클라우드로 전환돼 왔으며, 이 기간 동안 업계에는 대규모 퍼블릭 클라우드 공급 업체가 등장했다. 2020년 9월에 발표된 보고서 「Magic Quadrant for Cloud Infrastructure and Platform Services」에 따르면 주요 공급 업체는 아래와 같다.

- 마이크로소프트 애저

- **아마존 웹 서비스**AWS, Amazon Web Services

- **구글 클라우드 플랫폼**GCP, Google Cloud Platform

- 알리바바 클라우드

- 오라클 클라우드 인프라스트럭처^{OCI, Oracle Cloud Infrastructure}

- IBM 클라우드

- 텐센트 클라우드

알리바바와 텐센트는 주로 중국에서 많이 사용되고 있기 때문에 여기서는 논의하지 않을 것이다. 디지털 트윈의 관점에서 최근 업계에서 일반적으로 활용 가능한 기능들을 알아볼 것이다.

마이크로소프트 애저 디지털 트윈

애저 IoT에 포함돼 있는 마이크로소프트 **애저 디지털 트윈**^{ADT, Azure Digital Twins}은 4장에서 설명한 대로 IoT 기반 디지털 트윈 플랫폼이다. 애저 IoT는 엣지와 클라우드에서 접근할 수 있는 여러 플랫폼 서비스로 구성된다. 몇몇 서비스들은 아래와 같은 IoT 플랫폼을 제공하기 위해 사용된다.

- **애저 IoT 허브** : IoT 기기와 애플리케이션 백엔드 간 클라우드 호스팅을 제공하는 안전한 양방향 통신 서비스다.

- **애저 IoT 센트럴** : 애저 IoT 허브에 있는 기기를 관리하기 위한 **사용자 인터페이스**^{UI, User Interface} 애플리케이션이다.

- **애저 IoT 엣지** : 애저 서비스의 컨테이너화를 통해 IoT 엣지 기기를 실행한다.

- **애저 RTOS** : 리소스가 제한된 IoT 기기용 운영 체제이며 임베디드 개발 제품군을 포함한다.

- **애저 시계열 인사이트**^{TSI, Time Series Insights} : 시간 또는 시계열 데이터의 대규모 데이터 집합을 저장, 시각화 및 쿼리할 수 있다.

- **ADT** : 엔티티 또는 사물에 대한 모델 및 다른 엔티티와의 관계를 설명하는 엔티티에 대한 그래프 기반 관계를 생성하는 **PaaS**이다.

이런 서비스들은 비즈니스 및 기술 요구 사항에 따라 서로 다른 설정으로 통합돼 애저 IoT 플랫폼을 제공한다. IoT 및 디지털 트윈 애플리케이션은 비주얼 스튜디오^{Visual Studio} 및 **비주얼 스튜디오 코드**^{VS Code, Visual Studio Code}와 같은 마이크로소프트 개발자 도구를 통해 ADT 플랫폼에서 개발된다.

ADT의 지식 그래프는 엔티티, 관계 및 상태 정보를 단일 모델에 저장한다. 그림 5.4는 애저 IoT 플랫폼의 개요 및 서비스, 애저 IoT 플랫폼에서 ADT의 역할을 보여준다.

ADT는 4장에서 다뤘던 **DTDL**을 사용한다. DTDL은 서로 다른 애플리케이션 및 사용 사례에서 ADT 모델의 상호 운용성 및 재사용의 개선을 목표로 하는 오픈 소스 모델링 언어다.

애저 IoT 플랫폼의 아키텍처는 아래와 같다.

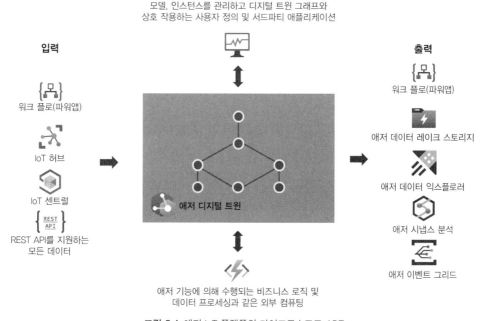

그림 5.4 애저 IoT 플랫폼의 마이크로소프트 ADT

마이크로소프트는 애저 IoT 및 ADT 관련 다양한 산업 분야에 집중하고 있다. 이 책을 저술하는 시점을 기준으로 관련 사업에는 인프라스트럭처, 제조, 에너지 및 유틸리티, 석유 및 가스, 광업과 같은 업종이 포함된다.

AWS에서 제공하는 기능들을 살펴보자.

AWS IoT 플랫폼

AWS 기능을 알아보자. AWS는 2006년부터 퍼블릭 클라우드 서비스를 시작했다. 현재 **IaaS** 및 PaaS 시장에서 매우 큰 점유율을 차지하고 있다. 아마존은 2015년 하반기에 AWS IoT 코어^{AWS IoT Core} 또는 커넥티드 기기용 클라우드 서비스를 시작으로 AWS IoT 제품을 발표했다. 아마존 **심플 스토리지 서비스**^{S3, Simple Storage Service}, 키네시스^{Kinesis} 등과 같은 다른 AWS 서비스를 IoT 코어와 함께 사용해 IoT 애플리케이션을 구축할 수 있다. AWS IoT 플랫폼은 **MQTT**^{Message Queuing and Telemetry Transport}, **HTTPS**^{HyperText Transfer Protocol Secure} 및 **저전력 장거리 광역 네트워크**^{LoRaWAN}와 같이 일반적으로 사용되는 IoT 프로토콜을 지원한다. IaaS 및 PaaS용으로 이미 AWS를 사용하고 있고 AWS에 기업 데이터 및 애플리케이션이 있는 기업은 기기 연결 및 센서 데이터가 필요한 애플리케이션을 위해 AWS IoT 플랫폼을 찾기 시작했다.

특정 클라우드 플랫폼을 표준으로 사용하는 기업의 경우 IoT 및 디지털 트윈이 신규 클라우드 기능의 출발점이 되는 경우가 많다. CIO는 특정 상황에서 변화가 적은 IT 및 클라우드 환경을 선호할 수 있다. 퍼블릭 클라우드 공급자에 대한 보안 및 규정 준수 승인 프로세스는 시간이 오래 걸리는 경우가 많으며, 기업은 특별히 최신 소프트웨어 솔루션에 개방적이거나 비즈니스 연속성 전략의 일환으로 멀티 클라우드를 보유하지 않는 한 사용 중인 퍼블릭 클라우드 플랫폼의 개수를 줄이려고 한다. 일반적으로 퍼블릭 클라우드 플랫폼에 입출력이 발생하면 데이터 요금이 발생하고 애플리케이션 간 지연이 발생한다.

아마존의 IoT 제품은 자사 IoT 플랫폼으로 제한된다. 아마존은 **SaaS**로 제공할 수 있는 플랫폼 위에 IoT 애플리케이션을 구축하지 않았다. SaaS 제품이나 IoT 애플리케이션은 비즈니스 사용자가 더 쉽게 사용할 수 있는 반면, 플랫폼 기능을 사용하려면 일반적으로 소프트웨어 전문가와 애플리케이션 개발자가 활용 가능한 IoT 애플리케이션을 통해야 한다. 아마존 수메리안^{Amazon Sumerian}은 **3D** 모델링, **AR** 및 **VR** 관련 기능을 제공하며, 디지털 트윈을 기반으로 애플리케이션을 구축하기 위해 IoT 플랫폼과 함께 사용할 수 있다. 이와 관련된 예시 중 하나는 직원들을 교육하기 위해 장비 및 평면도의 3D 뷰를 제공하는 생산 공장의 디지털 트윈이 될 수 있다.

아마존은 디바이스 쉐도우^{Device Shadow} 서비스를 제공한다(https://docs.aws.amazon.com/iot/latest/developerguide/iot-device-shadows.html 참조). 이 서비스를 사용하면 물리적 디바이스의 쉐도우를 생성하고 애플리케이션에 물리적 디바이스의 상태를 제공할 수 있다. 하지만 쉐도우는 물리적 자산의 다이내믹 디지털 트윈이 아니다. 디바이스 쉐도우는 JSON 파일 형태로 저장된다. JSON 파일의 정보는 디바이스 메타 데이터, 상태 또는 버전, 디바이스와 관련된 보안 토큰이 될 수 있다. 애플리케이션은 **REST API**^{REpresentational State Transfer API}, 즉 GET, UPDATE 또는 DELETE 요청 또는 MQTT 메시지를 통해 디바이스 쉐도우와 상호 작용할 수 있다.

이 책을 쓰고 있는 2021년 초에는 AWS 플랫폼에 완전한 디지털 트윈 서비스가 존재하지 않는다. 하지만 이런 기능을 제공하는 ISV가 존재한다. 관련 예시 중 하나는 **헥사곤 디지털 리얼리티**^{HxDR, Hexagon Digital Reality} 플랫폼이다(https://aws.amazon.com/blogs/industries/hxdr-transforming-geospatial-data-in-the-cloud-with-aws-and-hexagon-leica-geosystems/ 참조).

HxDR은 AWS에 시스템을 구축하기 위한 디지털 트윈 기능을 제공한다. 이 디지털 트윈 솔루션의 일부 특성은 아래와 같다.

- 디지털 트윈을 생성하기 위해 물리적 구조의 공간 데이터를 혼합하는 높은 계산 복잡성. 해당 특성은 모델의 규모와 정밀도가 증가함에 따라 컴퓨팅 성능을 탄력적으로 확장할 수 있는 기능으로 퍼블릭 클라우드에 적합하다.

- 신뢰도가 높은 디지털 트윈에는 물리적 구조에 대한 많은 데이터가 필요하다. 대량의 데이터로 인해 데이터를 저장하고 활용하는 것은 많은 노력을 요구한다. 온디맨드^{on-demand} 또는 퍼블릭 클라우드의 스토리지 기능이 향상됨에 따라 HxDR에서 AWS S3와 같이 탄력적인 스토리지를 활용할 수 있다.

- 데이터는 디지털 트윈의 문제 영역을 기반으로 다양한 위치에서 수집될 수 있다. 일반적으로 퍼블릭 클라우드 플랫폼은 다양한 위치에 현지 데이터 센터와 엣지를 갖고 있다.

- 디지털 트윈용으로 수집된 데이터의 보안 및 데이터 민감성으로 인해 사용 중인 클라우드 플랫폼에 추가적인 보안 서비스가 필요할 수 있다.

버텍스^{Vertex}는 AWS 플랫폼을 활용하는 디지털 트윈의 또 나른 기능 제공 업체다(https://aws.amazon.com/iot/solutions/VertexDigitalTwin/ 참조). AWS의 보쉬 IoT 싱스^{Bosch IoT Things}는 MQTT 및 AMQP^{Advanced Message Queuing Protocol}를 사용해 기기에 연결할 수 있으며 디지털 트윈 관리에 활용할 수 있다(https://aws.amazon.com/marketplace/pp/BoschIO-GmbH-Bosch-IoT-Things/B07DTJK8MV 참조).

요약하자면 AWS 같은 퍼블릭 클라우드 제공 업체를 통해 IoT 코어와 기타 서비스 또는 ISV 파트너의 전문 서비스를 연동해 디지털 트윈을 처음부터 구축할 수 있다. 하지만 아마존은 완전한 디지털 트윈 솔루션을 갖추고 있지 않다.

계속해서 오라클이 제공하는 퍼블릭 클라우드 기능을 알아보자.

오라클 IoT 애플리케이션

이번에는 오라클이 제공하는 기능들을 알아보자. 오라클은 **ERP** 및 여러 글로벌 중대형 기업에서 사용하는 기술 솔루션으로 유명하다. 기업이 IoT 및 디지털 트윈 솔루션을 필요로 하는 경우, 오라클의 ERP 및 제조 애플리케이션이 결정에 영향을 미칠 수 있다. 오라클과 SAP는 ERP, **CRM** 또는 **HCM** 같은 비즈니스 애플리케이션의 주요 글로벌 공급 업체다. 또 다른 제공 업체로는 세일즈포스닷컴, 워크데이^{Workday}, 인포^{Infor} 등이 있다. 일부 대기업과 글로벌 기업은 서로 다른 사업 분야에서 또는 인수 합병 활동으로 인해 오라클, SAP 및 세일즈포스닷컴을 함께 사용할 수 있다. 오라클의 비즈니스 애플리케이션은 클라우드를 통해 2012년부터 SaaS 제품으로 제공된다. 이후 퍼블릭 클라우드 플랫폼을 출시했으며 현재 제공되는 서비스는 OCI다.

오라클은 몇 년 전부터 퍼블릭 클라우드를 기반으로 IoT 플랫폼을 제공하기 시작했으며, SaaS 제품인 IoT 애플리케이션을 통해 해당 플랫폼을 강화했다(https://www.oracle.com/internet-of-things/ 참조). 오라클의 IoT 인텔리전트^{IoT Intelligent} 제품은 다음과 같다.

- **스마트 제조/생산 모니터링** : 모니터링 수행, 제품 품질 극대화, 계획되지 않은 다운 타임 예방

- **예측 유지 보수/자산 모니터링** : 커넥티드 자산 및 커넥티드 제품

- **커넥티드 물류/배송 및 화물 모니터링** : 화물 및 창고 자동화

- **커넥티드 작업자** : 작업자 안전 모니터링

이번에는 오라클이 제공하는 디지털 트윈 관련 기능을 살펴보자. 디지털 트윈의 초점은 산업 자산이다. 오라클이 제공하는 기능은 아래와 같이 3가지 다른 시나리오에서 활용할 수 있다.

- **가상 트윈:** 이 트윈은 물리적 기기를 연결하기 전에 테스트 및 가상 프로비저닝과 같은 기능에 대한 자산을 시뮬레이션하는 데 사용되는 물리적 자산과 동등한 소프트웨어다.

- **예측 트윈:** 이 트윈은 물리적 자산의 예상 동작을 캡처하는 데 사용되며 시스템의 남은 유효 수명 또는 환경에 미치는 영향을 포함해 미래 상태를 예측하는 데 활용된다.

- **트윈 프로젝션:** 이 트윈은 자산 집약 산업의 스마트 팩토리, 물류, SCM, 창고 관리, 유지 보수 및 현장 배송 서비스와 같은 산업 환경에서 시나리오 분석 및 계획에 유용하다.

더 자세한 정보는 오라클 디지털 트윈 구축(https://docs.oracle.com/en/cloud/paas/iot-cloud/iotgs/oracle-iot-digital-twin-implementation.html)에서 확인할 수 있다.

오라클은 물리적 자산에 연결하지 않고도 데이터, 알람 및 이벤트를 시뮬레이션할 수 있는 IoT 디지털 트윈 시뮬레이터를 제공한다. IoT 및 디지털 트윈 기능 외에도 지능형 트랙 및 트레이스Intelligent Track and Trace 또는 지능형 콜드 체인Intelligent Cold Chain 솔루션을 위한 블록체인 애플리케이션도 제공한다. 이런 기능은 코로나19 관련 백신을 소비자 단계까지 배포하는 데 매우 유용하다. 오라클을 사용하면 제품 설계 아이디어에서 제품 수

명 전반에 걸쳐 제품의 생산 용도에 이르기까지 제품을 추적하는 데 사용할 수 있는 디지털 스레드를 생성할 수 있다.

오라클 IoT 디지털 트윈 구현은 오라클 클라우드 ERP 애플리케이션이나 OCI를 다른 용도로 사용하는 회사에 적합할 수 있다. 이런 경우 데이터 및 애플리케이션은 오라클 클라우드에 저장된다. 다른 클라우드 플랫폼에서 비즈니스 애플리케이션을 사용 중인 기업은 기능 요구 사항을 기반으로 오라클 IoT 애플리케이션과 디지털 트윈을 평가할 수 있다.

마이크로소프트 애저, 아마존 AWS 및 오라클 클라우드 제품을 살펴봤으니 이제 **PTC**(구 Parametric Technology Corporation) 같은 보다 전문적인 제품을 알아보자.

PTC 싱웍스

PTC 싱웍스는 4장에서 설명한 것과 같이 IoT 기반 디지털 트윈 플랫폼이다. 싱웍스는 AR용 뷰포리아^{Vuforia}, **PLM**용 윈드칠^{Windchill} 및 **CAD**용 크리오^{Creo}를 포함하는 PTC 엔지니어링 솔루션 제품군에 속한다.

이 책을 저술하는 시점에 싱웍스는 디지털 트윈을 생성하기 위한 3가지 주요 구성 요소로 구성돼 있으며(http://bit.ly/idt-3thingworx) 아래와 같이 요약할 수 있다.

- **싱모델**^{ThingModel} : 싱웍스 디지털 트윈의 기반이 되는 데이터 모델

- **싱웍스 컴포저**^{ThingWorx Composer} : 싱모델의 모델 구성, 서비스 및 논리 규칙 구성, 시스템 설정을 관리하는 애플리케이션 개발 환경

- **싱웍스 매시업 빌더**^{ThingWorx Mashup Builder} : 시각화 요소를 위한 UI 제작 환경

싱웍스는 마이크로소프트 애저 또는 아마존 AWS 클라우드 인프라스트럭처에 로컬로 설치하거나 배포할 수 있는 자바 기반 플랫폼이다. 싱웍스는 사용자 조직의 요구 사항에 따라 마이크로소프트 윈도우 또는 리눅스에서 사용할 수 있다. PTC 싱웍스는 기본적인 컴퓨팅 인프라스트럭처에 대한 관리를 원하지 않는 고객을 위해 호스팅 가능한 PaaS

및 SaaS 솔루션으로도 제공된다. 아래 스크린샷은 PTC 싱웍스를 사용한 샘플 디지털 트윈을 보여준다.

그림 5.5 PTC 싱웍스 디지털 트윈 예시(http://bit.ly/idt-thingworx 제공)

PTC 싱웍스는 자산 집약적인 모든 산업을 포괄하는 광범위한 산업 분야에 초점을 맞추고 있지만 이 책을 저술하는 시점에는 제조 고객의 비율이 높았다. PTC는 현재 제조 부문에 대한 싱웍스의 가시성을 향상시키는 다양한 PLM 및 CAD 솔루션을 판매하고 있다.

다음 절에서는 이 분야의 니치 공급자인 XM프로에 대해 알아볼 것이다.

XM프로

XM프로는 4장에서 설명한 대로 **BPM** 기반 디지털 트윈 플랫폼이다. XM프로는 마이크로소프트 닷넷 코어(.NET Core) 플랫폼을 기반으로 하며 엣지, 클라우드 또는 엣지와 클라우드의 하이브리드 조합으로 배포할 수 있다. 그림 5.6은 XM프로 플랫폼을 사용한 예시다.

XM프로는 주로 마이크로소프트 비주얼 스튜디오와 같은 기존 **통합 개발 환경**IDE, Integrated Development Environment보다 로우코드 애플리케이션 개발 환경을 선호하는 엔지니어, 과학자, 지질학자 및 **SME**를 대상으로 한다. 책을 저술하는 시점에 XM프로는 아래와 같은 모듈로 구성된다.

- **XM프로 데이터 스트림 디자이너**XMPro Data Stream Designer : 이 모듈은 분석 및 작업과 관련된 실시간 IoT 데이터와 연결하기 위한 로우코드 통합 및 오케스트레이션 환경이다. 데이터 스트림은 리스너, 컨텍스트 공급자, 변환, 기능, **AI** 및 **ML** 서비스, 작업 에이전트Action Agent와 같은 통합 및 서비스 에이전트의 모음이다.

- **XM프로 앱 디자이너**XMPro App Designer : 이 모듈은 디지털 트윈 애플리케이션을 생성하기 위한 로우코드 비주얼 프로그래밍 UI다. 또한 앱 디자이너는 XM프로 추천 엔진에 대한 워크 플로 로직 및 비즈니스 규칙을 설정하기 위해 사용된다.

XM프로 플랫폼의 뷰 화면 예시는 아래와 같다.

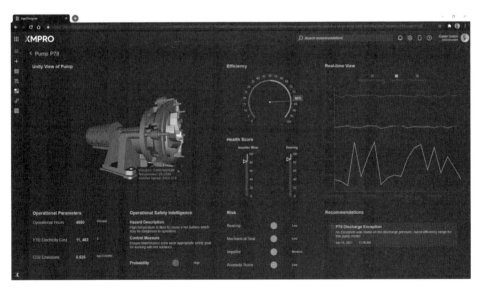

그림 5.6 XM프로 디지털 트윈 예시(XM프로 Inc. 제공)

XM프로는 광산, 석유 및 가스, 석유 화학, 제조 등 자산 집약적인 산업에서 프로그래머가 아닌 일반 사용자를 지원하는 데 중점을 두고 있으며 공급망 솔루션에도 사용된다.

이전 절에서는 IoT 및 디지털 트윈을 위한 다양한 클라우드 기반 솔루션의 기능을 살펴 봤다. 이런 비교 연구는 디지털 트윈 여정을 진행하는 기업의 의사 결정 과정에 도움이 된다. 이 책에서 우리는 마이크로소프트 ADT를 사용해 프로세스의 세부 사항을 살필 것이다. 이 결정은 아래와 같은 몇 가지 요인을 기반으로 한다.

- ADT는 2020년 11월에 마이크로소프트 애저에서 공개됐으며 개발, 테스트 또는 프로덕션 배포에 쉽게 사용할 수 있다.

- 풍력 터빈의 디지털 트윈을 구축하는 글로벌 대기업의 맥락에서 CIO는 이미 엔터 프라이즈 애플리케이션을 위해 마이크로소프트 애저를 선택했다.

- 기업은 우선 애저에서 디지털 트윈에 사용할 수 있는 모든 옵션을 탐색하기로 결 정했다.

- 또한 기업은 풍력 터빈의 소유자 및 운영자와 같은 고객에게 풍력 터빈의 디지털 트윈 기능을 제공할 계획을 갖고 있다. 시장 조사에 따르면 에너지 분야에서는 클 라우드 플랫폼을 사용하지 않는 경향이 있다.

다음 절에서는 풍력 터빈의 디지털 트윈을 구축하기 위해 마이크로소프트 ADT를 활용 할 것이다.

⠿ 설정 및 구성

마이크로소프트 ADT에서 첫 디지털 트윈을 구성하려면 먼저 마이크로소프트 애저에 서 클라우드 인프라스트럭처 및 계정을 설정해야 한다. 마이크로소프트는 애저 관리자 를 위한 자세한 설정 지침을 제공하지만, 무료 계정을 통해 첫 번째 디지털 트윈 프로토 타입을 구축하려는 일반 사용자의 관점에서 설정을 진행할 것이다. ADT 관련 문서는 다음 링크(http://bit.ly/idt-azuredocs)에서 확인할 수 있다.

첫 번째 단계는 첫 디지털 트윈에 필요한 ADT 서비스와 IoT 및 분석 서비스를 호스팅하는 데 사용할 무료 애저 계정을 생성하는 것이다. 계정 생성과 관련된 스크린샷은 아래와 같다.

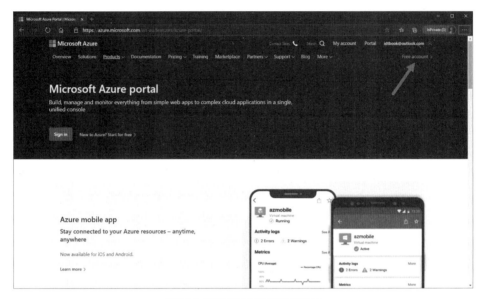

그림 5.7 마이크로소프트 애저 포털 UI

계정을 생성하면, 애저 포털 서비스로 리다이렉트된다. 애저 포털 서비스는 ADT, 애저 데이터베이스, IoT 서비스 및 마이크로소프트가 애저 제품군에서 제공하는 기타 모든 제품을 포함한 모든 애저 서비스의 중앙 관리 환경이다.

ADT는 디지털 트윈을 생성하고 사용하기 위한 인프라스트럭처를 제공하는 PaaS 솔루션이다. 이 솔루션은 개발자가 디지털 트윈을 코딩하기 위한 디지털 트윈용 개발 환경이다. 이는 비즈니스 사용자가 디지털 트윈을 설정하기 위한 UI가 포함된 최종 사용자 중심 애플리케이션은 아니다. 이 애플리케이션에서 이런 작업을 수행하려면 애저 계정에 포함된 애저 서비스가 필요하다.

ADT는 웹 기반 애저 포털 또는 애저 **명령줄 인터페이스**^{CLI, Command-Line Interface}를 통해 설정할 수 있다. 이 방식은 마이크로소프트 공식 문서(http://bit.ly/idt-azuredocs)에 문서화돼 있다. 여기에서 포털을 통한 설정 접근 방식에 대해 간단하게 살펴볼 것이다.

ADT 설정 및 셋업과 코딩을 지원하는 앱 서비스는 아래 다이어그램과 같이 5가지 주요 단계로 이뤄진다.

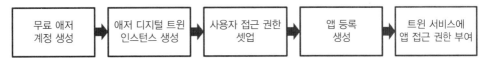

그림 5.8 마이크로소프트 ADT 리소스 및 애플리케이션 설정

1단계는 애저 계정을 셋업하는 것이다. 이 책을 저술하는 시점을 기준으로 마이크로소프트는 무료 계정 옵션을 제공한다. 2단계는 애저 계정에 포함된 ADT 리소스나 서비스를 생성하는 것이다. 3단계는 생성한 ADT 리소스에 대한 사용자 및 데이터 접근 권한을 부여하는 것이다. 또한 다른 사람에게 ADT 서비스에 대한 접근 권한을 부여할 수도 있다. 생성된 ADT 리소스에는 ADT 서비스에서 코딩을 수행할 수 있는 애저 앱 리소스가 필요하다. 4단계에서 앱 리소스를 설정한다. 5단계에서는 ADT 서비스에 대한 앱 리소스 접근 권한을 부여한다.

아래 스크린샷에서 전체적인 개요를 확인할 수 있다.

+	◆	🖥	◉	☰	SQL	🗄	🌐	🔗	→
Create a resource	Azure Active Directory	Virtual machines	App Services	Storage accounts	SQL databases	Azure Database for PostgreSQ...	Azure Cosmos DB	Kubernetes services	More services

Recent resources

Name	Type	Last Viewed
idtbook	Resource group	42 minutes ago
idtbooktwins	Azure Digital Twins	an hour ago

그림 5.9 마이크로소프트 애저 포털 UI

그림 5.9에 표시된 UI는 무료 애저 계정을 성공적으로 생성했음을 나타내며 이 책을 저술하는 시점을 기준으로 사용할 수 있는 서비스 리스트를 보여준다. 다음 단계는 ADT용 신규 서비스를 생성하는 것이다. **+ Create a resource** 옵션을 선택한다. 여러 기존 리소스가 표시되며, ADT가 표시되지 않은 경우 아래 스크린샷과 같이 검색창에서 쉽게 검색할 수 있다.

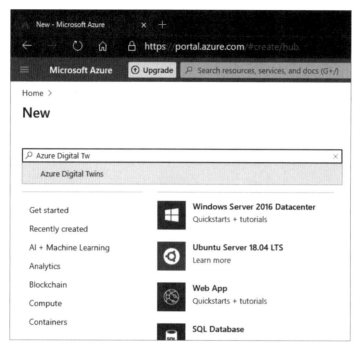

그림 5.10 신규 애저 리소스 생성

ADT 리소스를 찾으면, 리소스 설정 프로세스를 시작하기 위해 **Create** 버튼을 클릭한다.

리소스 생성에는 2가지 주요 구성 요소가 있다. 첫 번째 구성 요소는 리소스가 실행될 구독^{subscription}을 선택하는 것이고, 두 번째 구성 요소는 호스팅 위치와 ADT 리소스 또는 서비스 이름을 선택하는 것이다.

아래 스크린샷은 구독 옵션을 보여주며 리소스 그룹의 이름을 쉽게 식별할 수 있는 방법으로 지정하는 것을 권장한다. 첫 번째 디지털 트윈을 구축하려면 디지털 트윈 애플리케이션을 위한 리소스 그룹을 생성하는 것이 좋다. 리소스 그룹은 애저 솔루션과 관련된 리소스를 포함하는 컨테이너로 생각하면 된다. 추후 참고를 위해 리소스 그룹을 'digitaltwinbook'으로 지정한다.

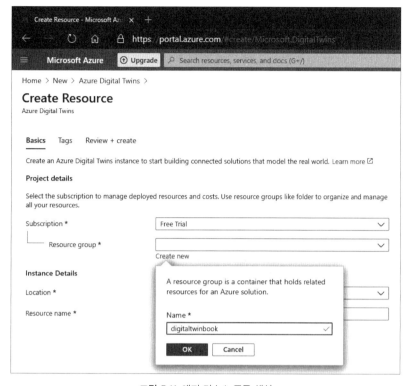

그림 5.11 애저 리소스 구독 생성

애저 구독을 생성하는 프로세스의 두 번째 단계는 호스팅 위치를 선택하고 리소스 이름을 지정하는 것이다. ADT 리소스를 제공하는 호스팅 위치는 드롭다운 리스트에서 확인할 수 있다. 지연 시간을 줄이기 위해 호스팅 위치는 대부분 지리적 근접성을 기반으로 결정한다. 그러나 예를 들어 사용자가 **유럽 연합**EU 소속 국가에 거주하는 경우 개인 정보 보호 및 데이터 고려 사항에 따라 호스팅 위치를 선택할 수 있다.

아래 스크린샷은 6장에서 설정할 디지털 트윈의 위치와 이름을 보여준다. **Review + create** 버튼을 클릭하면 선택한 구독 및 호스팅 위치에 ADT 리소스가 최종적으로 생성되기 전에 모든 설정을 검토할 수 있는 옵션이 제공된다.

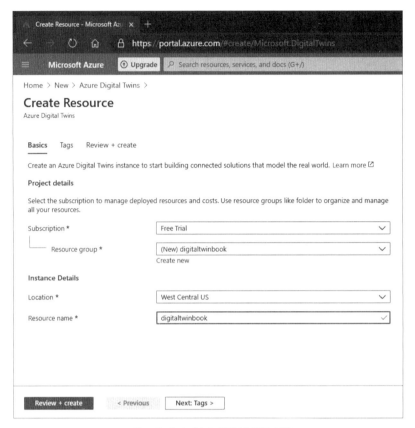

그림 5.12 애저 리소스 위치 및 이름 선택

모든 ADT 리소스 정보는 그림 5.13과 같이 포털 뷰에서 확인할 수 있다. 지금까지 그림 5.8에 표시된 1단계와 2단계를 수행했다. 3단계는 6장에서 첫 번째 디지털 트윈을 생성하는 경우 디지털 트윈 리소스에 대한 접근 권한을 설정하는 것이다.

성공적으로 ADT 리소스가 생성된 것을 아래 스크린샷에서 확인할 수 있다.

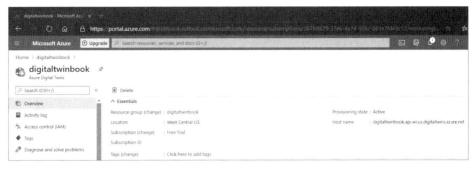

그림 5.13 성공적으로 생성된 ADT 리소스

왼쪽 메뉴에서 **Access control(IAM)** 옵션을 선택하고 **Add role assignments**를 클릭해 설정 화면으로 이동한다. 해당 설정은 사용자 및 자격 증명에 디지털 트윈 리소스에 대한 접근 권한을 부여할 수 있다. 그림 5.14는 이 책을 저술하는 시점의 UI를 보여준다.

무료 계정이나 개인 계정을 사용하는 경우 로그인 사용자를 디지털 트윈 리소스의 데이터 소유자로 설정하는 것이 중요하다. 조직의 애저 구독 또는 테넌트에서 해당 작업을 수행하는 경우 다른 거버넌스 요구 사항이 있을 수 있지만, 초기 프로토타입은 무료 계정에서 수행하는 것을 권장한다.

접근 권한과 관련된 UI 개요는 아래와 같다.

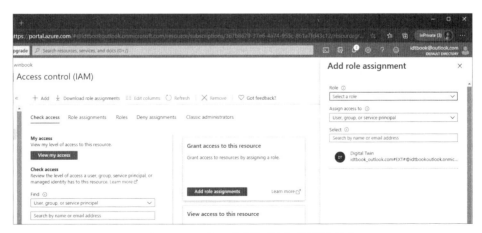

그림 5.14 ADT 리소스에 대한 사용자 접근 권한 설정

화면 우측에 있는 **Role** 드롭다운에서 사용 가능한 옵션 중에 **Azure Digital Twins Data Owner**를 선택한다. 이 옵션은 그림 5.15처럼 전체 리소스에 대한 모든 접근 권한 및 소유권을 제공한다.

Assign access to 옵션은 User, group, service principal 등의 디폴트 옵션을 사용하면 된다. **Select** 드롭다운 필드에서 애저 무료 계정의 사용자 이름을 선택하거나 입력한다.

사용자는 드롭다운 필드 하단에 아이콘으로 표시된다. 아래 스크린샷처럼 사용자를 선택하고 페이지의 **Save** 버튼을 사용해 접근 권한을 저장한다.

그림 5.15 사용자 ADT에 대한 role assignments 생성

이제 사용자 계정에 대한 접근 권한을 성공적으로 부여했으며, 그림 5.8에 나온 3단계를 마쳤다. 아래 스크린샷을 살펴보자.

그림 5.16 ADT에 사용자 접근 권한 부여

그림 5.8에 나온 4단계는 디지털 트윈 서비스와 연동할 애저 앱을 생성하는 것이다.

ADT 익스플로러ADT Explorer(http://bit.ly/idt-adtexplorer) 또는 사용자 자체 애플리케이션을 ADT 인스턴스와 연동하는 것은 일반적인 설정이다. 이 애플리케이션은 **애저 액티브 디렉토리**Azure AD, Azure Active Directory를 통해 ADT 서비스에 대한 자체 인증을 수행해야 한다. 즉, 그림 5.8의 4단계인 애저 앱 서비스 생성을 수행해야 한다. 이 단계를 수행하면 신규 앱 서버는 이전 단계의 사용자 접근 권한과 유사한 디지털 트윈 접근 권한을 갖는다.

이 작업은 애저 포털 인스턴스의 메인 페이지에서 수행하거나 아래 스크린샷처럼 화면 왼쪽에 있는 메뉴에서 **Azure Active Directory**를 선택해 수행할 수 있다.

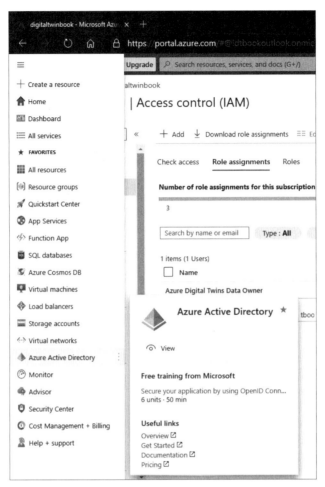

그림 5.17 신규 애저 AD 리소스 생성

아래 스크린샷과 같은 app registration 옵션은 애저의 신규 애플리케이션을 생성하고 관리할 수 있는 기능을 제공한다. 그림 5.19와 같이 **+ New registration**을 선택해서 설정을 시작할 수 있다.

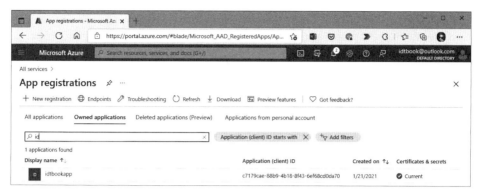

그림 5.18 애저 AD에 앱 등록

알아보기 쉬운 앱 이름을 생성하고 **Register** 버튼을 클릭해 아래 스크린샷처럼 디폴트 설정을 가진 애플리케이션을 등록한다.

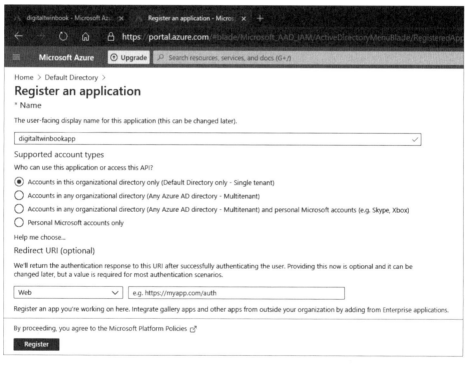

그림 5.19 애저 AD의 앱 등록 설정 위자드

지금까지 아래 스크린샷처럼 그림 5.8의 4단계를 수행했다.

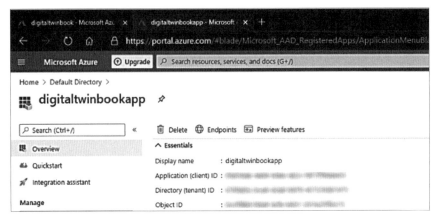

그림 5.20 ADT에 사용자 접근 권한 할당

이제 그림 5.21과 같이 사용자 계정에서 ADT 및 애플리케이션 리소스 그룹이 생성된 것을 확인할 수 있다.

그림 5.8의 마지막 단계는 신규 애플리케이션 리소스에다 ADT 리소스에 대한 접근 권한을 부여하는 것이다. 이 단계는 사용자에게 접근 권한을 부여한 이전 단계와 유사하다. 여기에서는 애플리케이션에다 ADT 리소스에서 정보를 읽고 쓸 수 있는 권한을 부여한다. 이전과 유사한 접근 방식이지만 사용자 계정 대신 아래 스크린샷과 같이 생성한 신규 애플리케이션 서비스를 선택한다.

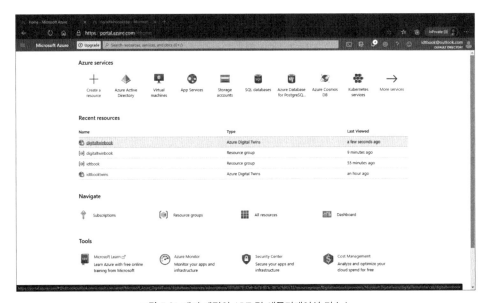

그림 5.21 애저 계정의 ADT 및 애플리케이션 리소스

애저 포털 계정에서 ADT 서비스를 클릭한다. 여기에서는 그림 5.9처럼 digitaltwin book ADT 서비스를 클릭한다.

좌측 메뉴에서 **Access control(IAM)**을 선택하고 그림 5.8의 3단계와 유사한, 역할 할당 작업을 아래 스크린샷과 같이 진행한다.

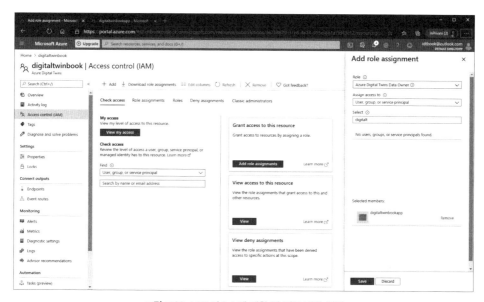

그림 5.22 ADT 리소스에 대한 앱 접근 권한 설정

이 애플리케이션이 디지털 트윈 리소스와 상호 작용할 수 있도록 애플리케이션에 데이터 소유자 역할을 할당하는 것을 권장한다. **Select** 드롭다운에서 사용자 역할 대신 애플리케이션을 선택한다. 애플리케이션 이름이 디폴트 리스트에 나타나지 않으면 검색창에 해당 애플리케이션 이름을 입력하면 된다.

앱의 API 권한을 확인해 마이크로소프트 그래프 API^Microsoft Graph API가 표시되는지 확인한다. 이 API는 ADT 익스플로러에서 사용된다. 마이크로소프트 그래프 API가 표시되면, ADT 서비스 프로세스 설정의 마지막 단계가 아래 스크린샷처럼 성공적으로 완료된 것을 의미한다.

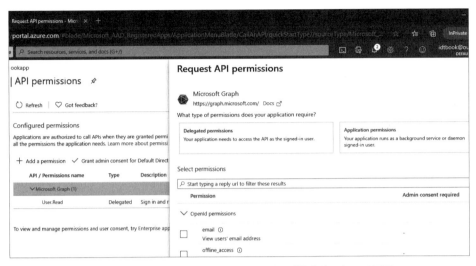

그림 5.23 ADT 리소스에 대한 애플리케이션 접근 권한이 성공적으로 설정됨

이렇게 하면 무료 애저 계정에서 ADT 환경 설정이 완료된다. 우리는 먼저 무료 애저 계정과 ADT 리소스를 생성했고 이 애저 계정에 ADT 서비스에 대한 사용자 접근 권한을 부여했다. ADT 서비스와 상호 작용하기 위해 ADT 서비스에 대해 접근 권한을 가진 애저 앱 또한 생성했다.

이제 ADT 플랫폼에서 첫 번째 디지털 트윈을 생성할 수 있다. 하지만 ADT 익스플로러 및 애저 TSI를 설치하기 위해 2가지 설정 프로세스를 수행해야 한다.

ADT 익스플로러는 그래프가 포함된 시각화로 디지털 트윈을 볼 수 있는 예시 애플리케이션이다. ADT 익스플로러는 마이크로소프트가 권장하는 제품이지만 이 책을 저술하는 시점에서 공식 지원하는 제품은 아니다. 샘플 애플리케이션과 소스 코드 및 설치 방법은 깃허브(http://bit.ly/idt-adtexplorergit)에서 다운로드할 수 있다.

적절한 디지털 트윈 서비스에 연결하고 시각화하기 위해 설정을 진행하는 동안 ADT 익스플로러에서 ADT의 호스트 네임을 설정해야 한다. 아래 스크린샷처럼 애저 포털의 ADT 서비스 속성에서 URL^{Uniform Resource Locator}을 찾을 수 있다.

그림 5.24 ADT 호스트 URL

이 단계에서는 애저 TSI 설정이 필요하지 않지만 추후 첫 번째 디지털 트윈 프로토타입에 대한 임시 데이터를 저장하는 데 사용된다. 애저 TSI와 관련된 설정 방법은 다음 링크(http://bit.ly/idt-azuretsi)에서 확인할 수 있다.

애저 TSI를 사용하는 이유에 대해서는 추후에 다룰 것이다.

애저 디지털 트윈에 대한 데이터 고려 사항

앞선 절에서, 첫 번째 디지털 트윈을 만드는 데 사용할 ADT 환경을 설정하는 프로세스를 설명했다. ADT는 디지털 트윈을 배포, 설정 및 사용하기 위한 모든 필수 서비스를 제공하지만 추가 기능이 필요한 데이터 및 프로세스에 대한 고려 사항이 존재한다.

ADT의 주요 기능은 아래와 같다.

- 사물이나 엔티티의 모든 특성과 관계를 설명하는 개방형 모델링 언어

- 해당 모델링 언어를 배포할 실시간 실행 환경

ADT는 엔티티의 각 인스턴스에 대해 데이터를 수집하고 저장하며 그래프 노드로 표시할 수 있다. 그래프 노드는 ADT 엔티티가 생성되거나 업데이트되는 시점의 데이터 스냅샷이다.

보고 및 분석 목적으로 이런 값을 유지하려면 추가 저장 프로세스가 필요하다. 애저 SQL, 애저 데이터 레이크 및 애저 TSI를 업데이트하는 추가적인 애저 서비스를 통해 해당 작업을 수행할 수 있다. 해당 서비스는 ADT의 기본 설정에 필요하지 않지만 디지털 트윈을 배포하고 사용하는 실제 운영 사례에서는 실무와 관련된 고려 사항이 될 수 있다.

디지털 트윈을 활용해 해결하고자 하는 자산의 특성과 일련의 문제는 디지털 트윈을 구축하고 유지하기 위해 필요한 데이터 요소를 결정한다. 풍력 터빈 사례를 살펴보자. 풍력 터빈의 디지털 트윈은 특정 수준의 풍력 조건과 관련된 발전을 예측하기 위해 사용될 수 있다. 또한 일정 기간 동안 예상보다 강한 바람 발생한 경우 풍력 터빈의 물리적 상태에 접근하기 위해 사용할 수 있다. 이 시나리오에서 풍속, 돌풍, 온도, 습도 및 관련 데이터 요소를 기록하고 디지털 트윈에 사용해야 한다. 이런 데이터 요소를 수집하는 빈도나 세분성은 매개 변수의 특성에 따라 달라진다. 예를 들어 대기의 온도나 습도보다 풍속을 더 자주 수집해야 한다. 위 측정값들은 풍력 터빈 외부에서 수집된다. 하지만 풍력 터빈의 상태 모니터링 및 예측 유지 보수를 위해 내부 모터 온도뿐만 아니라 기어 박스 내 오일의 점도 및 입자 수준 같은 매개 변수를 수집해야 한다.

디지털 트윈을 구축하고 유지 보수하기 위해 필요한 데이터의 가용성과 품질을 유지해야 하는 경우가 많다. 기업의 보안 및 규정 준수 요구 사항으로 인해 데이터에 접근할 수 없는 경우도 있다. 이는 데이터의 소유권과도 관련이 있다. 예를 들어 풍력 터빈의 경우, 풍력 터빈을 제조하는 기업은 풍력 터빈의 조립 및 물리적 검사 또는 **비파괴 검사**^{NDT, Non-Destructive Testa} 같은 "랩 테스트^{lab testing}"가 진행되는 동안 데이터에 접근할 수 있다. 하지만 공급 업체 부품에 있어 모든 접근 권한이 없을 수 있다. 마찬가지로 풍력 터빈이 풍력 터빈 소유자 또는 풍력 발전소 운영자에게 전달되고 사용 중인 경우 제조 업체는 풍력 터빈에서 생성된 데이터에 대한 어떤 종류의 권리도 가질 수 없다.

디지털 트윈 플랫폼의 분석 시스템은 풍력 터빈이 현장에서 사용되는 경우 사용 가능한 데이터 요소의 가변성을 고려해야 한다. 디지털 트윈 데이터와 함께 사용되는 분석 오케스트레이션^{analytics orchestrations}에는 이런 시나리오를 처리하는 규칙이 있을 수 있다. 예를 들어 풍력 터빈 데이터를 모델 A에서 가져온 경우 진동을 5**헤르츠**^{Hz, hertz}로

대체해 모델 A에 진동 센서가 없는 점을 고려한다. 상황에 따라 풍력 터빈의 운영자는 개인 정보 보호 또는 현지 규정 준수를 위해 특정 데이터 요소를 공유하지 않기로 결정할 수 있다.

우리는 첫 번째 디지털 트윈 프로토타입의 배포, 테스트 및 평가를 수행하면서 추후 풍력 터빈을 위한 다양한 유형의 데이터 저장소 활용에 대해 알아볼 것이다. 이 디지털 트윈 프로토타입은 다음 절에서 설명할 하이레벨 솔루션 아키텍처에 포함돼 있다.

⫸ 솔루션 아키텍처

이번에는 하이레벨 솔루션 아키텍처에 대해 알아보자. 일반적으로 솔루션 아키텍처는 주어진 비즈니스 문제를 해결하기 위한 참조 아키텍처를 제공한다. 이는 구현 단계에서 전반적인 기술 비전을 추진하는 데 도움을 준다. 아래 다이어그램은 비즈니스 문제 상황을 시각적으로 보여준다. 목표는 해당 문제에 대한 솔루션 아키텍처를 제공하는 데 있다.

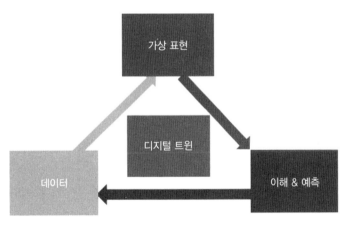

그림 5.25 디지털 트윈의 비즈니스 문제

솔루션 아키텍처를 개선하기 위해 아래 스크린샷처럼 다음 단계에서 비즈니스 문제를 추출한다.

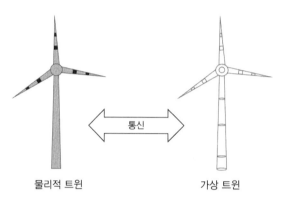

통신

물리적 트윈   가상 트윈

그림 5.26 솔루션 아키텍처를 개선하기 위해 비즈니스 문제 추출

솔루션 아키텍처를 지속적으로 개선시켜 나감으로써, 기술적 결정을 평가하고 수행할 수 있다. 우리는 기술 솔루션 중 하나로 ADT를 선택했다. 아래 스크린샷은 ADT가 광범위한 기업 솔루션 아키텍처와 어떻게 연동되는지를 보여준다.

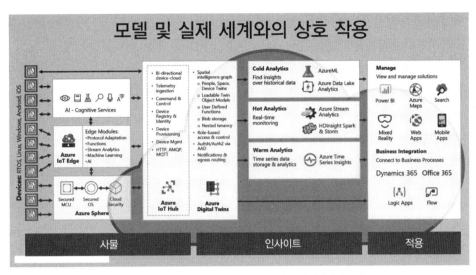

그림 5.27 마이크로소프트 ADT를 통해 솔루션 아키텍처 개선

NOTE

이미지 출처: https://schwabencode.com/blog/2020/03/10/Device-Twins-vs-Digital-Twins-Azure-IoT

이어지는 장에서 솔루션 아키텍처를 특정 시나리오에 맞게 계속 구체화해켜 나갈 것이다. 솔루션 아키텍처는 미래의 기술 및 기능 전문가들에게 인수인계되기 때문에 전체 디지털 트윈 솔루션을 유지하고 발전시키기 위한 핵심적인 역할을 한다. 마찬가지로 디지털 트윈 솔루션이 외부 고객에 판매된 경우, 이런 솔루션 아키텍처를 통해 고객의 엔터프라이즈 환경에서 더욱 구체화할 수 있는 솔루션 인스턴스를 설정할 수 있다.

⫶ 요약

이번 장에서는 풍력 터빈의 글로벌 산업 제조 업체의 관점에 대해 알아봤다. 그 다음 디지털 트윈을 설정하고 구축하기 위한 적절한 플랫폼을 평가하고 선택하기 위한 고려 사항을 살펴봤다. 이 책에서 사용할 플랫폼으로 마이크로소프트 ADT를 선택했다. 이를 통해 첫 번째 디지털 트윈을 위한 ADT 환경을 설정할 수 있다.

6장에서는 ADT를 사용해 풍력 터빈용으로 선택한 디지털 트윈 플랫폼에서 디지털 트윈 프로토타입 구현을 시작할 것이다. 디지털 트윈 구현 과정에서 실제적인 제약을 추가로 고려할 것이다.

⁝▶ 질문

1. 예측 트윈의 중요성은 무엇인가? 풍력 터빈에 어떻게 적용할 수 있는가?

2. 왜 많은 IoT 플랫폼이 퍼블릭 클라우드를 사용하는가?

3. 풍력 터빈용 디지털 트윈 솔루션에서 기대되는 주요 비즈니스 결과는 무엇인가?

4. 시계열 데이터 저장소의 용도는 무엇인가?

5. 분석 오케스트레이션은 풍력 터빈과 같은 특정 자산에서 누락된 데이터 요소를 어떻게 처리하는가?

06

디지털 트윈 프로토타입 구축

5장에서 디지털 트윈의 프로토타입을 구축하기 위한 핵심 요소를 논의했다. 퍼블릭 클라우드 및 IoT 플랫폼을 기반 기술로써 구현할 수 있는 디지털 트윈의 필요한 기능을 살펴봤다. 디지털 트윈 플랫폼을 추가로 조사하고 설정 및 셋업 세부 정보를 다뤘다. 디지털 트윈에 대한 데이터 고려 사항과 전반적인 솔루션 아키텍처에 대해 논의했다.

이번 장에서 풍력 터빈 및 풍력 발전소의 다양한 터빈처럼 식별된 산업 자산의 디지털 트윈 프로토타입 개발 프로세스를 자세히 알아볼 것이다.

그림 6.1은 트윈의 수혜자가 될 산업 분야 사용자의 관점에서 풍력 터빈의 디지털 트윈에 대한 개념도를 보여준다.

그림 6.1 풍력 터빈의 디지털 트윈 개념도

이번 장에서 아래와 같은 주제를 다룰 것이다.

- 디지털 트윈 프로세스 개발

- 프레임워크 테스트

- 기술적 평가 고려 사항

- 비즈니스 검증 및 이해

먼저 디지털 트윈 프로토타입의 개발 프로세스를 자세히 알아보자.

⁘ 기술 요구 사항

이번 장에서는 첫 번째 디지털 트윈 프로토타입을 설정할 것이다. 여기서 사용할 풍력 발전소 예시에 대한 JSON 기반 DTDL 샘플 파일 코드는 깃허브에서 확인할 수 있다 (https://github.com/PacktPublishing/Building-Industrial-Digital-Twin).

⁘ 디지털 트윈 프로세스 개발

디지털 트윈의 개발 프로세스를 알아보자. 이를 통해 개발 수행 기술을 습득할 수 있다.

디지털 트윈 프로토타입으로서의 풍력 터빈

풍력 발전소를 첫 번째 디지털 트윈 프로토타입 예시로 사용할 것이다. 먼저 풍력 발전소의 단순한 모델을 살펴보자. 풍력 터빈 또는 재생 에너지 산업에 대한 전문적인 지식을 구축하는 것이 아니라 풍력 터빈의 첫 번째 디지털 트윈을 생성하는 방법을 보여주는 것이 이 책의 주요 목표다. 풍력 발전소에 있는 개별 물리적 터빈에 대한 디지털 모델과 인스턴스를 생성할 것이다. 디지털 트윈 모델은 풍력 터빈의 기본적인 요소를 나타내며, 비즈니스 가치 관점에서 다양한 사용 사례를 해결하기에 충분하다.

풍력 발전소와 풍력 터빈 디지털 트윈의 관점은 풍력 터빈을 합의된 서비스 수준으로 유지하기 위해 운영자와 계약을 맺은 풍력 터빈 제조 업체의 관점이다. 이번 장에 나오는 디지털 트윈의 사용 사례는 1장에서 살펴본 것과 같이 풍력 터빈의 유지 보수 및 운영 단계로 제한된다. 실제로 해당 모델은 풍력 발전소와 풍력 터빈의 설계, 제조 및 테스트 및 검증 단계를 포함하는 전체 라이프 사이클을 다룰 것이다.

이번 장에서 풍력 터빈 디지털 트윈의 주요 사용 사례는 자산의 소유자/운영자와 함께 풍력 터빈에 대한 예측 유지 보수 서비스를 수행하는 제조업체다. 제조 업체의 현장 서비스 직원은 풍력 발전소의 적절한 풍력 터빈에 대한 적절한 유지 보수를 수행해 풍력 터빈의 장애로 인해 예정되지 않은 다운타임이 발생하거나 효율성이 저하되는 것을 방지해야 한다.

제조업체는 높은 최초 수리 비율^{high first-time fix rate}을 보장하고, 트럭 롤^{truck roll} 수를 줄이며 서비스 차량을 통해 운반되는 현장 예비 부품을 최소화하려고 한다. 이런 맥락에서 "트럭 롤"은 풍력 터빈의 현장 서비스 기술자가 설치, 재구성, 문제 해결, 수리 또는 기타 형태의 예정된 유지 보수 활동 같은 서비스를 수행하기 위해 서비스 차량, 주로 트럭에 타고 현장에 파견되는 시나리오를 의미한다. 해상 풍력 발전소 설치가 더 복잡하고 비용이 필요하기 때문에 이번 장의 디지털 트윈 프로토타입은 육상 풍력 발전소를 중심으로 다룰 것이다.

풍력 터빈 서비스 활동을 더 잘 관리하면 풍력 발전소의 생산량을 개선해 신뢰성이 향상된 더 높은 수준의 발전으로 이어진다. 이런 작업은 고객 만족도를 높이고 트럭 롤을 줄여 유지 보수 비용을 절감할 수 있다. 서비스 트럭의 인벤토리와 연동된 운전 자본^{working capital} 또한 추가로 절감할 수 있다. 이러한 서비스 활동은 모두 사용 중인 자산을 유지 보수하는 제조업체의 **핵심 가치**^{Value at Stake}다.

5장에서 구성한 애저 디지털 트윈 인스턴스의 풍력 발전소 및 터빈을 설정하기 전에, 풍력 터빈, 풍력 터빈의 구성 요소 및 유지 보수 및 운영 사용 사례의 요구 사항을 해결하기 위해 수집해야 하는 데이터에 대해 먼저 알아보자.

풍력 터빈 및 하이레벨 데이터 모델의 기본 사항

풍력 터빈은 풍력의 운동 에너지를 전기로 변환하는 경쟁력 있는 재생 가능한 전기 에너지 발전 방식이다. 풍력 터빈은 물을 거의 사용하지 않고 온실가스를 배출하지 않으며, 발전 과정에서 발생하는 폐기물이 없기 때문에 "클린" 에너지 자원으로 간주된다.

그림 6.2 미국 서던 캘리포니아의 풍력 터빈

풍력 터빈은 비교적 구축이 간단하지만 풍력 발전소에는 많은 풍력 터빈이 포함될 수 있다. 따라서 풍력 발전소는 첫 번째 디지털 트윈 프로토타입 후보로 이상적이다.

풍력 터빈 대부분은 수평축으로 구성되지만 수직축으로도 구성할 수 있다. 설치 유형에 따라 분류될 수도 있다. 육상 풍력 터빈은 육상으로 분류되며, 해상 풍력 터빈은 육상에서 수마일 떨어진 해상에 배치될 수 있다. 해상 풍력 터빈은 현장 서비스 직원의 관점에서 연결성과 물리적 접근 모두에서 원격 접근의 복잡성을 증가시킨다. 해상 풍력 터빈은 해수로 인한 부식을 추가적으로 처리해야 한다(https://www.materialsperformance.com/articles/material-selection-design/2016/03/corrosion-risks-and-mitigation-strategies-for-offshore-wind-turbine-foundations 참조).

우리는 첫 번째 디지털 트윈을 단순화하기 위해 일반적인 3개의 블레이드로 구성된 육상 수평축 풍력 터빈을 사용할 것이다. 그림 6.3은 수평축 풍력 터빈의 하이레벨 구성요소를 보여준다. 여기서는 전체 풍력 터빈 성능을 포함해서 해당 터빈의 모터, 기어 박스 및 터빈 장치에 초점을 맞출 것이다. 장비 장애를 탐지하고 예방하기 위해 유지 보수 디지털 트윈은 이런 구성 요소의 실시간 데이터를 모니터링한다. 추후 피치 시스템, 컨트롤러 및 너셀 같은 다른 구성 요소를 포함할 수 있게 디지털 트윈을 추가 모델로 확장할 수 있다.

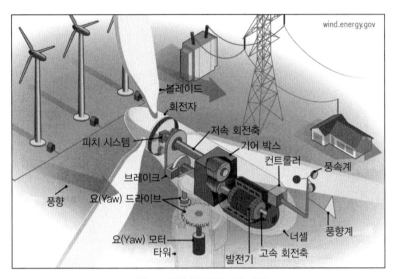

그림 6.3 일반적인 풍력 터빈 내부

NOTE

이미지 출처: 미국 에너지부(https://www.energy.gov/eere/wind/inside-wind-turbine)

디지털 트윈 모델은 풍력 발전소에 있는 풍력 터빈의 개별 인스턴스를 대상으로 저장하고자 하는 데이터 요소를 나타낸다. 또한 풍력 터빈 모델은 모터, 기어 박스, 터빈 데이터를 설명하는 하위 모델을 포함한다. 속성과 같이 다양한 데이터 유형과 풍력 터빈 센서에서 수신되는 텔레메트리 데이터를 구분해야 한다.

첫 번째 디지털 트윈에서 사용하는 데이터 모델은 풍력 발전소, 풍력 터빈 그리고 텔레메트리 데이터를 설명하는 모든 기본적인 요소를 포함한다.

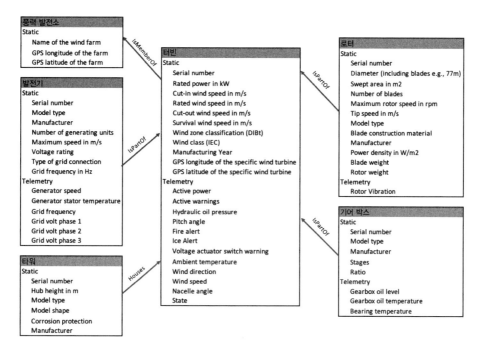

그림 6.4 풍력 터빈 솔루션의 데이터 모델 개요

그림 6.4의 데이터 모델은 풍력 터빈의 첫 번째 디지털 트윈에 대한 유지 보수 사용 사례로 활용하기에 충분하다. 다음 단계는 모델 및 하위 모델을 애저 디지털 트윈에 업로드하기 전에 **DTDL** JSON 파일로 설정하는 것이다. 그림 6.4에 나온 데이터 모델에는 서로 다른 모델 간의 관계를 제외한 모든 데이터 요소가 포함돼 있다. 애저 디지털 트윈 같은 그래프 기반 디지털 트윈 서비스를 사용하는 주된 이유 중 하나는 자산 간에 존재할 수 있는 비계층적 관계를 파악하기 위해서다.

이와 관련해 특정 풍력 발전소에 위치한 풍력 터빈으로서 기어 박스, 로터 및 발전기로 구성된 풍력 터빈이 계층적 관계의 예시가 될 수 있다. 하지만 디지털 트윈 간에는 비계층적 관계가 존재한다. 이와 관련된 예시에는 서로 다른 풍력 터빈의 근접성이 있다. 풍력 터빈 #789가 풍력 터빈 #248 옆에 위치하는 것이 이 근접성을 나타내며, 데이터 모델의 근접^{Next to} 관계가 여기에 해당한다.

이러한 관계와 특성은 온톨로지[ontologies]에 설명돼 있다. 온톨로지는 카테고리, 속성 및 관계를 설명하기 위한 구조를 제공한다.

다음 절에서 첫 번째 풍력 터빈 디지털 트윈과 해당 DTDL에 대한 온톨로지를 설정하는 방법을 살펴볼 것이다.

디지털 트윈 모델을 정의하기 위한 온톨로지 활용

그림 6.5는 풍력 터빈 프로토타입용 애저 디지털 트윈 기반 예시를 생성하기 위한 기본적인 단계를 보여준다.

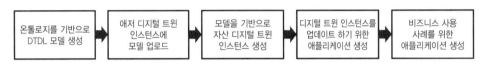

그림 6.5 디지털 트윈을 생성하고 사용하기 위한 프로세스

첫 번째 단계는 서로 다른 모델과 하위 모델 간의 관계를 설명하는 JSON 형식의 DTDL 모델을 만드는 것이다. DTDL을 사용하면 디지털 트윈 개발자들이 자산 트윈에서 생성된 텔레메트리 또는 데이터 요소, 속성, 응답에 사용하는 명령어 등의 측면에서 DTDL을 설명할 수 있다. DTDL은 전반적으로 트윈 간의 관계에 대한 설명을 단순화한다. 이를 통해 서로 다른 도메인에 속한 트윈에 대한 상호 운용성을 확보할 수 있다. 예를 들어 풍력 발전소는 큰 그림에서 에너지 그리드와 상호 작용할 것이다.

그런 다음 이 모델은 ADT 탐색기 애플리케이션을 사용해 애저 디지털 트윈 인스턴스에 업로드된다. 세 번째 단계에서는 **ADT** 탐색기를 사용해 현재 애저 디지털 트윈 플랫폼에서 사용할 수 있는 모델을 기반으로 물리적 자산의 인스턴스를 생성한다. 이 작업은 매우 번거롭고 수동적인 프로세스일 수 있으며 대규모 배포에 적합하지 않다. 네 번째 단계에서는 사용자 지정 애플리케이션에서 또 다른 터빈 인스턴스에 대한 정보를 업로드하는 방법을 시연한다. 마지막 단계에서는 유지 보수에 활용하기 위한 애저 디지털 트윈 정보 검색 방법을 살펴볼 것이다.

첫 번째 단계는 온톨로지와 DTDL의 모델 파일의 특정 구조를 기반으로 DTDL 모델을 생성하는 것이며, 이는 **RDF**를 기반으로 한다. DTDL의 RDF 특성은 4장에서 다뤘다. 온톨로지 구조에 대한 특별한 요구 사항은 없으나 디지털 트윈을 생성하기 위해 마이크로소프트가 주도하는 오픈 소스 이니셔티브인 스마트 빌딩을 위한 디지털 트윈 정의 언어 기반 RealEstateCore 온톨로지(http://bit.ly/idt-buildingontology)의 가이드를 참고할 것을 권장한다. 이 가이드는 온톨로지에 대한 매우 포괄적인 설명을 제공하며 고급 디지털 트윈 온톨로지를 생성하려는 경우 참고할 만하다.

그림 6.6은 첫 번째 풍력 터빈 디지털 트윈에서 사용하고자 하는 간단한 온톨로지를 제공한다.

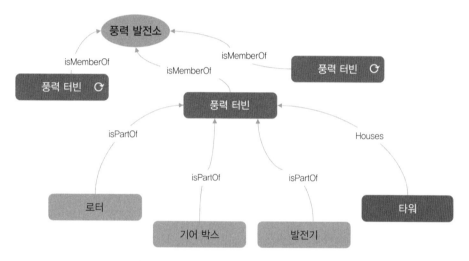

그림 6.6 제안된 풍력 발전소 및 풍력 터빈 디지털 트윈

이 그림은 풍력 터빈이 풍력 발전소의 속해 있다는 것을 보여준다. 로터, 기어 박스, 발전기 및 타워는 각각 풍력 터빈의 "part of"로 표시된다. 이는 매우 기본적인 구조이며 이런 구조를 표현하는 방법은 다양하다. 하지만 첫 번째 디지털 트윈을 설정하기 위해 구조를 간단하게 유지할 것이다.

이제 다양한 모델 간의 서로 다른 관계를 살펴봤으니, DTDL 형식으로 모델을 생성할 수 있다. 마이크로소프트는 아래와 같이 디지털 트윈 동작을 설명하는 6가지 메타 모델 클래스에 대한 광범위한 오픈 소스 DTDL 문서(https://bit.ly/idt-azuredocs)를 제공한다.

- **인터페이스**: 콘텐츠 설명(속성, 텔레메트리, 명령어, 관계, 또는 구성 요소)

- **텔레메트리**: 일반적으로 센서에서 발생하고 정기적이고 짧은 간격으로 동기화되는 디지털 트윈에서 내보내는 데이터 설명

- **속성**: 구성 요소의 시리얼 번호처럼 디지털 트윈의 읽기 전용read-only 및 읽기/쓰기 상태를 설명함

- **명령어**: 디지털 트윈에서 수행할 수 있는 기능 또는 작업을 설명함

- **관계**: 다른 디지털 트윈에 대한 링크를 설명하고 디지털 트윈의 그래프 생성

- **구성 요소**: 인터페이스가 다른 인터페이스에 포함됨

풍력 발전소용 DTDL의 예시는 아래와 같다.

```
{
    "@id":"dtmi:com:idtbook:wt:farm;1",
    "@type":"Interface",
    "@context":[
        "dtmi:dtdl:context;2"
    ],
    "displayName":"WT Farm",
    "description":"Wind farm with wind turbines",
    "contents":[
      {
        "@type": "Property",
        "name": "Name",
        "schema": "string"
      },
      {
        "@type": "Property",
        "name": "GPSLongitude",
        "schema": "double"
      },
```

```
        {
  "@type": "Property",
  "name": "GPSLatitude",
  "schema": "double"
        }
      ]
}
```

이는 텔레메트리 또는 관계 데이터가 포함되지 않은 인터페이스 파일 예시다. 인터페이스 파일의 일반적인 구조는 그림 6.7에 설명돼 있으며 다음 링크(http://bit.ly/idt-dtdl2)에 자세히 문서화돼 있다.

속성	필수 여부	데이터 유형	제한	설명
@id	필수	DTMI	최대 128자	인터페이스의 디지털 트윈 모델 식별자
@type	필수	IRI		반드시 "인터페이스"로 설정돼야 함
@context:	(인터페이스 파일에서 적어도 한 번은)필수	IRI		인터페이스를 프로세싱할 때 사용할 컨텍스트. 이 버전에서는 "dtml:dtdl:context;2"로 설정해야 함
comment	선택 사항	문자열	1~512자	모델 작성자의 코멘트
contents	선택 사항	텔레메트리, 속성, 명령어, 관계, 구성 요소의 집합	최대 300개 콘텐츠	인터페이스의 콘텐츠(텔레메트리, 속성, 명령어, 관계, 구성 요소)를 정의하는 객체 집합
description	선택 사항	문자열	1~512자	표시할 수 있는 현지화된 설명
displayName	선택 사항	문자열	1~64자	표시할 수 있는 현지화된 이름
extends	선택 사항	인터페이스 집합	각 확장 기능별 최대 2개의 인터페이스, 최대 10 레벨 깊이	인터페이스가 상속하는 인터페이스를 참조하는 DTMI 집합. 인터페이스는 여러 인터페이스를 상속할 수 있음
schemas	선택 사항	인터페이스 스키마 집합		인터페이스 내에서 재사용 가능 스키마를 참조하는 IRI 또는 객체 집합

그림 6.7 인터페이스 파일 구조

마이크로소프트는 비주얼 스튜디오에서 사용할 수 있는 DTDL 확장extension과 비주얼 스튜디오 코드 무료 버전을 제공한다(http://bit.ly/idt-vscodedtdl).

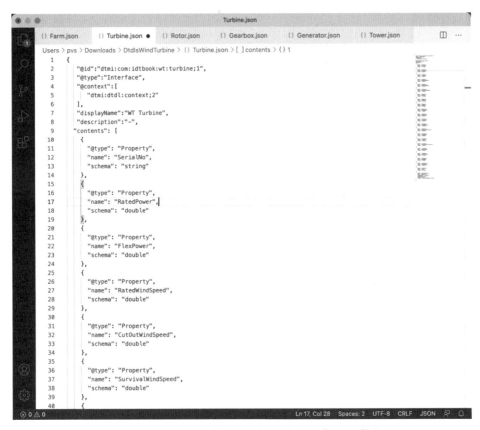

그림 6.8 IntelliSense를 사용한 비주얼 스튜디오 코드용 DTDL 확장

해당 확장 기능은 템플릿에서 DTDL 인터페이스를 생성하는 기능을 제공한다. IntelliSense 및 자동 완성^{auto-completion}을 지원하며 DTDL 파일의 구문을 검증한다. 그림 6.8은 IntelliSense 및 구문 확인 기능이 포함된 풍력 터빈 DDL 파일을 보여준다.

풍력 터빈에 대한 JSON 형식의 DTDL 모델에는 텔레메트리 및 관계에 대한 추가적인 메타 모델 클래스가 포함돼 있다. 앞부분에서 정의한 터빈의 모든 데이터 모델 요소에 대해서도 설명한다.

```
{
    "@id":"dtmi:com:idtbook:wt:turbine;1",
    "@type":"Interface",
    "@context":[
```

```
          "dtmi:dtdl:context;2"
      ],
      "displayName":"WT Turbine",
      "description":"-",
      "contents": [
        {
          "@type": "Property",
          "name": "SerialNo",
          "schema": "string"
        },
        {
          "@type": "Property",
          "name": "RatedPower",
          "schema": "double"
        },
        . . . (See Github for full json files)
        {
          "@type": "Telemetry",
          "name": "Windspeed",
          "schema": "double"
        },
        {
          "@type": "Telemetry",
          "name": "NacelleAngle",
          "schema": "double"
        },
        {
          "@type": "Telemetry",
          "name": "State",
          "schema": "string"
        },
        {
          "@type": "Relationship",
          "name": "isMemberOf",
          "displayName": "MemberOf",
          "minMultiplicity": 0,
          "maxMultiplicity": 1,
          "target": "dtmi:com:idtbook:wt:farm;1"
        }
      ]
    }
```

터빈의 하위 모델은 그림 6.4와 같이 터빈 모델과의 관계를 포함한다.

```json
{
    "@id":"dtmi:com:idtbook:wt:gearbox;1",
    "@type":"Interface",
    "@context":[
        "dtmi:dtdl:context;2"
    ],
    "displayName":"WT Gearbox",
    "description":"-",
    "contents": [
      {
        "@type": "Property",
        "name": "GearboxSerial",
        "schema": "string"
      },
      . . . (See Github for full json files)
      {
        "@type": "Relationship",
        "name": "isPartOf",
        "displayName": "PartOf",
        "minMultiplicity": 0,
        "maxMultiplicity": 1,
        "target": "dtmi:com:idtbook:wt:turbine;1"
      }
    ]
}
```

풍력 발전소, 터빈 및 해당 구성 요소에 대한 DTDL JSON 파일은 이 책의 깃허브 저장소(https://github.com/PacktPublishing/Building-Industrial-Digital-Twin)에서 다운로드할 수 있다.

저장소에는 아래와 같은 파일이 담겨 있다.

- Farm.json

- Turbine.json

- Rotor.json

- Gearbox.json

- `Generator.json`

- `Tower.json`

다음 절에서 ADT 익스플로러 애플리케이션을 통해 모델 파일을 애저 디지털 트윈 인스턴스에 업로드할 것이다.

애저 디지털 트윈 인스턴스에 모델 업로드

5장에서 애저 디지털 트윈 서비스를 구성했고 ADT 익스플로러를 설정할 것을 제안했다. ADT 익스플로러는 그래프 시각화를 통해 디지털 트윈을 확인할 수 있게 해주는 애플리케이션이다. 마이크로소프트에서 오픈 소스로 지원하지만 이 책을 저술하는 시점에는 공식 지원하지 않는 제품이다. 대규모 배포에는 권장하지 않지만 첫 번째 디지털 트윈을 구축하는 데 필요한 기본 기능을 제공한다. 샘플 애플리케이션, 소스 코드 및 설치 지침은 깃허브(http://bit.ly/idt-adtexplorergit)에서 다운로드할 수 있다.

ADT 익스플로러 애플리케이션을 실행하기 전에 5장에서 설정한 무료 애저 서비스에 로그인해야 한다.

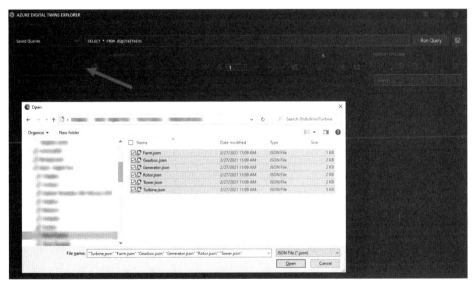

그림 6.9 ADT 익스플로러에 DTDL JSON 파일 업로드

모든 풍력 발전소 및 풍력 터빈 모델과 하위 모델을 선택하고 그림 6.9처럼 ADT 익스플로러에 업로드한다. ADT 익스플로러는 5장에서 설정한 애저 디지털 트윈 서비스에 모델 파일을 생성한다.

모델은 이제 그림 6.10처럼 좌측의 모델 저장소에서 사용할 수 있다.

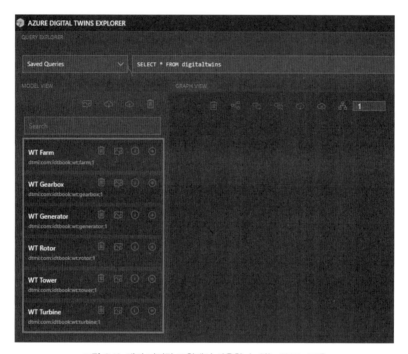

그림 6.10 애저 디지털 트윈에서 사용할 수 있는 DTDL 모델

첫 번째 디지털 트윈 설정의 다음 단계는 그림 6.11처럼 물리적인 풍력 터빈에 대한 디지털 트윈 인스턴스를 생성하는 것이다. 이런 인스턴스들은 각각 현재 애저 디지털 트윈 서비스에 있는 디지털 트윈 모델을 기반으로 한다.

풍력 발전소 및 터빈에 대한 디지털 트윈 인스턴스 설정

풍력 발전소에는 수백 또는 수천 개의 풍력 터빈이 포함될 수 있다. 중국 주취안Jiuquan 풍력 발전 기지에는 약 7000개의 풍력 터빈이 있다(https://www.power-technology.com/features/feature-biggest-wind-farms-in-the-world-texas 참조).

디지털 트윈 소프트웨어 설계 접근 방식의 주요 이점 중 하나는 단일 디지털 트윈 모델과 수천 개의 디지털 트윈 인스턴스를 보유할 수 있다는 것이다. 모델의 속성 한 개를 변경하면 수천 개의 모든 인스턴스에 해당 속성을 적용할 수 있다. 디지털 트윈 모델의 정보 아키텍처를 기반으로 특정 비즈니스 요구 사항을 해결하기 위해 디지털 트윈 애플리케이션을 개발할 수 있다.

첫 번째 풍력 발전소 디지털 트윈 인스턴스를 생성하기 위해 그림 6.11처럼 **WT Farm** 모델 옆에 있는 + 버튼을 선택하고 인스턴스에 고유한 이름을 지정한다. 이 이름은 물리적 트윈 인스턴스에 대한 고유 식별자 또는 ID가 되며 추후 변경할 수 없다. 이 ID는 시리얼 번호, 자산 번호 또는 고유한 기술자descriptor가 될 수 있다. 여기서는 windfarm1을 고유한 이름으로 사용할 것이다.

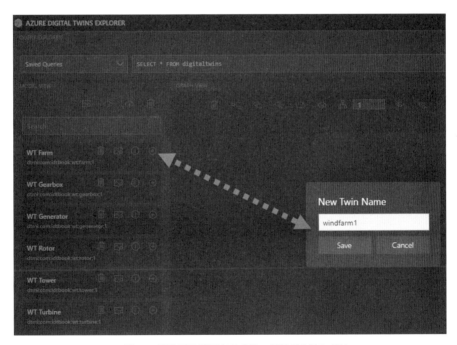

그림 6.11 특정 풍력 발전소에 대한 고유한 인스턴스 생성

트윈 이름을 저장하면, 풍력 발전소 DTDL 모델과 고유한 windfarm1 ID를 기반으로 풍력 발전소의 첫 번째 인스턴스를 생성할 수 있다.

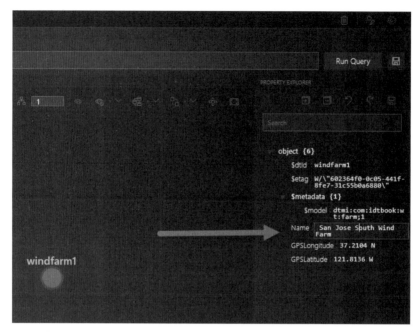

그림 6.12 각 인스턴스에 대한 디지털 트윈 속성 업데이트

그림 6.12처럼 우측 속성 탐색기^{property explorer} 창에서 속성을 편집하고 해당 인스턴스의 정보를 편집할 수 있다. 속성을 변경하면 관련 값이 업데이트 된다. windfarm1의 이름을 San Jose South Wind Farm으로 업데이트할 수 있다. $dtid ID는 고유하게 유지되며 편집할 수 없지만 속성값은 ADT 익스플로러를 통해 변경할 수 있다. $dtid는 관계형 데이터베이스 테이블의 기본키와 같은 인스턴스 ID다.

그 다음 WT Turbine 모델과 유사한 프로세스로 풍력 터빈 인스턴스를 생성하고 관련 인스턴스 데이터를 업데이트한다. 풍력 발전소와 첫 번째 터빈에 대한 인스턴스가 모두 존재하는 경우 상단 표시줄에 있는 관계 옵션을 통해 해당 인스턴스들의 관계를 연결할 수 있다.

그림 6.13 2개의 인스턴스 간 관계 설정

먼저 터빈을 선택한 다음 풍력 발전소를 선택하고 그림 6.13처럼 상단 표시줄에서 Relationship 아이콘을 클릭한다. 그러면 DTDL 모델에서 정의한 모든 유형의 관계를 드롭다운으로 보여주는 대화 상자가 열린다. 예시에서는 **MemberOf** 관계만 표시된다. 이 설정을 저장하면 해당 관계 화살표에 대한 설명과 함께 두 인스턴스 간에 화살표가 생성된다. 계속해서 추가 터빈의 인스턴스를 설정하고 로터, 기어 박스, 터빈 및 타워와 같은 각 구성 요소에 대한 고유한 인스턴스를 생성한다. 또한 터빈 및 구성 요소의 각 인스턴스에 대한 속성과 값을 업데이트한다.

특정 풍력 발전소에 있는 풍력 터빈 3개에 대한 최종 모델은 그림 6.14의 노드 및 관계와 유사하다.

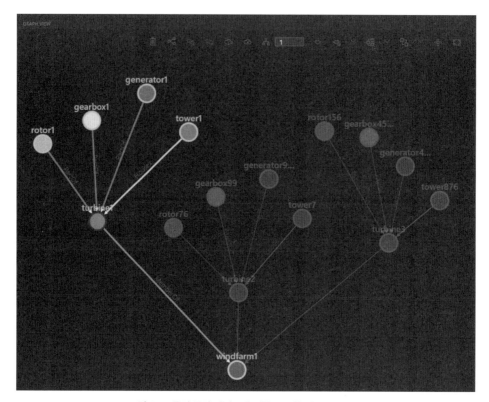

그림 6.14 특정 풍력 발전소에 대한 고유한 인스턴스 생성

이제 풍력 발전소, 터빈 및 해당 구성 요소의 모델 및 인스턴스가 포함된 애저 디지털 트윈을 성공적으로 생성했다. SQL과 유사한 쿼리를 사용해 인스턴스를 조회할 수 있다.

그림 6.14의 그래프는 **rotor1**, **gearbox1**, **generator1** 및 **tower1**이 **turbine1**의 일부임을 보여준다. 예시에서는 구성 요소의 숫자 표시기가 정렬돼 있지만 실제로는 이러한 일이 거의 발생하지 않는다. **rotor156**, **gearbox457**, **generator4213** 및 **tower876**이 포함된 **turbine3** 예시가 실제 구성을 더 잘 반영한다.

모든 인스턴스를 수동으로 캡처하는 작업은 상당히 지루하다. 7000개의 풍력 터빈과 해당 구성 요소를 수동으로 입력하는 상황을 가정해보자. 분명히 데이터 캡처 오류가 발생할 것이다. 수백 또는 수천 개의 노드가 있는 그래프는 수동으로 탐색 및 데이터 캡처를 수행할 수 없다. 또한 텔레메트리 필드는 일반적으로 센서에서 데이터를 스트리밍하기 때문에 ADT 탐색기에서 업데이트할 수 없다.

애저 디지털 트윈 서비스 및 DTDL은 애플리케이션 개발자가 디지털 트윈과 상호 작용하고 특정 비즈니스 문제에 대한 솔루션을 만들 수 있는 환경을 제공한다. 여기서 다루는 유지 보수 사용 사례는 디지털 트윈을 사용해 해결할 수 있는 비즈니스 문제의 일반적인 예시를 보여준다.

이 애플리케이션을 사용하면 이번 장에서 수행한 디지털 트윈 개발을 테스트할 수 있다. 이번에는 테스트 단계를 알아보자.

⠿ 프레임워크 테스트

그림 6.5의 다음 단계는 대량의 풍력 터빈 인스턴스에 대한 유지 보수 및 확장성을 제공하고 실시간 텔레메트리 데이터를 디지털 트윈에 전달하는 애플리케이션을 생성하는 것이다. 이를 통해 실제 시나리오에서 프레임워크의 사용 편의성을 높일 수 있다.

디지털 트윈 프로토타입을 업데이트하기 위한 애플리케이션 생성

ADT는 개발자가 디지털 트윈 솔루션을 생성하도록 도와주는 PaaS 솔루션이다. 여기서는 전형적인 개발 페르소나 2개를 다룰 것이다. 첫 번째 페르소나는 ADT의 API와 SDK를 통해 솔루션을 개발하는 데 필요한 코딩 능력을 갖춘 소프트웨어 개발자다. 이 책을 저술하는 시점에서 ADT API 및 SDK는 닷넷, 자바Java, 자바스크립트JavaScript, 파이썬Python, 고Go에서 접근할 수 있다.

두 번째 페르소나는 풍력 발전소의 신뢰성 및 유지 보수 엔지니어 같은 주제 전문가 페르소나다. 주제 전문가는 기술적인 능력을 갖추고 있지만 일반적으로 처음부터 애플리케이션을 만들 수 있는 적절한 소프트웨어 개발 기술은 갖추고 있지 않다.

이번 절의 나머지 부분에서는 풍력 터빈 모델을 업데이트하는 애플리케이션을 생성하는 공식적인 소프트웨어 개발 접근 방식에 초점을 맞출 것이다.

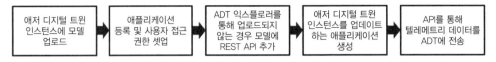

그림 6.15 애저 디지털 트윈 업데이트를 위한 사용자 정의 코딩 솔루션 생성 프로세스

그림 6.15는 ADT를 업데이트하기 위한 사용자 정의 코딩 솔루션을 생성하는 프로세스를 보여준다. 프로세스의 첫 번째 단계는 이전 절에서 이미 완료했다. 모델을 ADT에 배치하는 것과 개발이 진행됨에 따라 애플리케이션을 테스트하기 위한 1개 또는 2개의 인스턴스를 사용할 것을 권장한다. 이런 트윈 인스턴스는 특정 풍력 터빈을 나타낸다.

두 번째 단계는 5장에서 나온 그림 5.20의 앱 등록 프로세스와 유사하다. 여기서는 digitaltwinapp처럼 쉽게 인식할 수 있는 이름으로 앱을 생성할 것이다. 5장에 나온 그림 5.23의 프로세스와 유사한 디지털 트윈 리소스에 대한 앱 접근 권한을 제공한다.

ADT API 및 SDK를 사용하는 사용자 정의 애플리케이션은 이제 ADT 익스플로러가 ADT 서비스에 접근할 수 있는 동일한 방식으로 애저에서 ADT 서비스에 접근할 수 있다. API와 SDK는 그림 6.15의 마지막 세 단계에 대한 기능을 제공한다. API 및 SDK를 사용하려면 소프트웨어 코딩 기술과 비주얼 스튜디오, 비주얼 스튜디오 코드 또는 선택한 프로그래밍 언어를 지원하는 **IDE**와 같은 IDE 접근 권한이 필요하다. 마이크로소프트 웹 사이트에서 무료로 제공되는 닷넷 프로그래밍 플랫폼과 비주얼 스튜디오 또는 비주얼 스튜디오 코드를 사용할 것이다.

애저 디지털 트윈 API 및 SDK는 다음 링크(http://bit.ly/idt-adtapisdk)에 문서화돼 있다. 데이터 플레인data plane API는 디지털 트윈 인스턴스를 생성 및 업데이트하고 텔레메트리 데이터를 디지털 트윈 인스턴스로 전송하기 때문에 사용자 지정 애플리케이션에서 특히 중요하다. API는 디지털 트윈 모델, 인스턴스 및 이벤트 경로에 대한 접근 권한을 제공한다. 또한 개발자는 프로그래밍 방식으로 모델 및 인스턴스의 쿼리를 수행할 수 있다. API 작업에 대한 자세한 리스트는 다음 링크(http://bit.ly/idt-apioperations)에서 확인할 수 있으며, API 유지 보수는 마이크로소프트가 담당한다.

애플리케이션 예시는 다음 링크(http://bit.ly/idt-adtapisdk)에서 제공되며 C#의 기본적인 Create Twin Instance 예시는 아래와 같다.

```
string twinId = "turbine2";
var initData = new BasicDigitalTwin
{
    Id = twinId,
    Metadata = { ModelId = "dtmi:com:idtbook:wt:turbine;1" },
    // Initialize properties
    Contents =
    {
        { "SerialNo", "YF568" },
        { "RatedPower", 1500 },
    },
};
await client.
CreateOrReplaceDigitalTwinAsync<BasicDigitalTwin>(twinId,
initData);
```

마이크로소프트는 실시간 텔레메트리 데이터로 ADT 애플리케이션을 생성하고자 하는 개발자를 위해 다음 링크(http://bit.ly/idt-tutorialapp)에서 클라이언트 앱 코딩 관련 전체 튜토리얼을 제공한다. 이 튜토리얼은 포괄적인 소스 코드를 제공하며 관련 링크는 이 책의 깃허브 페이지에도 포함돼 있다. 디지털 트윈 모델 및 인스턴스를 생성하고 텔레메트리 데이터를 통해 업데이트를 수행하는 애플리케이션을 생성하는 모든 단계와 작업을 보여준다. 이 작업은 그림 6.15의 마지막 세 단계를 다룬다.

이제 개발자로서 ADT 모델 및 인스턴스를 성공적으로 생성하고 사용자 정의 애플리케이션에서 텔레메트리 데이터로 디지털 트윈을 업데이트했다. 그림 6.16은 데이터베이스에서 추출되고 사용자 환경에 맞게 개발된 애플리케이션을 통해 ADT에 포함된 추가적인 풍력 터빈 인스턴스를 보여준다.

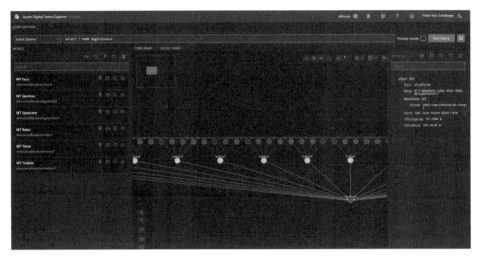

그림 6.16 다중 터빈 예시

그림 6.15의 프로세스의 마지막 단계로써 모델을 보거나 사용하기 위한 애플리케이션 생성은 설명된 것과 동일한 프로세스를 따른다. 또 다른 접근 방식은 마이크로소프트 파워 BI(Power BI) 같은 **비즈니스 인텔리전스**(BI, Business Intelligence) 또는 시각화 애플리케이션을 통해 애저 디지털 트윈을 시각화하는 것이다. 이 작업 또한 ADT 애플리케이션 생성과 마찬가지로 프로그래밍 스킬이 요구된다.

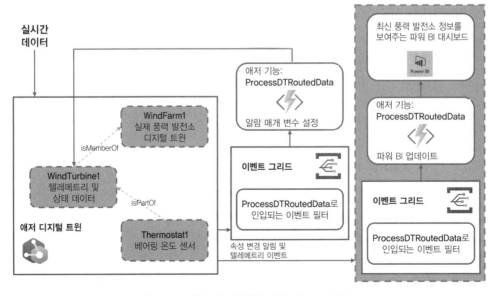

그림 6.17 디지털 트윈 시각화를 위한 파워 BI 대시보드

그림 6.17은 파워 BI 대시보드에 ADT 정보를 표시하기 위한 접근 방식을 보여준다. 이 방식은 애저 디지털 트윈에서 마이크로소프트가 지도^{map} 서비스를 업데이트하는 방법 관련 튜토리얼(http://bit.ly/idt-connectmaps)에서 설명한 것과 유사한 개발 접근 방식을 따른다. 이 책의 깃허브 저장소에 제공된 샘플 코드에는 그림 6.18처럼 이벤트 그리드에서 ADT 를 가져와 파워 BI 대시보드 파일을 업데이트하는 애저 기능이 포함돼 있다.

디지털 트윈 애플리케이션은 파워 BI 애플리케이션이 서로 다른 텔레메트리 포인트에 대한 개별 센서가 아닌 디지털 트윈 인스턴스에서 업데이트를 수신한다는 점에서 IoT 애플리케이션과 구별된다. 디지털 트윈 애플리케이션은 상태 및 텔레메트리 업데이트 사이에서 프록시처럼 동작한다. 단일 이벤트 업데이트 서비스로부터 다양한 파워 BI 대시보드를 생성할 수 있다. 또한 매번 개별 센서의 데이터를 읽지 않고도 ADT 서비스로부터 업데이트를 수행할 수 있는 여러 애플리케이션을 생성할 수 있다.

또한 ADT 서비스는 업데이트될 때마다 새로운 트랜잭션 데이터 행을 생성하지 않는다는 점에서 기존 관계형 데이터베이스와 다르다. ADT 서비스는 이전 인스턴스 상태 값을 신규 상태 값으로 갱신한다. 인스턴스는 항상 디지털 트윈 인스턴스의 특정 시점에 대한 스냅샷이다. ADT 서비스에서 마이크로소프트 타임 시리즈 인사이트^{Time series Insights} 또는 InfluxDB와 같은 **시계열 데이터베이스**^{TSDB, Time Series DataBase}의 텔레메트리 시계열 데이터 같은 데이터를 유지하려면 추가 프로그래밍이 필요하다.

그림 6.18에 표시된 파워 BI 대시보드는 풍력 발전소의 터빈 작동을 모니터링하기 위해 사용된다. 텔레메트리에서 수집된 터빈 상태를 기반으로 유지 보수 서비스를 계획할 때도 사용된다.

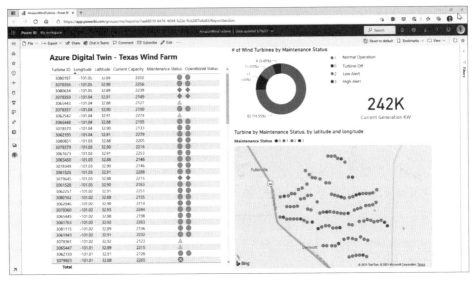

그림 6.18 풍력 발전소에 대한 파워 BI 대시보드 예시

지금까지 첫 번째 디지털 트윈 프로토타입 애플리케이션으로써 애저 기반 디지털 트윈을 생성했다. 이는 신규 ADT 모델, 인스턴스를 생성하고 IoT 센서에서 수집된 텔레메트리 데이터를 업데이트하며 파워 BI와 같은 애플리케이션에서 애저 디지털 트윈을 시각화할 수 있는 사용자 환경에 맞게 개발된 애플리케이션이다. 이런 접근 방식은 전문화된 다양한 디지털 트윈 애플리케이션을 개발할 수 있는 숙련된 프로그래머에게 상당한 유연성을 제공한다. 윌로우^{Willow Inc}(https://www.willowinc.com/posts/under-the-hood-willowtwin-x-azure-digital-twins/)는 건설 산업 관련 애저 디지털 트윈 애플리케이션 예시를 보여준다.

이 방식의 문제는 숙련된 개발자가 아닌 SME와 운영 관련 디지털 트윈 사용자가 개발자의 도움 없이는 ADT 서비스를 사용할 수 없다는 것이다. SME가 활용할 수 있는 노코드^{No code}/로우코드 애플리케이션 개발 도구는 이런 문제를 해결할 수 있지만, 이 플랫폼에서 개발된 애플리케이션은 유연성이 낮다. 노코드/로우코드 플랫폼에서 개발된 애플리케이션은 해당 플랫폼 바운더리 내에 있어야 한다. 사용할 수 있는 다양한 노코드/로우코드 애플리케이션이 마켓에 있지만 XM프로는 애저 디지털 트윈을 기본적으로 지원하는 마이크로소프트 닷넷 코어 기반 노코드 플랫폼이다.

다음 절에서는 XM프로 노코드 환경에서 이 장에 설명된 개발 솔루션과 유사한 애플리케이션의 생성 방법을 살펴볼 것이다.

노코드/로우코드 환경에서 DTP 업데이트를 위한 애플리케이션 생성

이전 절에서 필요한 프로그래밍 경험과 스킬이 있는 경우 IDE에서 솔루션을 코딩해 풍력 발전소의 첫 번째 디지털 트윈을 생성하는 과정을 설명했다. 이 방식은 사용 사례의 고유한 요구 사항을 해결하기 위해 개발된 사용자 정의 애플리케이션에 다양한 유연성을 제공하지만 프로그래밍 스킬이 필요하다.

코딩 스킬이 제한적이고 시각적 프로그래밍 접근 방식을 사용해 애플리케이션을 작성하는 것을 선호하는 SME에게는 노코드/로우코드 접근 방식이 더 적합할 수 있다. 최근 디지털 전환을 가속화하는 수단으로 로우코드 개발 기술이 주목받고 있다. 마켓 분석 회사 가트너는 **로우코드 애플리케이션 플랫폼**^{LCAPs, Low-Code Application Platforms}이 2021년에 23% 성장할 것이라고 예측했다(https://www.gartner.com/en/newsroom/press-releases/2021-02-15-gartner-forecasts-worldwide-low-code-development-technologies-market-to-grow-23-percent-in-2021 참조). 산업 분야 지멘스는 LCAP 역량을 보강하기 위해 2018년 멘딕스^{Mendix}를 7억 달러에 인수했다. 오라클 에이펙스^{APEX}는 또 하나의 LCAP다. 자세한 내용은 다음 링크(https://apex.oracle.com/en/platform/low-code/)를 참조하면 된다.

선택할 수 있는 몇 가지 노코드/로우코드 솔루션이 있는데 여기서는 애저 디지털 트윈을 기본적으로 지원하는 XM프로를 사용해 노코드/로우코드 플랫폼의 설정 프로세스를 알아볼 것이다. XM프로에서 풍력 터빈 디지털 트윈 솔루션을 재현해 유지 보수 및 현장 서비스 사용 사례에서 2가지 접근 방식이 어떻게 다른지 알아볼 것이다. XM프로는 웹사이트(https://xmpro.com/idtbooktrial)에서 여러분을 위해 120일 무료 평가판 라이선스를 제공한다.

노코드/로우코드 플랫폼은 사용자 정의 솔루션보다 유연성이 낮지만, 유지 보수 및 현장 서비스 애플리케이션 같은 솔루션의 개발 시간을 10배 이상 단축시킨다.

그림 6.19 ADT에 첫 번째 디지털 트윈을 생성하기 위한 로우코드 접근 방식

그림 6.19는 노코드/로우코드 플랫폼에서 디지털 트윈 애플리케이션 생성하는 단계에 대한 하이레벨 관점을 보여준다.

첫 번째 단계는 그림 6.20처럼 무료 애저 계정에서 디지털 트윈 리소스를 생성하는 것이다. 이 과정은 5장에 나온 그림 5.9의 프로세스와 유사하다. 그림 5.9처럼 사용자 접근 권한을 설정하려면 여전히 애저 포털 접근 권한이 필요하다.

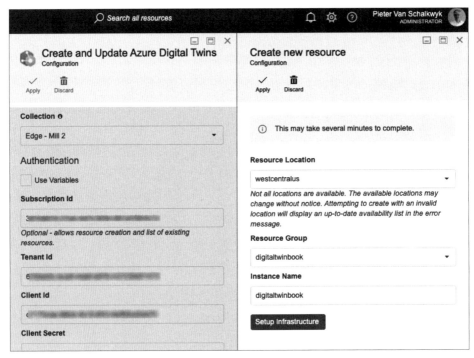

그림 6.20 노코드/로우코드 플랫폼에서 ADT 인스턴스 생성

그림 6.19 프로세스의 다음 단계는 로터, 기어 박스, 발전기를 포함해 풍력 터빈의 각 구성 요소에 대한 JSON 모델을 생성하는 것이다. 그림 6.21은 최종 사용자를 대상으로 하는 노코드/로우코드 페이지에서 DTDL JSON 파일을 생성해 풍력 터빈의 속성을 정의하기 위한 애플리케이션을 보여준다.

그림 6.21 XM프로 앱 디자이너에서 JSON 모델 생성

이 양식은 그림 6.19에 있는 프로세스의 다음 단계에서 업로드할 수 있는 JSON 파일을 생성한다. 그림 6.22처럼 XM프로 애저 디지털 트윈 커넥터는 ADT에서 디지털 트윈 모델을 자동 로드하는 업로드 기능을 제공한다.

그림 6.22 XM프로 데이터 스트림 디자이너를 통해 ADT 인스턴스에 JSON 모델 로드

그림 6.19의 네 번째 단계는 그림 6.23처럼 실시간 텔레메트리 또는 시뮬레이션 값의 센서 데이터를 ADT의 속성 및 텔레메트리 필드에 매핑하는 것이다.

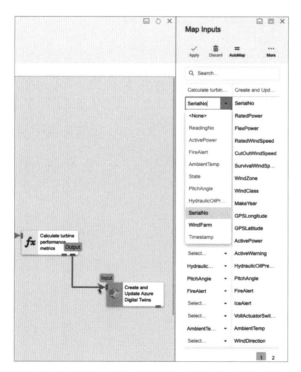

그림 6.23 XM프로 데이터 스트림 디자이너의 ADT 및 TSI에 센서 데이터 매핑

마지막 단계는 노코드/로우코드 플랫폼에서 드래그 앤 드롭 디자인으로 유지 보수 및 현장 서비스 애플리케이션에 대한 시각화를 생성하는 것이다.

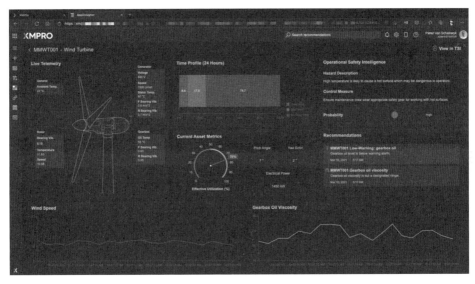

그림 6.24 XM프로 앱 디자이너에서 디지털 트윈 사용 사례 UI 생성

그림 6.24는 상태 모니터링을 위한 실시간 텔레메트리 기능을 갖춘 풍력 터빈 디지털 트윈의 예시를 보여준다. 또한 이 플랫폼을 통해 실시간 텔레메트리 데이터를 기반으로 분석 기반 권장 사항을 생성할 수 있다. 권장 사항에 대한 분석은 상태 모니터링 텔레메트리, 실시간 텔레메트리 입력을 수신하는 ML 모델 또는 특정 애플리케이션을 위해 설정된 비즈니스 규칙의 엔지니어링 계산을 기반으로 할 수 있다.

위 예시는 의사 결정 트리에서 관찰된 기어 박스 오일 레벨을 기반으로 한 권장 규칙을 보여준다. 이 규칙은 유지 보수를 계획하고 풍력 터빈 제조업체에 기어 박스 오일 소비에 대한 피드백을 제공하는 데 사용할 수 있다.

다음 절에서 디지털 트윈 프로세스의 기술적 평가에 대해 알아볼 것이다.

⠿ 기술적 평가 고려 사항

디지털 트윈은 풍력 발전소의 물리적 자산인 풍력 터빈의 현재 상태를 반영하기 위해 사용된다. 이번 예시에서는 다양한 하위 어셈블리의 DTDL이 목적(풍력 발전소에서 운영되는 경우 풍력 터빈의 예측 유지 보수)에 맞는 데이터 요소를 포함하는지를 확인해야 한다. 그림 6.25처럼 기어 박스 오일 레벨, 오일 온도 및 베어링 온도와 같은 속성이 기어 박스의 DTDL 요소에 포함돼 있음을 알 수 있다.

```
30 ▾    {
31          "@type": "Property",
32          "name": "Manufacturer",
33          "schema": "string"
34      },
35 ▾    {
36          "@type": "Telemetry",
37          "name": "GearboxOilLevel",
38          "schema": "double"
39      },
40 ▾    {
41          "@type": "Telemetry",
42          "name": "GearboxOilTemp",
43          "schema": "double"
44      },
45 ▾    {
46          "@type": "Telemetry",
47          "name": "BearingTemp",
48          "schema": "double"
49      },
```

그림 6.25 풍력 터빈 기어 박스에 대한 예시 데이터 요소

그림 6.24는 특정 시간 간격 동안 디지털 트윈의 시각화 애플리케이션을 통해 기어 박스 오일 점도와 같은 속성을 시각적으로 표시하는 기능을 보여준다. 기어 박스 오일 상태 모니터링은 풍력 터빈 업계의 일반적인 관행이므로 디지털 트윈 애플리케이션과 비즈니스 사용자를 위한 의미 있는 매개 변수 사이의 연관성을 확인할 수 있다.

디지털 트윈 애플리케이션은 그림 6.26처럼 **모니터링&진단**[M&D, Monitoring and Diagnostic] 센터에서 특정 시점의 풍력 터빈을 확인할 수 있다. M&D 센터는 일반적으로 제조업체의 서비스 조직에서 보증 또는 서비스 계약이 적용되는 풍력 터빈의 전체 그룹을 유지 보수하는 역할을 한다.

그림 6.26 산업용 M&D/커맨드 센터

NOTE

이미지 출처: https://commons.wikimedia.org/wiki/
파일: Elite_ISI_Command_Center.png

M&D 센터는 일반적으로 그림 6.27처럼 디지털 트윈과 기타 엔터프라이즈 및 서드파티로부터 데이터를 수집한다. 수집된 정보는 분석가가 정보를 쉽게 활용할 수 있는 방식으로 표시된다. M&D 센터는 종종 산업 장비 제조업체에서 운영하며 풍력 발전소 운영자에게 모니터링 서비스를 제공한다.

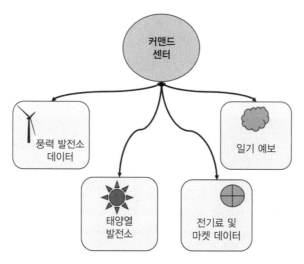

그림 6.27 산업용 M&D/커맨드 센터

디지털 트윈의 기술적 평가를 수행하는 경우 M&D 센터의 시스템 통합을 고려해야 한다. 다른 시스템의 데이터는 세분성 수준이 다를 수 있다. 예를 들어 풍속 및 온도와 같은 일기 예보는 시간 단위일 수 있지만 풍력 터빈의 텔레메트리 데이터는 매초마다 기록될 수 있다. M&D 센터의 데이터 통합은 이런 복잡성을 처리해야 한다.

다음 절에서는 풍력 터빈의 디지털 트윈에 대한 비즈니스 검증 고려 사항을 알아보자.

비즈니스 검증 및 이해

2013년 7월 「Wind Energy」 저널에 실린 논문인 「Monitoring wind turbine gearboxes」에서는 풍력 터빈의 다른 하위 어셈블리보다 기어 박스에서 더 많은 고장이 관찰됐다. 미국 **에너지 정보청**EIA, Energy Information Administration에 따르면 풍력 터빈의 예상 수명은 약 20~25년이다. 기어 박스는 약 20년을 사용할 수 있게 설계됐지만 기어 박스 대부분은 수명이 더 짧다. 또한 풍력 터빈에서 가장 비싼 하위 어셈블리 중 하나다. 기어 박스는 풍력 터빈 비용의 최대 13%까지 차지할 수 있다. 높은 곳에 위치하고 있고 이로 인해 장애 시간이 길어지기 때문에 수리 및 교체 프로세스가 복잡하다. 그림 6.28은 풍력 터빈의 기어 박스를 보여준다. 기어 박스의 오일은 피치 기어, 오픈 기어 및 를 보호한다.

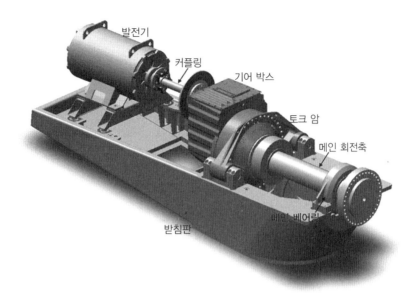

그림 6.28 풍력 터빈 하위 어셈블리

NOTE

이미지 출처: 「Comparison of planetary bearing load-sharing characteristics in wind turbine gearboxes」, Keller, J., Guo, Y., Zhang, Z., and Lucas, D., 학술지 「Wind Energy Science」, Volume 3, 947~960p (2018)

https://doi.org/10.5194/wes-3-947-2018

풍력 터빈 베어링 고장의 일반적인 원인 중 하나는 **백색 에칭 균열**WEC, White Etching Cracks로, 베어링에 높은 힘과 토크가 가해지는 탓에 생긴다. WEC는 풍력 터빈 베어링의 신뢰성 문제를 일으키는 주요 원인 중 하나이며, 표면 하단에 있는 베어링 요소에 구조적 변화를 발생시킨다. 그 결과로 생긴 균열은 결국 베어링 표면까지 확장돼 응력이 가해지면 베어링 고장이 발생한다. 기어 박스 오일 상태를 모니터링해 윤활 상태를 적절하게 유지하면 풍력 터빈 베어링에서 WEC 사고를 줄이는 데 도움이 될 수 있다. 오일 상태는 기어 박스에서 움직이는 부품의 마찰과 마모를 전반적으로 줄이는 데 핵심적인 역할을 한다. 엑슨 모빌^{ExxonMobil}의 보고서에 따르면 2020년 기준 풍력 발전소의 평균 수명은 7년이다. 풍력 터빈에 대한 제조업체의 워런티가 평균 5~10년임을 고려할 때, 현장 유지 보수는 비즈니스 관점에서 매우 시의적절하게 이뤄져야 한다.

일반적으로 기어 박스 오일의 모니터링은 기어 박스 오일의 샘플링을 통해 오프라인 모드로 수행된다. 풍력 터빈에서 수집한 오일 샘플은 분석을 위해 실험실로 보내져서 점도, 철 함유 및 비철 입자 수준과 같은 특성을 조사한다. 풍력 터빈의 디지털 트윈은 텔레메트리를 통해 오일 상태를 온라인으로 모니터링할 수 있다. 센서는 온도를 기록하고 오일 점도를 지속적으로 도출할 수 있다.

비즈니스 검증 단계에서 **SME**는 풍력 터빈 또는 전체 풍력 발전소의 **운영 및 유지 보수**
O&M, Operations and Maintenance 비용에 대한 디지털 트윈의 경제적 영향에 대한 초기 추정치를 검토한다. 또한 시간이 지남에 따라 이런 O&M 예산에 대한 디지털 트윈의 의사 결정을 얼마나 신뢰할 수 있는지를 확인할 것이다.

이번에는 이와 관련된 실질적인 경제적 수치를 확인해보자. 쉘^{Shell}에 따르면, 업계는 전 세계적으로 풍력 발전소 유지 보수에 매년 약 80억 달러를 지출하고 있음을 알 수 있다(https://www.shell.com/business-customers/lubricants-for-business/sector-expertise/power-industry/wind-power/true-cost-of-wind-turbine-maintenance.html 참조). 기어 박스 장애가 발생할 때마다 30만~50만 달러의 비용이 발생한다. 연구에 따르면 풍력 터빈의 기어 박스 오일 교체 비용은 약 8000달러다. 기어 박스는 200~800리터의 오일을 담을 수 있다. 평균적으로 풍력 터빈의 기어 박스 오일 교환은 정기 유지 보수를 기준으로 36개월마다 이뤄진다.

풍력 터빈의 평균 수명 20년 동안 오일 교환 6~7번이 필요하다. 디지털 트윈을 활용한 상태 기반 유지 보수로 풍력 터빈의 사용 가능 수명 동안 오일 교환 횟수를 5~6회 줄이면, 해당 비용에 대해서만 풍력 터빈당 유지 보수 비용을 8000달러까지 줄일 수 있다. 또한 기어 박스 장애로 인한 다운타임을 줄일 수 있다. 상태 모니터링 및 예측 유지 보수 외에도 디지털 트윈은 풍력 터빈 최적화에 기여해 전체 풍력 발전소의 에너지 생성 수준을 향상 시킬 수 있다.

이번 절에서는 풍력 터빈 디지털 트윈의 비즈니스 검증에 대해 살펴봤다.

╳ 요약

이번 장에서는 산업 자산인 풍력 터빈의 디지털 트윈 구축 방법을 살펴봤다. DTDL과 마이크로소프트 애저 디지털 트윈을 통해 디지털 트윈을 구축했다. 개발자가 ADT를 통해 노출된 PaaS 기능을 활용하는 방법도 다뤘다. 또한 비즈니스 페르소나를 위해 ADT를 통해 구축해야 하는 애플리케이션의 필요성을 살펴봤다. 파워 BI 및 XM프로 데이터 스트림 디자이너를 사용해 이런 시나리오를 확인했다. 그 다음 풍력 터빈에 대한 디지털 트윈의 기술 및 비즈니스 검증 사항들을 살펴봤다.

7장에서는 풍력 발전소를 위한 디지털 트윈 배치를 프로덕션 수준에서 검토할 것이다.

╳ 질문

1. ADT를 활용해서 디지털 트윈을 구축을 구축하는 경우 DTDL의 역할은 무엇인가?

2. 디지털 트윈을 구축하기 위해 풍력 터빈의 하위 어셈블리를 살펴봐야 하는 이유는 무엇인가?

3. 풍력 발전소에서 기어 박스의 예측 유지 보수가 중요한 이유는 무엇인가?

4. ADT 자산에서 과거 텔레메트리 데이터를 어떻게 저장할 수 있는가?

5. 풍력 터빈의 디지털 트윈 솔루션에서 예상되는 비즈니스 결과를 어떻게 평가할 수 있는가?

07

배포 및 가치 추적

6장에서 각각 고유한 디지털 트윈을 가진 다양한 풍력 터빈으로 구성된 풍력 발전소 디지털 트윈 개발에 대해 알아봤다. 디지털 트윈 애플리케이션은 마이크로소프트 **ADT** 서비스에서 비주얼 스튜디오 IDE를 사용해 설정했다. 비주얼 스튜디오 IDE 접근 방식은 ADT 서비스에서 고도화된 디지털 트윈 애플리케이션을 구축하고자 하는 프로그래머를 위한 것이다. 또 노코드 디지털 애플리케이션을 생성하고자 하는 **SME**를 위해 노코드 애플리케이션 개발 플랫폼을 활용해서 디지털 트윈 애플리케이션을 구축하는 방법에 대해 살펴봤다. 또한 첫 번째 디지털 트윈에 대한 테스트, 기술 평가 및 비즈니스 검증을 수행했다.

이번 장에서는 운영 환경에서 솔루션 배포 및 확장에 대해 알아볼 것이다. 이를 통해 디지털 트윈을 사용한 초기 테스트에서부터 비즈니스 성과를 제공하는 목표 상태에 이르기까지 체계적인 접근 방식을 제공할 수 있다. **IoT** 및 디지털 트윈 같은 신기술을 사용한 테스트는 전체 라이프 사이클에서 신기술과 관련된 다양한 복잡성으로 인해 제품화되지 않는 경우가 많기 때문에 중요하다. 풍력 발전소 및 풍력 터빈에 대한 예시를 계속 살펴보고 아래와 같이 배포 단계를 수행할 것이다.

- 디지털 트윈 기능 테스트

- 파일럿 출시

- 전체 배포

- 가치 제안 및 추적

이번 장은 6장에서 살펴봤던 기능 요구 사항을 어떻게 처리하는지 알아보는 것으로 시작할 것이다.

디지털 트윈 기능 테스트

기능 테스트는 소프트웨어 애플리케이션 개발과 관련된 표준 관행이며, 디지털 트윈 솔루션 개발 또한 예외가 아니다. 하지만 디지털 트윈의 경우 디지털 트윈 인프라스트럭처와 디지털 트윈 애플리케이션 모두에 대한 기능 테스트를 수행해야 한다.

5장에서 우리는 디지털 트윈 프로토타입 솔루션으로 풍력 발전소와 풍력 터빈 모델과 인스턴스를 생성했다. 모델의 기능과 무결성을 테스트하고 배포 상황을 확인하는 것이 디지털 트윈 기능 테스트의 첫 번째 단계다. 디지털 트윈 인프라스트럭처가 정상적으로 작동하는지 확인한 후에는 6장에서 설정한 실제 디지털 트윈 애플리케이션을 테스트할 수 있다.

이제 테스트 프레임워크를 살펴보자.

디지털 트윈 인프라스트럭처 테스트

풍력 발전소 디지털 트윈 프로토타입은 **ADT PaaS**를 기반으로 설정됐다. 이는 디지털 트윈 인프라용 **통합 PaaS**[iPaaS, integration PaaS]의 예시다. 디지털 트윈 프로토타입 기능 테스트의 첫 번째 단계를 배웠기 때문에 통합 PaaS 예시에 대해 계속 알아볼 것이다.

인프라스트럭처 기능 테스트의 목적은 플랫폼 구성 요소가 적절하게 설정됐는지 확인하는 데 있다. 이 테스트는 실제 애플리케이션 기능 테스트 실패의 잠재적인 원인이 될수 있는 부적절한 플랫폼 설정을 제거한다.

인프라스트럭처 기능 테스트를 수행하기 위해 아래 다이어그램에 표시된 테스트 시퀀스를 제안하고자 한다.

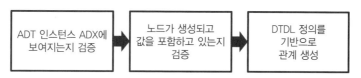

그림 7.1 디지털 트윈 인프라스트럭처 기능 테스트

시퀀스의 첫 번째 단계는 디지털 트윈 설정 및 접근 제어가 마이크로소프트 애저에서 적절하게 설정됐는지 확인하는 것이다. 기능 테스트는 **ADT 익스플로러**ADX, ADT eXplorer를 통해 디지털 트윈에 접근해서 수행한다.

이 테스트의 목적은 좌측 창에 다양한 모델을 표시하고 가운데 창에 그래프를 표시하는 ADX의 풍력 발전소 디지털 트윈 인스턴스에 접근할 수 있음을 보여주는 것이다. 기본 인프라스트럭처 또는 접근 권한에 문제가 있는 경우 디지털 트윈 인스턴스를 성공적으로 표시하지 못한다. 아래 스크린샷은 일반적인 에러 메시지를 보여준다.

그림 7.2 ADX의 접근 권한 에러 메시지

아래 스크린샷은 애저 iPaaS의 모델과 인스턴스를 모두 보여주는 성공적인 테스트 예시다.

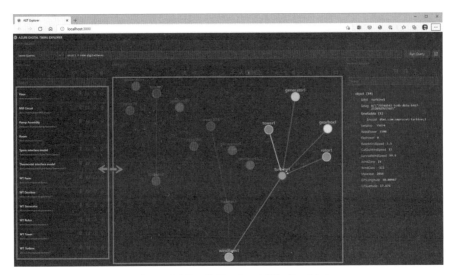

그림 7.3 디지털 트윈 인프라스트럭처 기능 테스트

그림 7.1에 나온 인프라스트럭처 기능 테스트의 두 번째 단계에서는 노드가 적절한 속성 필드 값을 갖고 생성되는지 검증한다. 아래 스크린샷은 성공적인 터빈 노드 및 관련 속성의 예시를 제공한다.

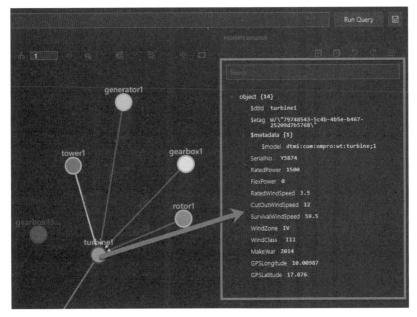

그림 7.4 노드 및 속성값에 대한 기능 테스트

해당 정보가 정확하지 않은 경우 **DTDL** 모델 파일에 인식 불가능한 정보가 포함돼 있거나 부적절하게 설정돼 있을 가능성이 있다. 또한 애플리케이션의 데이터 수집 서비스가 디지털 트윈 인스턴스를 통해 데이터를 전달하지 않고 있음을 나타낼 수도 있다. 이런 경우 6장의 설정 단계를 다시 한 번 점검해 볼 것을 권장한다.

그림 7.1에 나온 인프라 스트럭처 기능 테스트의 마지막 단계는 관계가 적절하게 설정됐는지 확인하는 것이다. ADX는 여러 DTDL 모델에 정의된 다양한 관계를 쉽게 확인할 수 있는 시각적인 그래프 기반 인터페이스를 제공한다. 이런 모델 간의 관계는 디지털 트윈 인스턴스를 성공적으로 배포할 때 매우 중요하며, 인프라스트럭처 기능 테스트의 일부로 디지털 트윈 인스턴스를 테스트해 기본적인 그래프 기능이 적절하게 구현됐는지 확인할 수 있다.

각 관계는 아래 스크린샷처럼 노드를 연결하는 화살표에 이름이 지정된다. 노드 관계를 확인할 수 있다면 iPaaS 서비스가 적절하게 설정됐음을 의미하며, 그림 7.1에 요약된 3가지 인프라스트럭처 기능 테스트를 완료할 수 있다.

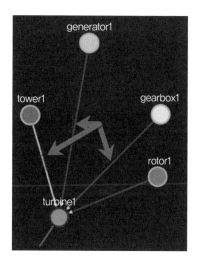

그림 7.5 관계에 대한 기능 테스트

디지털 트윈 모델 및 인스턴스의 인프라스트럭처 구성 요소가 인프라스트럭처 기능 테스트를 통과한 것으로 확인되면 디지털 트윈 애플리케이션의 기능 테스트를 진행할 수 있다.

디지털 트윈 애플리케이션 테스트

풍력 터빈의 디지털 트윈 애플리케이션을 테스트하기 위한 세부 정보를 알아보자.

비주얼 스튜디오에서 개발된 코드화된 솔루션 테스트

디지털 트윈 애플리케이션의 기능 테스트는 특히 애플리케이션이 비주얼 스튜디오와 같은 IDE에서 설계된 코드화된 솔루션인 경우 보다 전통적인 소프트웨어 개발 테스트 접근 방식을 따른다. 기능 테스트 요구 사항은 아래와 같은 디지털 트윈 사용 사례 특성에 따라 결정된다.

- 디지털 트윈 애플리케이션의 중요성

- 보안 및 안전 요구 사항

- 다른 시스템 및 디지털 트윈과의 통합 복잡성

- 디지털 트윈의 자율성 및 제어 자동화 수준

- 데이터 정확성 및 요구 사항

코드화된 디지털 트윈 애플리케이션에 대한 애플리케이션 기능 테스트는 복잡한 시스템 개발을 위한 베스트 프랙티스를 기반으로 한다. 소프트웨어 기능 테스트의 목표는 디지털 트윈의 초기 기능 사양에 대한 애플리케이션을 검증하는 데 있다. 기능 테스트는 디지털 트윈 애플리케이션의 기능 사양에 대해 입력을 제공하고 출력을 확인해 명시된 각 기능에 대한 테스트를 수행한다. 가장 일반적인 기능 테스트의 종류는 아래와 같다.

- **유닛 테스트** : 코드 유닛이 예상대로 수행되는지 확인하기 위해 개발자가 소스 코드의 개별 유닛을 테스트하는 소프트웨어 테스트 방법이다.

- **스모크 테스트** : 소프트웨어 빌드가 추가적인 **QA** 테스트를 수행하기에 충분히 안정적인지 확인하기 위한 초기 또는 예비 테스트다.

- **새너티 테스트** : 신규 모듈이나 코드가 추가되면 전체 기능 테스트를 수행하기 전에 개발 사이클을 수행하는 데 애플리케이션의 안전성이 충분한지를 확인하기 위한 간략한 기능 테스트다.

- **통합 테스트** : 개별 모듈 또는 구성 요소를 결합해 그룹으로 테스트를 수행한다. 통합 테스트는 디지털 트윈의 필수 기능을 제공하기 위해 서로 다른 개별 디지털 트윈의 모듈이 상호 운용돼야 하는 복합 디지털 트윈에 권장되는 테스트다.

- **화이트 박스 테스트** : 테스터가 디지털 트윈 솔루션의 내부 구조 및 코드를 완전히 알고 있는 상황에서 디지털 트윈 애플리케이션에 대한 테스트를 수행하는 방법이다.

- **블랙박스 테스트** : 테스터가 디지털 트윈 솔루션의 내부 구조 또는 코드에 대한 지식이 없는 상황에서 디지털 트윈 애플리케이션에 대한 테스트를 수행하는 방법이다.

- **사용자 인수 테스트**UAT, User Acceptance Testing : 디지털 트윈 애플리케이션의 최종 사용자가 솔루션을 테스트해 애플리케이션 인수 가능 여부를 결정하는 테스트 방법이다.

- **회귀 테스트** : 코드 변경이 기존 기능에 부정적인 영향을 미치지 않는지 확인하는 소프트웨어 테스트 방법이다. 기존 테스트 케이스의 일부 또는 전체 재실행은 문제가 발생한 코드를 식별한다.

위 테스트 종류는 다양한 리소스를 활용할 수 있는 이미 성숙된 소프트웨어 분야이기 때문에 이 책에서는 각각의 테스트 방법을 자세히 설명하지 않는다.

유닛 테스트는 일반적으로 디지털 트윈 애플리케이션의 개발자가 수행하는 테스트다. 6장에서 살펴본 파워 BI로 작성된 솔루션에 대한 유닛 테스트 시나리오는 개발자가 디지털 트윈의 각 기능에 대한 테스트를 수행한다. 6장에서 사용한 예시 솔루션의 기능은 아래 스크린샷과 같다. 다이어그램의 개별 블록은 아래처럼 ADT로 시작해 이벤트 그리드, 마지막으로 파워 BI UI와 같이 코드에 문제가 발생할 가능성이 가장 높은 시나리오를 기반으로 각각 테스트를 수행한다.

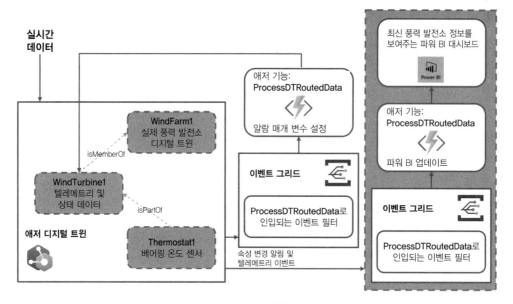

그림 7.6 디지털 트윈에 대한 유닛 테스트

유닛 테스트와는 반대로 블랙박스 테스트는 솔루션의 코드 정보가 없는 상태에서 QA 팀에서 수행된다. 예를 들어 예상치 못한 입력 값과 정상적인 입력 값을 모두 사용해 파워 BI 최종 사용자 인터페이스의 결과를 평가한다.

노코드 환경에서 생성된 디지털 트윈 솔루션은 위와 비슷한 기능 테스트 접근 방식을 따른다. 가장 큰 차이점은 코드 수준에서 유닛 테스트를 수행할 수 없고, 노코드 환경에서 기능 블록을 수행한다는 점이다.

노코드 디지털 트윈 플랫폼 솔루션 테스트

노코드 애플리케이션 개발 플랫폼은 제한된 코딩 스킬을 갖춘 최종 사용자 설정 환경을 제공한다. 노코드 개발 플랫폼은 디지털 트윈 애플리케이션의 비즈니스 요구 사항을 이해하지만 소프트웨어 개발 역량이 없는 SME들을 대상으로 한다.

노코드 환경에서 디지털 트윈 애플리케이션의 유닛 테스트는 파이썬의 장애 예측 모델 같은 외부 모델 등의 스크립트 또는 모델로 제한된다. 노코드 애플리케이션 개발 플랫폼은 일반적으로 앞서 언급한 파이썬 예측 모델과 같은 외부 모델을 포함하거나 호출하기 위한 프로비저닝을 제공한다. 유닛 테스트는 모델 또는 스크립트에 적용할 수 있지만 핵심 디지털 트윈 애플리케이션에는 적용할 수 없다.

디지털 트윈 애플리케이션의 기능 테스트는 통합 테스트 및 블랙박스 테스트로 제한되는 경우가 많다. 아래 스크린샷은 6장 XM프로에서 생성한 풍력 터빈 디지털 트윈에 대한 통합 및 블랙박스 테스트를 보여준다.

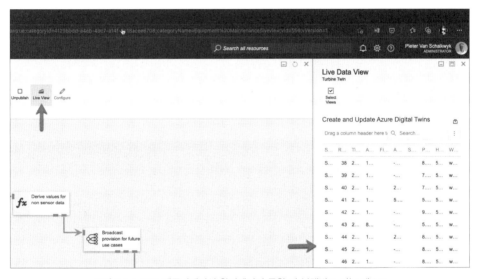

그림 7.7 노코드 애플리케이션 환경에서의 통합 및 블랙박스 기능 테스트

상단 메뉴의 **Live view** 탭은 데이터 스트림이 게시될 때 데이터 흐름의 마지막 블록에 있는 데이터 값을 표시하는 창을 애플리케이션 우측에 보여준다. 이 창은 통합된 출처에서 인입되는 데이터와 그 과정에서 발생하는 모든 데이터 조작에 대한 단순하고 기능적인 테스트 정보를 제공한다. 이 정보는 블랙박스 기능 테스트에 적합하다. 해당 데이터가 포함된 창을 확장해 아래 스크린샷처럼 값을 명확하게 표시할 수 있다.

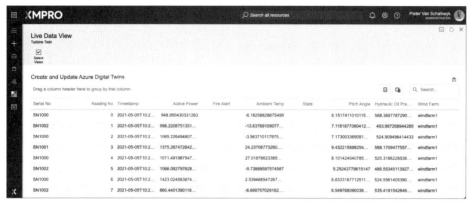

그림 7.8 확장된 Live View 데이터

UAT는 데스크톱 브라우저, 모바일 장치 및 **AR/VR** 하드웨어 같은 다양한 인프라스트럭처에서 솔루션 로직 및 성능의 유효한 결과를 확인해 디지털 트윈 애플리케이션과의 사용자 상호 작용을 테스트할 수 있는 기회를 제공한다. 아래 스크린샷은 데스크톱 브라우저 및 모바일 브라우저에 대한 UAT 예시다.

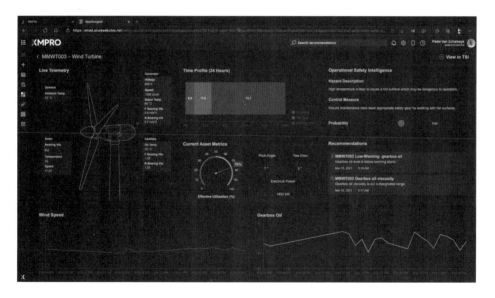

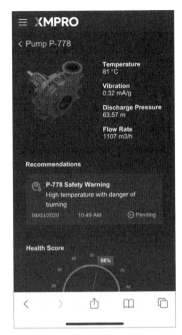

그림 7.9 데스크톱 및 모바일 브라우저의 UAT

이번 절에서 디지털 트윈 프로토타입의 기능 테스트를 위한 일반적인 접근 방식에 대해 알아봤다. 디지털 트윈 프로토타입에 대해 수행하는 특정 테스트는 솔루션을 생성하기 위해 수행한 코드 또는 노코드 접근 방식에 따라 달라진다.

인프라스트럭처 및 애플리케이션 기능 테스트가 모두 완료되면 디지털 트윈 프로토타입의 파일럿 출시 준비를 마친 것이다.

⁙ 파일럿 출시

디지털 트윈 프로젝트는 프로토타이핑, 파일럿(시범 테스트), 본격적인 배포를 통해 개념을 증명하는 보편적인 절차를 따른다. 각 단계는 성공적인 디지털 트윈 솔루션을 생성하는 과정에서 특정 목적을 달성한다.

아래 스크린샷은 개념 증명에서 전체 배포까지의 발전 과정과 해당 과정에 따라 범위가 확장되는 방식을 보여준다.

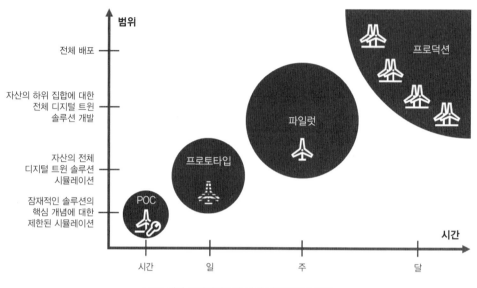

7.10 개념 증명에서부터 전체 배포까지의 변화

초기 **개념 증명**POC, Proof-Of-Concept 단계의 목표는 특정 기술 또는 설계 구성 요소의 실행 가능성을 입증하는 것이다. POC 단계는 프로덕션 시스템을 개발할 때 이런 개념을 사용하는 것이 적합한지 확인하고 특정 솔루션이 프로토타이핑 단계로 이동할 수 있는지를 결정하는 의사 결정 지점 또는 관문 역할을 한다. 풍력 터빈의 경우 POC를 통해 센서에서 수집한 데이터가 예측 유지 보수를 위한 **ML** 모델을 생성하기에 충분한지 확인할 수 있다.

6장에서는 여러 풍력 터빈을 포함하는 풍력 발전소의 디지털 트윈 프로토타입 설정을 다뤘다. 프로토타입은 시뮬레이션 데이터를 사용해 핵심적인 기능을 입증하는 일반적인 솔루션의 포괄적인 모델이다. 이는 여러 POC 요소들을 디지털 트윈 설정에 통합한다.

프로토타입을 성공적으로 생성하고 테스트한 후에는 디지털 트윈 애플리케이션의 파일럿 구현 단계로 나아갈 수 있다. 파일럿 구축rollout의 범위는 풍력 발전소, 설비 또는 디지털 트윈 애플리케이션을 생성하기 위한 물리적 자산과 같은 파일럿 환경의 가용성에 따라 결정된다.

파일럿 구현 범위

대규모 풍력 발전소 환경에서는 하나의 풍력 발전소를 파일럿으로 사용할 수도 있고, 다른 경우에는 단일 터빈으로 제한할 수도 있다. 또한 초기 문제 기술서는 파일럿 구현을 위한 요구 사항을 생성한다. 단일 터빈에서 예상되는 장애를 평가하는 경우 파일럿을 위한 단일 풍력 터빈 인스턴스가 필요하다. 풍력 발전소의 풍력 터빈 그룹의 발전을 최적화하려면 파일럿 구축을 위해 풍력 발전소에 접근해야 한다.

파일럿 범위를 결정하는 또 다른 요소는 디지털 트윈에 대한 관점이다. 3장에서 디지털 트윈 사용자의 다양한 관점 및 개별 사용 사례가 어떻게 다른지 살펴봤다. 첫 번째 디지털 트윈의 프로토타입 구현을 위해 우리가 선택한 관점은 유지 보수 서비스가 포함된 **OEM**의 관점이다.

파일럿 범위에 대한 합의를 도출하는 것이 파일럿 성공 측면에서 핵심적인 부분이다. 이 합의는 내부 및 외부 이해관계자 모두가 참여해야 하며 아래 범위를 포함해야 한다.

- **지리** : 파일럿이 수행될 특정 지리적 영역은 어디인가?

- **조직** : 파일럿에 참여할 비즈니스 부서 또는 영역은 어디인가?

- **솔루션** : 솔루션 범위는 4장의 린 디지털 트윈 캔버스에 문서화된 솔루션 요구 사항과 일치해야 한다.

- **통합** : 어떤 시스템과의 통합이 필요한가?

- **IT** : 퍼블릭 클라우드 서비스 및 기타 라이선스 소프트웨어 같은 디지털 트윈 파일럿 배포에 필요한 IT 및 인프라스트럭처는 무엇인가?

- **교육 및 문서화** : 파일럿 단계에서 제공되는 교육 및 문서는 무엇인가?

- **변경 리더십** : 변경 관리에 대한 책임은 무엇인가?

아래 다이어그램은 각 차원의 범위에 포함되거나 포함되지 않는 항목을 명확하게 보여주는 간단한 시각적 접근 방식을 제공한다.

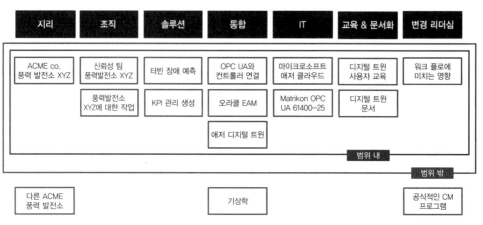

그림 7.11 풍력 발전소 솔루션에 대한 파일럿 구축 범위 다이어그램 예시

지리적 범위는 녹색 사각형 안에 있는 **ACME Co.**의 이 예시에서 풍력 발전소 **XYZ**로 제한된다. 그림 7.11은 또한 ACME Co. 기업이 운영하는 다른 풍력 발전소를 적색 또는 **범위 밖**이라고 쓰여 있는사각형 외부에 배치해 해당 범위에서 제외된 것을 보여준다.

다른 모든 범위 차원은 **지리적** 범위 예시와 유사한 접근 방식을 사용해 쉽게 식별할 수 있다. 시각적 프리젠테이션은 각 요소를 설명하기 위해 불필요한 문서를 작성하지 않고 범위에 대한 명확한 경계를 제공한다. 시각적 프리젠테이션은 프로젝트 스폰서에게 정보를 효과적으로 제공하고 책임 영역과 조직 리소스에 미치는 영향을 명확하게 설명할 수 있다.

파일럿 구축의 범위가 결정되면, 파일럿의 성공 기준을 설정하는 것도 중요하다. 사전에 평가 지표와 **주요 성과 지표**^KPI, Key Performance Indicator를 확정하면 파일럿이 진행되는 동안 파일럿의 성공 기준에 대한 일관성을 유지할 수 있다. 또한 프로젝트 스폰서와 이런 성공 기준에 대한 협의를 도출하고 프로젝트의 모든 이해관계자에게 명확하고 이해하기 쉬운 용어를 사용해서 설명하는 것도 중요하다.

파일럿 단계의 성공 기준

파일럿 구축의 성공 기준을 아래 다이어그램에 표시된 3가지의 간단한 범주로 구분하는 방법이 있다.

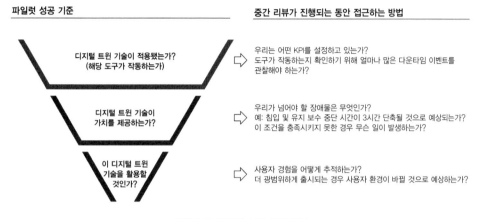

그림 7.12 파일럿 성공 기준 생성

첫 번째 성공 측정 지표는 기술과 도구가 예상대로 작동하는지 확인하는 것이다. 풍력 발전소 예시에서는 디지털 트윈이 평가 과정에서 제공하는 예측 실패, 예외 이벤트 및 알람 개수를 측정할 수 있다. 기술과 애플리케이션이 정상적으로 작동하고 있다고 판단되는 경우 다음 의사 결정 관문 및 성공 측정 지표로 이동할 수 있다.

솔루션의 가치 측정은 4장에서 정의한 예상 비즈니스 성과와 관련돼 있다.

성공 측정 지표는 파일럿 단계가 완료되고 실제 환경에 솔루션이 배포될 때 예상 ROI를 나타낼 수 있기 때문에 중요한 파일럿 단계다. 첫 관문 테스트는 기술적인 부분을 테스트하는 것이지만, 솔루션 가치에 대한 질문은 프로젝트 스폰서가 솔루션의 전체 구축을 승인하는 중요한 고려 사항이다.

최종적으로 고려해야 할 성공 측정 지표는 변경 관리 및 조직에서 애플리케이션을 활용하는 것이다. 솔루션은 기술적으로 실행 가능하고 비즈니스 가치를 제공할 수 있지만 사용자는 기존의 업무 방식을 변경하려는 동기나 의지가 없을 수 있다. 사용자가 시스템에 접근하거나 디지털 트윈에서 생성된 알람 및 작업에 응답하는 빈도를 모니터링하면 애플리케이션 사용에 대한 정량화된 메트릭을 제공한다. 해당 성공 측정 지표에는 디지털 트윈 프로토타입 및 통합 지점을 포함하는 지속적인 디지털 트윈 설정에 유지보수에 대한 코드 개발도 포함돼야 한다.

파일럿 구축을 시작할 때 이런 성공 기준을 설정하면 파일럿을 진행하는 동안 솔루션의 성공 여부를 쉽게 결정할 수 있다. 또한 파일럿을 시작할 때 기대치가 설정되고 파일럿이 진행됨에 따라 변경되지 않기 때문에 이해관계자의 정서적 영향력을 제거할 수 있다.

타임라인 및 파일럿 솔루션 단계

파일럿 구축의 타임라인과 단계는 디지털 트윈 프로토타입의 범위와 복잡성에 따라 달라진다. 우리는 디지털 트윈의 파일럿 평가를 위한 3단계 계획을 활용할 것이다. **1단계**는 솔루션 개발 사이클에 초점을 맞추고 **2단계**는 프로토타입 평가에 초점을 맞추며 **3단계**는 파일럿 구축의 결과와 피드백을 문서화할 것이다. 아래 스크린샷은 각 단계에 대한 일반적인 주별 기간과 함께 3개의 제안 단계를 보여준다. 각 단계의 기간은 프로젝트 및 환경에 따라 변경될 수 있다.

그림 7.13 파일럿 구축 단계

아래 표는 **1단계**의 각 스프린트 사이클에서 수행해야 하는 작업에 대한 몇몇 지침을 제공한다.

1단계 설계, 구축 및 확장				
	프로젝트 관리	IT, 통합 및 데이터	교육 및 CM	운영 관련 기능

스프린트 1:
설계
	설명
	• 유닛/자산에 대한 로직 설계
	  – 자산 레벨에서 디지털 트윈 시각화(이산 트윈)
	  – 데이터 스트림 로직
	• 여러 유닛/자산에 대한 로직 확장 방법 설계
	  – 포트폴리오 레벨에서 디지털 트윈 시각화(복합 트윈)
	  – 데이터 스트림 로직
	• 베이스라인 구축
	• 소프트웨어 배포			

	산출물			
	• 테스트 계획 • 사양 설계 • 승인	• 통합 계획 • 데이터 매핑 • 타깃 아키텍처		• UI 프로토타입 • 데이터 스트림 • 베이스라인 구축

스프린트 2:
구축 및 확장
	설명
	• 이산 트윈 구축
	  – 데이터 스트림 설정
	  – 디지털 트윈 시각화 설정
	  – 테스트 계획 확인
	• 복합 트윈 구축
	  – 데이터 스트림 설정
	  – 디지털 트윈 시각화 설정
	  – 테스트 계획 확인			

	산출물			
	• 승인	• 테스트 결과	• 주요 결과물에 대한 개요	• 데이터 스트림 • 앱 페이지

스프린트 3:
배포
	설명
	• 배포
	  – IT 거버넌스
	  – 사용자 교육
	  – 사후 지원
	  – 평가 수행			

	산출물			
	• 승인 • 피드백 평가 시작	• IT 거버넌스 승인	• 사용자에게 제공 되는 자료	• 실행 중인 프로덕션 시스템

그림 7.14 1단계 스프린트: 설계, 구축 그리고 확장

애자일 접근 방식과 **스프린트** 사이클에 대해서는 3장에서 설명했다. 이 방식은 디지털 트윈 프로젝트의 프로토타입 단계에 가장 적합하다.

그림 7.14는 범용 작업을 나타내며 특정 프로젝트 상황에 맞게 조정해야 한다. 이 작업들은 각 스프린트 사이클이 진행되는 동안 개별 사이클과 관련된 특정 산출물을 제공한다.

IT, 통합 및 데이터 산출물은 **1단계**의 **스프린트 1**에서 통합 계획 및 타깃 아키텍처가 포함된다. **2단계**에서도 아래 표처럼 1단계와 동일한 방식을 사용해 이해관계자와의 소통을 도와줄 수 있는 산출물의 간결한 범위 및 설명을 제공한다.

2단계 파일럿 기간 평가(90일)			
프로젝트 관리	IT, 통합 & 데이터	교육 & CM	운영 관련 기능
설명			

• KPI 성공 기준 모니터링
• 정의된 베이스라인 모니터링
• 평가 및 수정:
  – 데이터 스트림
  – 통합
  – 데이터 품질 모니터링
• 디지털 트윈 시각화와 관련된 사용자 경험 평가 및 수정
• 최적화를 위한 권장 사항(설정값 최적화)
• 공식적인 지식/기술 이전			

산출물			
• 프로젝트 오너 및 프로젝트 관리자가 승인한 KPI • 베이스라인에 대한 개선 사항 정량화		• 사용자 교육	• 운영 최적화 권장 사항

그림 7.15 2단계: 파일럿 평가

다음으로 아래 다이어그램처럼 최적화 및 구현 단계를 다루는 **3단계** 산출물을 살펴보자.

3단계 최적화 & 구현
설명
• 프로젝트 회고 • 추가 역량에 대한 솔루션의 기능 확장 범위 조사 • 솔루션을 다른 장소에 배포하기 위한 조사

그림 7.16 3단계: 최적화 및 구현

범위 다이어그램, 성공 기준 및 각 파일럿 단계의 산출물을 조합해 기대치를 설정하고 파일럿 구현을 관리하면 파일럿의 성공 가능성을 높일 수 있다.

파일럿 단계의 주요 목표는 성공 기준에 따라 솔루션을 평가하고 전체 배포에 영향을 미칠 수 있는 위험 영역을 식별하는 것이다. 파일럿 단계는 다음 단계로 이동하기 위한 고/노고go/no go 게이트 역할을 수행한다. 프로젝트 스폰서를 포함한 모든 이해관계자에게 파일럿 구현의 성공 또는 실패를 입증하는 것은 필수적이다. 파일럿 결과가 성공 기준을 충족하는 경우 다음 단계는 본격적인 배포를 시작하기 전에 개선 사항을 반영한 파일럿 구현을 평가하는 것이다.

파일럿 결과 발표

프로젝트 스폰서는 파일럿 결과에 대한 간결하고 명확한 프리젠테이션을 높이 평가하며 이 결과를 각 메트릭에 대한 지원 슬라이드와 함께 단일 프리젠테이션 슬라이드로 제시할 것을 권장한다. 아래 그림은 성공 기준을 정의하기 위해 설명한 초기 구조를 기반으로 하는 프레젠테이션 슬라이드다.

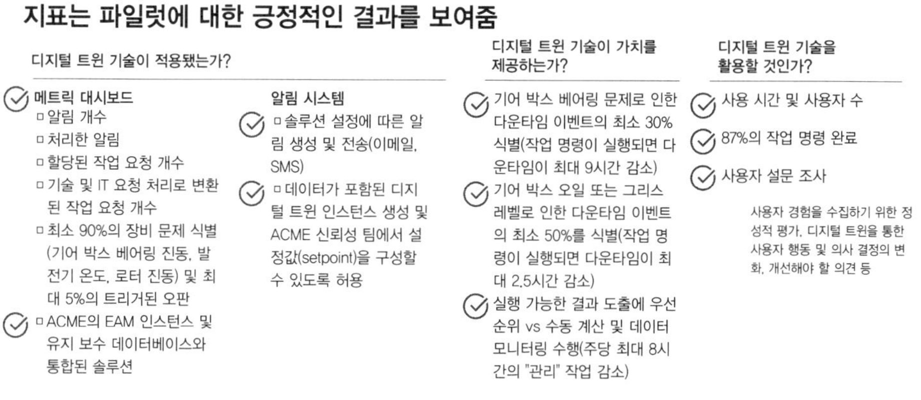

지표는 파일럿에 대한 긍정적인 결과를 보여줌

디지털 트윈 기술이 적용됐는가?

✓ **메트릭 대시보드**
  □ 알림 개수
  □ 처리한 알림
  □ 할당된 작업 요청 개수
  □ 기술 및 IT 요청 처리로 변환된 작업 요청 개수
  □ 최소 90%의 장비 문제 식별(기어 박스 베어링 진동, 발전기 온도, 로터 진동) 및 최대 5%의 트리거된 오판

✓ □ ACME의 EAM 인스턴스 및 유지 보수 데이터베이스와 통합된 솔루션

알림 시스템

✓ □ 솔루션 설정에 따른 알림 생성 및 전송(이메일, SMS)

✓ □ 데이터가 포함된 디지털 트윈 인스턴스 생성 및 ACME 신뢰성 팀에서 설정값(setpoint)을 구성할 수 있도록 허용

디지털 트윈 기술이 가치를 제공하는가?

✓ 기어 박스 베어링 문제로 인한 다운타임 이벤트의 최소 30% 식별(작업 명령이 실행되면 다운타임이 최대 9시간 감소)

✓ 기어 박스 오일 또는 그리스 레벨로 인한 다운타임 이벤트의 최소 50%를 식별(작업 명령이 실행되면 다운타임이 최대 2.5시간 감소)

✓ 실행 가능한 결과 도출에 우선순위 vs 수동 계산 및 데이터 모니터링 수행(주당 최대 8시간의 "관리" 작업 감소)

디지털 트윈 기술을 활용할 것인가?

✓ 사용 시간 및 사용자 수

✓ 87%의 작업 명령 완료

✓ 사용자 설문 조사

사용자 경험을 수집하기 위한 정성적 평가. 디지털 트윈을 통한 사용자 행동 및 의사 결정의 변화, 개선해야 할 의견 등

그림 7.17 파일럿 결과 발표

또한 프로젝트 스폰서에게 경제적 비즈니스 사례를 지원하는 몇 가지 주요 운영 지표에 대한 증거를 제공하기를 권한다. 예를 들어 그림 7.18은 파일럿 구축을 시작할 때의 성능 지표를 보여주고 그림 7.19는 파일럿 단계를 종료할 때의 영향을 보여준다.

아래 그림은 유지 보수 담당자의 비즈니스 프로세스가 디지털 트윈 인텔리전스를 수용하도록 아직 변경되지 않았기 때문에 유지 보수 팀에서 예상된 장애에 대응하지 않았음을 보여준다.

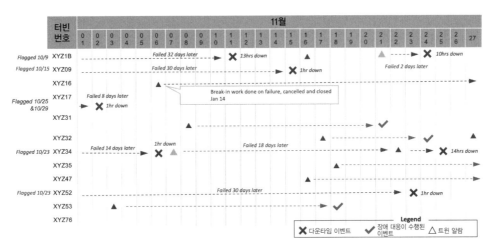

그림 7.18 파일럿 착수 당시의 KPI 성능

아래 그림은 거의 모든 작업이 사전에 예약돼 계획되지 않은 장애를 90% 이상 제거하는 예측 장애에 대한 대응 개선을 보여준다.

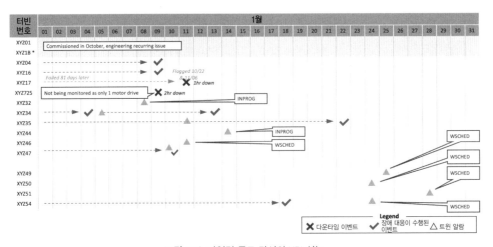

그림 7.19 파일럿 종료 당시의 KPI 성능

경험에 따르면 파일럿 전후 스냅샷은 디지털 트윈 프로젝트를 파일럿에서 본격적인 배포에 단계까지 지원하기로 결정해야 하는 바쁜 경영진에게 효과적으로 정보를 전달한다.

이 책의 범위는 첫 번째 디지털 트윈 프로토타입 개발에 초점을 맞추고 있으며, 이 솔루션을 파일럿 단계에서 테스트하는 것이 디지털 트윈 솔루션의 실제 가치를 입증하는 최초의 중요한 증명 지점이다. 이런 이유로 파일럿 구축 수행 중에 취해야 할 프로세스 및 단계를 자세히 다뤘다.

파일럿 구현에서 기술이 정상적으로 작동하고 가치를 제공하며, 비즈니스 사용자가 해당 솔루션을 활용하고 대규모 운영을 위한 지원을 확보할 수 있음을 입증하면 그림 7.10의 다음 단계는 디지털 트윈 솔루션을 본격적으로 구축하는 것이다.

::: 전체 배포

프로토타입 개발과 디지털 트윈 솔루션의 파일럿 설치를 모두 완료했고, 이제 본격적인 배포로 이동할 준비가 됐다.

우리는 종종 프로덕션으로 배포되지 않는 파일럿을 일컬어 파일럿 연옥pilot purgatory이라는 말을 사용한다. 2017년 **IoT세계포럼**IoTWF, IoT World Forum은 IoT 이니셔티브의 60%가 POC 및 파일럿 단계에서 중단된다고 보고했다(http://bit.ly/idt-IoTWF).

놀라운 통계처럼 들릴 수 있지만 실제로는 그림 7.10의 단계적 개발 접근 방식이 대규모로 성공하지 못할 가능성이 있는 프로젝트를 걸러내는 역할을 한다는 것을 알 수 있다. 즉, 이런 프로젝트는 적용된 기술, 비즈니스 가치 또는 사용자 승인 기준을 충족하지 않음을 의미한다. 개인 및 조직의 평판에 악영향을 미치는 프로젝트 실패보다는 재정 및 비즈니스 영향이 제한적인 초기 단계에서 프로젝트가 실패하는 것이 낫다.

하지만 다음 단계는 모든 관문을 통과한 프로젝트에 대한 신규 프로젝트 범위 전반에 걸친 본격적인 구축이다. 전체 프로젝트의 범위는 그림 7.11의 모든 범위 요소를 포함하며 디지털 트윈 솔루션을 대규모로 배포하기 위한 전체 범위가 속한다. 파일럿 범위를 포함되지 않는 것으로 표시된 항목 대부분은 전체 규모 구축 범위에 포함된다.

이 신규 범위는 또 풍력 발전소 예시에 있는 시나리오처럼 여러 위치에 있는 다양한 자산에 디지털 트윈 솔루션을 배포하기 위한 최상의 접근 방식을 정의한다.

이제 구현 접근 방식을 자세히 알아볼 것이다.

전체적인 구현 접근 방식

대규모 분산 소프트웨어 프로젝트는 일반적으로 2가지 유형의 확장 배포 방식 중 하나를 사용한다. 이런 방식은 복잡한 **ERP** 솔루션을 배포하기 위해 많이 사용됐지만 대규모 소프트웨어 기반 솔루션 배포 경험을 바탕으로 구축된 훌륭한 지침을 제공한다. 아래는 일반적으로 사용되는 2가지 접근 방식이다.

- 빅뱅big-bang 접근 방식
- 단계적 접근 방식

이제 이들 방식의 세부 사항들을 살펴보자.

빅뱅 접근 방식

빅뱅 접근 방식은 디지털 트윈 솔루션의 모든 기능이 전체적으로 모든 자산에 배포되는 시나리오를 다룬다. 이 방식은 모든 디지털 트윈 인스턴스가 동시에 활성화된다는 것을 의미하며, 아래와 같은 조건에서 효과적이다.

- 기술적인 문제 없이 파일럿 구현을 통과한 기본적인 디지털 트윈 기능
- 제한된 지리적 범위
- 제한된 수의 설치

광범위하게 통합된 복잡한 디지털 트윈은 빅뱅 접근 방식에 적합하지 않다. 지리적 범위는 서로 다른 장소의 근접성으로 제한돼야 한다. 예를 들어 카운티^{county} 또는 주^{state}에 제한적으로 풍력 발전소를 보유한 소규모 회사는 단일 구현 사이클을 활용할 수 있다. 또한 디지털 트윈의 구현 현장이 2개 또는 3개 이상인 프로젝트에 대해서는 대규모 접근 방식을 권장하지 않는다.

빅뱅 접근 방식은 단계적 접근 방식보다 더 높은 리스크를 가진다. 그럼에도 불구하고 중요한 이점 중 하나는 조직이 디지털 트윈을 통해 더 빠른 비즈니스 가치와 결과를 누릴 수 있다는 것이다.

빅뱅 방식 또는 단계적 구현 방식 중 하나를 선택할 때 마지막으로 고려해야 할 사항은 해당 접근 방식이 조직에 미치는 영향이다. 빅뱅 접근 방식은 일반적으로 비즈니스 사용자가 디지털 트윈 구현의 결과로 비즈니스 프로세스를 변경하고 디지털 트윈 시스템에 사용해야 하는 리소스 가용성 및 시간에 더 큰 영향을 미친다.

빅뱅 접근 방식은 소규모, 제한된 범위의 프로젝트에 적합할 수 있지만 조직에 미치는 위험과 영향을 줄이기 위해 단계적인 구축을 통해 본격적인 디지털 트윈 프로젝트를 구축하는 방법을 권장한다.

단계적 접근 방식

단계적 구현 방식은 그 이름에서 알 수 있듯이 단계적인 접근 방법을 사용한다. 범위 요소를 기반으로, 모든 기능을 개별 현장에 구축할지 또는 다양한 사용 사례를 기반으로 하위 단계로 분할할지 결정한다.

솔루션의 복잡성에 따라 현장 기반 단계적 접근 방식으로 전체 디지털 트윈 솔루션에 대한 구현 여부가 결정된다. 단계적 접근 방식의 장점 중 하나는 아래와 같은 다양한 시나리오 또는 변수를 기반으로 마일스톤을 설정할 수 있다는 것이다.

- 디지털 트윈 사용 사례

- 사업 부문 또는 설비/공장/현장

- 지리적 위치

이 접근 방식의 유일한 주요 단점은 일반적으로 빅뱅 접근 방식보다 훨씬 오래 걸린다는 것이다. 즉, 디지털 트윈 프로젝트의 비즈니스 영향력을 실현하기 위한 시간이 필요하다.

하지만 해당 접근 방식의 가장 중요한 장점 중 하나는 높은 사용성과 도입률이다. 직원들은 특히 현장뿐만 아니라 디지털 트윈 사용 사례에 따라 단계적 접근 방식을 수행할 때 점진적으로 역량을 구축할 수 있다.

아래 스크린샷은 광산 현장 및 사용 사례별로 디지털 트윈 프로젝트 구현을 단계적으로 수행한 글로벌 광산 회사의 예시를 보여준다. 광산 회사는 특정 상품과 관련된 6개의 광산 현장을 운영하고 있으며, 실현 가능성과 복제 가능성을 기준으로 광산 현장의 순위를 책정했다.

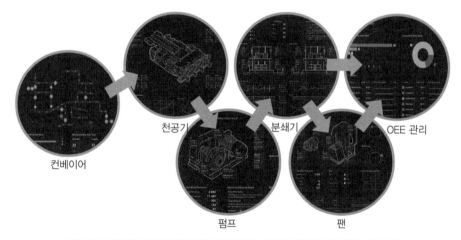

그림 7.20 지리 및 디지털 트윈 사용 사례에 따른 단계적 접근(이미지 제공: XM프로)

파일럿 프로젝트는 지하 컨베이어에만 적용됐으며, 해당 현장에서 얻은 경험은 6개 광산 현장에서 다양한 디지털 트윈 사용 사례에 전제적인 구축을 계획하는 데 활용됐다.

다른 광산 현장에서 이와 유사한 단계적 접근 방식으로 컨베이어 디지털 트윈 구현을 수행하는 동안 초기 파일럿 현장은 천공기, 펌프, 분쇄기, 팬 및 기타 디지털 트윈 사용 사례별로 진행됐다. 모든 광산 현장이 초기 파일럿 현장과 동일한 인프라스트럭처, 센서 및 시스템을 갖고 있는 것은 아니다. 다른 광산 현장의 구체적인 단계별 구축 계획에는 초기 파일럿 광산 현장에 포함되지 않은 추가적인 인프라스트럭처 구성 요소가 범위에 포함될 수 있다. 이는 단계적 접근 방식의 중요한 측면을 나타낸다. 대규모 배포의 기술적 환경은 항상 다르기 때문에 단계적 구축 계획은 실행 가능성에 따라 사용자 정의가 필요하다.

아래 스크린샷은 프로젝트 후원자 및 경영진에게 전략을 설명하기 위해 사용할 수 있는 접근 방식에 대한 간략한 단일 슬라이드 프리젠테이션을 보여준다.

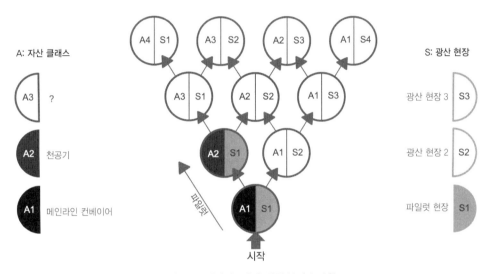

그림 7. 21 단계적 구축을 위한 볼링장 계획

슬라이드의 서클은 현장, 공장 또는 지역별로 특정 자산 클래스 또는 사용 사례를 나타낸다. 위의 광산 예시에서 **A1**은 컨베이어를 나타내고 **S1**은 초기 파일럿 현장을 나타낸다. 파일럿이 성공적으로 완료되면, 초기 현장에서 천공기를 위한 다음 디지털 트윈 사용 사례를 배포한다. 그림 7.21 좌측에 표시된 화살표처럼 추가적인 디지털 트윈 사용 사례에 대한 단계적인 구축을 수행한다.

S2로 표시된 광산 현장 2는 컨베이어의 단계적 구축으로 시작하며, 그림 7.21의 우측에 있는 화살표는 단계적 접근 방식을 통해 모든 광산 현장에 컨베이어 디지털 구축을 보여준다.

아래 스크린샷에 표시된 것처럼 사용 사례 및 광산 현장에 대한 일정을 쉽게 단계적으로 수행할 수 있다. 이는 간단한 예시지만 사용 사례 및 구현 또는 설치 현장별로 단계적인 접근 방식을 수행할 수 있음을 보여준다.

디지털 트윈 사용 사례	1개월	2개월	3개월	4개월	5개월	6개월
컨베이어	광산 1	광산 2	광산 3	광산 4	광산 5	광산 6
천공기		광산 1	광산 2	광산 3	광산 4	광산 5
펌프			광산 1	광산 2	광산 3	광산 4
분쇄기				광산 1	광산 2	광산 3
팬					광산 1	광산 2
OEE						광산 1

그림 7.22 광산 현장별 단계적인 구축 일정

이런 접근 방식이 디지털 트윈 솔루션을 구현하는 데 사용할 수 있는 유일한 단계별 구현 접근 방식은 아니다. 하지만 이 방식이 대규모의 복잡한 디지털 트윈 프로젝트에 대한 효율적인 접근 방식이라는 것을 알게 되었다. 예를 들어 또 다른 접근 방식은 다른 광산 현장에 솔루션을 구현하기 전에 특정 광산 현장에서 모든 디지털 트윈 사용 사례를 적용해 보는 것이다. 조직 리소스, 비즈니스 사례 및 사용자의 솔루션 도입은 디지털 트윈 프로젝트에 가장 적합한 접근 방식에 영향을 미친다.

단계적 접근 방식은 리스크가 낮지만 비즈니스 가치를 실현하기 위한 시간이 오래 걸린다. 이 방식은 일반적으로 조직에 미치는 영향은 적지만 장기간에 걸친 일정은 솔루션 구현에 장애물이 될 수 있다. 이런 장단점을 고려해 디지털 트윈 프로젝트 구현에 가장 적합한 방법을 채택하면 된다.

이제 구축에 대해 알아보자.

풍력 발전소 디지털 트윈 구축

6장에서 풍력 터빈에 대한 풍력 발전소 프로토타입을 ADT에 생성했다. 이 프로토타입은 기본적인 풍력 터빈 자산 구조이며 DTDL 정의 파일에는 모든 잠재적 속성의 하위 집합이 포함돼 있다.

풍력 발전소 디지털 트윈의 본격적인 프로덕션 배치를 위해서는 에너지 그리드 자산 관리, 전력 시스템 운영 모델링 및 물리적 에너지 상품 시장에 대한 글로벌 표준인 **공통 정보 모형**CIM, Common Information Model을 적용한 에너지 그리드(http://bit.ly/idt-energyontology)에 대한 DTDL 온톨로지 검토를 권장한다(http://bit.ly/idt-cim). 풍력 발전소 모니터링 및 제어를 위한 통신(http://bit.ly/idt-iec61400) 관련 내용을 담고 있는 국제 표준 IEC 61400-25는 풍력 발전소 및 풍력 터빈의 정보 교환을 위한 표준화된 데이터 모델을 제공한다.

표준은 풍력 터빈과 풍력 발전소 관리에 사용될 수 있는 풍력 터빈, 제어기 및 기상학에 대한 다수의 논리 정보 노드를 규정한다. 이 표준의 2장은 풍력 터빈 및 자산 정보 모델을 설명하고 6장은 풍력 발전소에 대한 상태 모니터링 정보 모델을 정의한다.

아래 다이어그램은 IEC 61400-25에서 설명한 정보 모델의 논리 노드를 보여준다. 여기에는 풍력 터빈 및 제어기 장치의 구성 요소, 알람 정보 및 기상 데이터가 포함된다.

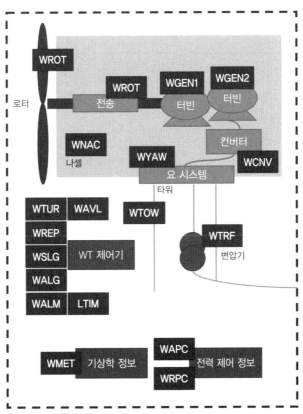

IEC 61400-25-2에서 채택한 다이어그램: 풍력 발전소 모니터링 및 제어를 위한 통신 – 정보 모델

그림 7.23 IEC 614100-25 정보 모델 로직 노드(이미지 출처: https://bit.ly/idt-iec61400model)

전송(WTRM) 논리 노드는 아래 표처럼 데이터 모델을 규정한다.

WTRM 클래스			
데이터 개체 이름	공통 데이터	설명	M/O
		LN은 풍력 발전소 공통 논리 번호에서 모든 필수 데이터 상속	M
데이터			
공통 정보			
상태 정보			
BrkOpSt	STV	제동축 상태	O
LuSt	STV	기어 박스 윤활 시스템 상태	O
FilSt	STV	여과 시스템 상태	O
ClSt	STV	전송 쿨링 시스템 상태	O
HtSt	STV	난방 시스템 상태	O
OilLevSt	STV	기어 박스 기름통의 오일 레벨 상태	O
OfFilSt	STV	오프라인 필터 오염 상태	O
InlFilSt	STV	인라인 필터 오염 상태	O
측정 및 계량값			
ShftBrgTmp	MV	축 베어링의 측정된 온도	O
GbxOilTmp	MV	기어 박스 오일의 측정된 온도	O
ShftBrkTmp	MV	제동축의 측정된 온도(표면)	O
GbxVbr	MV	측정된 기어 박스 진동	O
GsLev	MV	메인 축 베어링의 윤활을 위한 오일 레벨	O
GbxOilLev	MV	기어 박스 기름통의 오일 레벨	O
GbxOilPres	MV	기어 오일 압력	O
BrkHyPres	MV	제동축 수압	O
OfFil	MV	오프라인 필터 오염	O
InlFil	MV	인라인 필터 오염	O

그림 7.24 IEC 614100-25 WTRM 논리적 노드 정보 모델

그림 7.24는 표준화된 클래스 이름(WTRM)을 제공하며 위 예시에서 아래와 같은 3가지 유형의 데이터를 정의한다.

- **공통 정보**

- **상태 정보**

- **측정 및 계량값**

각 논리 노드에 대한 필수 및 선택적 정보를 정의하고 전체 데이터 모델에 대한 클래스 관계를 설명한다.

모델 및 후속 **데이터 정의 언어**DDL, Data Definition Language 모델은 초기 디지털 트윈 설정에서 사용한 예시보다 더 발전된 형태다. 이 책에서는 IEC 61400-25를 준수하는 풍력 터빈 디지털 트윈이 아닌 디지털 트윈 설정의 기술적인 측면에 초점을 맞춘다. 그러나 프로덕션 시스템의 경우, 마이크로 그리드와 배전망의 상호 운용성을 보장하기 위해 표준 기반 접근 방식을 권장한다.

여기서는 POC 개념, 프로토타입, 파일럿 구현 및 전체적인 구축 지침을 시작으로 그림 7.10에 표시된 구축 프로세스의 전체적인 개발 과정을 알아봤다. 구축 프로세스의 마지막 단계는 별개의 단계가 아니라 개념에서 운영 시스템으로 진행되는 디지털 트윈 솔루션의 가치를 추적하는 것이다.

우리는 4장에서 문제 기술서와 결과를 정의했다. 이런 초기 작업을 루프를 완료하는 것은 프로젝트 팀이 향후 유지 보수 및 운영을 위해 지원 조직에 전달하기 전에 수행해야 하는 최종 작업이다.

⸬ 가치 제안 및 추적

1장에서는 아래 기능을 기반으로 디지털 트윈의 가치 제안을 설명했다.

- 복잡성을 줄여 이해도를 향상시킨다. 이는 a) 개선된 상황 인식과 b) 개선된 비즈니스 결과로 이어질 수 있다. 개선된 비즈니스 결과는 1) 매출 증가 2) 비용 절감 3) 고객 및 직원 경험 개선 4) 규정 준수 및 위험 감소에 반영된다.

- 혁신적 가치로 a) 디지털 변환을 통한 비즈니스 전환과 b) 신제품 또는 개선된 제품으로 이어질 수 있다.

- 위험에 처한 가치로 a) 산업에 대한 가치와 b) 사회에 대한 가치로 볼 수 있다. 산업에 대한 가치는 가치 이전 또는 가치 확장이 될 수 있다. 사회에 대한 가치는 향상된 기술 또는 안전한 작업 환경과 같은 경제적, 사회적 이익 마지막으로 환경적 이익이 될 수 있다.

이런 모든 가치 지표의 핵심 요소는 4장에서 나온 린 디지털 트윈 캔버스에 포함돼 프로젝트 팀, 경영진 스폰서 및 기타 이해관계자에게 제시됐다. 각 디지털 프로젝트 단계에서 이런 지표와 값을 추적하는 것이 중요하다. 추적 활동은 개발 및 운영 라이프 사이클 전체에서 다른 모든 활동과 병렬로 실행되는 **연속 모니터링**CM, Continuous Monitoring 프로세스다.

프로젝트 스폰서들은 재정적 ROI에 관심이 많지만, 지속 가능성에 대한 인식과 법제화가 증가함에 따라 **환경·사회·거버넌스**ESG, Environmental, Social, and Governance KPI에 대한 관심이 증가하고 있다. 조직의 고위 임원들은 지속 가능성 목표에 대해 공개적으로 언급하고 있으며, 이런 목표 달성을 위한 지속적인 추적과 예측은 임원들에게 매우 중요한 부분이다.

운영에 대한 지속적인 통찰력을 제공하고 가치 지표를 수동으로 추적해야 하는 지속적인 노력을 줄일 수 있는, 실시간 자체 검증 디지털 트윈인 디지털 트윈의 기능 및 보고에 가치 추적 지표를 구축하는 것을 권장한다. 디지털 트윈은 가치를 제공할 뿐만 아니라 디지털 트윈의 가치를 지속적으로 정량화할 수 있는 중요한 기회를 준다.

요약

이번 장에서는 운영 환경에서 솔루션의 구축 및 확장에 대해 다뤘다. 디지털 트윈 프로토타입을 실제로 작동하는 디지털 트윈 솔루션으로 전환하는 4가지 주요 측면을 배웠다.

프로토타입을 프로덕션 시스템으로 전환하는 첫 번째 핵심 측면은 디지털 트윈 솔루션의 기능 테스트를 수행하는 것이다. 테스트 프로세스는 디지털 트윈 솔루션이 프로토타입이 생성될 때 요구 사항에 명시된 기능을 수행하는지 확인한다. 이번 장에서 디지털 트윈의 전체적인 배포를 테스트하는 방법을 설명하기 위해 유닛 테스트 및 블랙박스 테스트 같은 다양한 기능 테스트 프로세스를 다뤘다.

프로토타입을 프로덕션 시스템으로 전환하는 두 번째 측면으로 파일럿 구현을 생성하는 프로세스도 알아봤다. 이를 통해 실제 애플리케이션에서 기능과 가치를 입증하는 동시에 프로젝트의 위험을 줄일 수 있다.

프로토타입을 프로덕션 시스템으로 전환하는 세 번째 측면은 파일럿 단계의 학습을 기반으로 구축되는 전체 규모의 배포를 계획하고 실행하는 것이다. 빅뱅 접근과 단계적 접근의 장단점을 평가하고 우리가 선호하는 방식으로 파일럿을 확장시키는 단계적 접근을 위한 볼링장 모델을 제시했다.

마지막으로 솔루션에서 제공하고자 하는 기능과 가치를 기반으로 성공을 평가했고 1장에서 처음 다뤘던 잠재적 가치 모델을 통해 값을 추적하기 위한 프로세스를 알아봤다.

다음 장에서는 디지털 트윈의 생태계를 강화하고 시스템의 디지털 트윈 접근 방식을 설명하며 이런 복합 트윈 계획에 대한 지침을 제공하는 것에 대해 자세히 알아볼 것이다.

⫶ 질문

1. 디지털 트윈 프로젝트를 위해 고려해야 할 여러 가지 기능 테스트 방법은 무엇인가?

2. 디지털 트윈 프로젝트에 포함할 범위 요소는 무엇인가?

3. 디지털 트윈 파일럿 프로젝트의 성공 기준은 무엇이며 프로젝트 이해관계자에게 어떻게 기준을 제시할 것인가?

4. 프로젝트를 초기 파일럿 수준 이상으로 확장하려면 어떤 접근 방식이 필요한가?

5. 파일럿 수준 이상의 사용 사례를 만들기 위해 디지털 트윈 프로토타입의 가치를 어떻게 추적하고 제시할 것인가?

3부

디지털 트윈 개선

이 책의 마지막 부분에서는 디지털 트윈을 개선하고 트윈 복제를 계획하는 방법과 향후 개선 사항을 알아볼 것이다.

3부는 아래와 같이 구성된다.

- 8장 디지털 트윈 개선

08

디지털 트윈 개선

7장에서 기능 테스트의 수행 방법을 논의한 다음 디지털 트윈을 위한 파일럿 배포 및 출시에 대해 알아봤다. 풍력 터빈의 **KPI**와 디지털 트윈의 전반적인 가치를 추적하는 방법을 살펴봤다. 디지털 트윈의 성공적인 파일럿 배포는 종종 타깃 비즈니스 목표를 달성하기 위한 대규모 출시로 이어진다.

이번 장에서는 파일럿 단계 이후 디지털 트윈을 개선시키는 방법을 알아볼 것이다. 경제적 성과를 창출하기 위해 다양한 조직의 관점을 고려할 것이다. 8장은 아래와 같은 주제를 다룰 것이다.

- 디지털 트윈의 복제 정의
- 전체 시스템에서 첫 번째 디지털 트윈 평가
- 관련 디지털 트윈 식별
- 복합 트윈 계획
- 개선 사항 및 다음 단계

디지털 "트윈의 복제twin of twins" 개념부터 알아보자.

:: 디지털 트윈의 복제 정의

복합 트윈, 디지털 트윈의 복제 그리고 통합 시스템system of systems이라는 용어가 자주 사용된다. 이 개념을 이해하기 위해 에너지 생태계를 예로 들어보자. 에너지 생태계에서 아래와 같은 계층 구조를 볼 수 있다.

- 그림 8.1은 a) 발전 b) 송전 c) 분배 d) 소비로 구성되는 에너지 가치 사슬을 보여 준다. 그리드는 하나 이상의 발전원을 가질 수 있다.

- 에너지 생성은 크게 a) 화석 연료 또는 재생 불가능한 자원과 b) 재생 가능한 자원으로 나눌 수 있다.

- 재생 가능한 자원에는 a) 풍력 b) 태양열 c) 수력 자원이 있다.

- 풍력 발전소는 a) 육상(육지) 또는 b) 해상(수상)에 위치할 수 있다.

- 각 풍력 발전소는 여러 터빈으로 구성되는 경우가 많다.

- 각 풍력 터빈에는 여러 하위 시스템 또는 하위 어셈블리 및 구성 요소가 포함된다.

그림 8.1 발전, 송전 및 분배를 포함하는 에너지 가치 사슬

NOTE

이미지 출처: https://www.flickr.com/photos/121935927@N06/13580677703

풍력 터빈 내 하위 시스템의 일반적인 예시는 로터 시스템, 기어 박스, 블레이드, 나셀, 터빈, 유압 장치, 브레이크 및 요 시스템이다. 이 부분은 6장에서 다뤘다. 풍력 터빈의 전반적인 신뢰성과 업타임은 하위 시스템의 신뢰성과 가동 시간에 따라 달라진다.

더 자세한 내용은 아래 링크를 참조하면 된다.

https://www.researchgate.net/publication/271973476_Reliability_Analysis_of_Sub_Assemblies_for_Wind_Turbine_at_High_Uncertain_Wind

이런 생태계의 계층적 관점을 기반으로 그림 8.2처럼 디지털 트윈의 복제를 개략적인 수준으로 시각화할 수 있다.

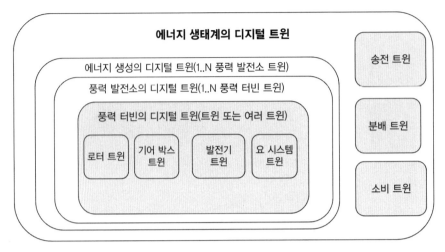

그림 8.2 에너지 생태계에 대한 디지털 트윈의 복제 개념

앞서 풍력 터빈의 디지털 트윈에 대해서 살펴봤지만, 대규모 풍력 터빈의 디지털 트윈 배포를 수행하려면 그림 8.2와 같이 디지털 트윈의 복제 개념을 이해하는 것이 중요하다. 풍력 발전소를 재생 에너지 수단 중 하나로 활용하는 에너지 유틸리티 기업의 관점에서 에너지 생태계를 살펴보면 해당 기업들은 여러 다른 형태의 발전generation 계획도 찾을 것이다. 태양열 발전소 및 가스-터빈 발전소 같은 형태의 발전에도 관련 디지털 트윈의 복제가 있을 수 있다. 따라서 문제 기술서를 통합 시스템으로 보는 것이 중요하다. 이론적으로 재귀적인 관계처럼 보일 수 있지만 서로 다른 장비의 엔지니어링 제조업체는 다양한 디지털 트윈 시스템을 생성할 수 있다. 이런 상황은 복합 솔루션에서 디지털 트윈의 상호 운용성 문제가 발생할 수 있다.

표준의 역할

트윈의 상호 운용성을 보다 용이하게 하기 위해 표준을 도입하고자 하는 시도가 발생하고 있다. 7장의 그림 7.23은 풍력 발전소 관점에서 정보 교환을 위한 표준 데이터 모델을 설명하는 IEC 61400-25를 보여준다.

또 다른 기구로는 JTC 1 산하 분과 위원회인 SC 41이 있다. JTC 1은 **ISO**와 **국제전기기술위원회**IEC, International Electrotechnical Commission로 구성된 공동 조직이다. SC 41은 **IoT** 및 디지털 트윈 관련 표준을 연구한다. 더 자세한 내용은 아래 링크를 참조하면 된다.

https://www.iso.org/committee/6483279.html

https://www.iec.ch/blog/moving-ahead-standardization-digital-twin

그림 8.3은 SC41의 연구 범위를 보여준다.

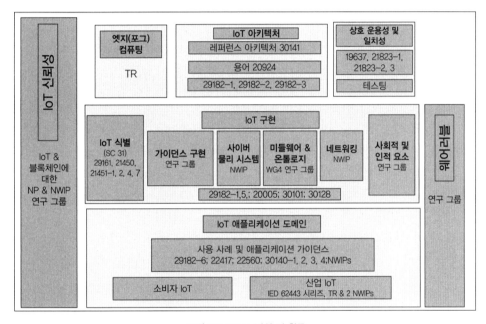

그림 8.3 SC 41 범위 및 활동

NOTE

원본에서 재생성된 이미지: https://www.itu.int/en/ITU-T/Workshops-and-Seminars/20180604/Documents/Francois_Coallier_P_V2.pdf

SC 41 그룹의 활동 범위와 관련해 IoT를 디지털 트윈 같은 기술을 포함하는 보다 넓은 의미로 이해해야 한다.

SC 41 그룹의 표준 관련 작업에는 다음과 같은 것들이 포함된다.

- ISO/IEC 21823-2는 IoT 시스템의 통신을 위한 프레임워크 및 요구 사항을 설명한다. IoT 시스템 간 통신 및 IoT 시스템 내 통신을 포함한다.

- ISO/IEC TR 30164는 IoT 시스템 애플리케이션용 엣지 컴퓨팅의 일반적인 개념을 설명한다. 풍력 터빈을 컴퓨팅하는 시나리오는 IoT 시스템의 엣지 컴퓨팅으로 간주될 수 있다.

- ISO/IEC TR 30166은 시스템 및 환경을 다룬다. **IIoT**의 기능 및 비기능적 측면을 다룬다. 더 자세한 정보는 다음 링크(https://www.iso.org/news/ref2529.html)를 참조하면 된다.

IoT 및 디지털 트윈 관련 표준은 지속적으로 발전하고 있다. 디지털 트윈 이니셔티브의 담당자는 디지털 트윈 참조 아키텍처 관련 PWI JTC1-SC41-5 프로젝트처럼 지속적으로 개발되고 있는 표준에 대한 관심을 가져줄 것을 권장한다. 담당자는 계획에 해당 표준을 통합해 다른 시스템과의 상호 운용성을 확보할 수 있다. 관련 문서는 다음 링크(https://www.iec.ch/dyn/www/f?p=103:23:0::::FSP_ORG_ID:20486)에서 확인할 수 있다.

미국 표준기술연구소NIST, National Institute of Standards and Technology 또한 디지털 트윈 기술 및 새로운 표준과 관련된 NISTIR 8356에 대한 작업을 수행하고 있다. 더 자세한 내용은 다음 링크(https://csrc.nist.gov/News/2021/draft-nistir-8356-digital-twin-technology)에서 확인할 수 있다. 이 문서는 디지털 트윈의 "신뢰 고려 사항trust considerations"에서 디지털 트윈 복제에 적용되는 통합 시스템을 설명한다. 디지털 트윈이 서로 다른 물리적 객체의 트윈으로 구성되는 경우, 핵심 트윈에서 발생된 데이터의 오류와 손상은 디지털 트윈 복제에 전파되고 악영향을 미칠 수 있다. 따라서 이 문서의 핵심은 "트윈에 사전 조건과 사후 조건을 포함시켜서 특정 트윈의 출력이 다른 트윈의 입력으로 사용될 수 있는지 여부를 결정할 것을 제안한다."는 것이다.

디지털 트윈에 대한 새로운 표준 및 지침을 다룬 이번 절은 디지털 트윈 복제 시스템에 대한 고려 사항 및 베스트 프랙티스를 제공한다. 디지털 트윈 솔루션 담당자들은 솔루션을 안정적이고 상호 운용 가능하게 하기 위해 새로운 표준과 지침에 대해 지속적으로 관심을 가져야 한다.

다음 절에서 디지털 트윈 복제에 대한 비전 설정 방법을 알아볼 것이다.

비전 설정

앞에서 디지털 트윈 복제에 대해 알아봤다. 그림 8.4는 첫 번째 디지털 트윈인 풍력 터빈 디지털 트윈이 통합 시스템에 어떻게 적용되는지를 보여준다. 이 다이어그램은 디지털 트윈을 통한 에너지 부문의 효율성과 디지털 수익원을 창출하는 전체적인 과정을 보여준다.

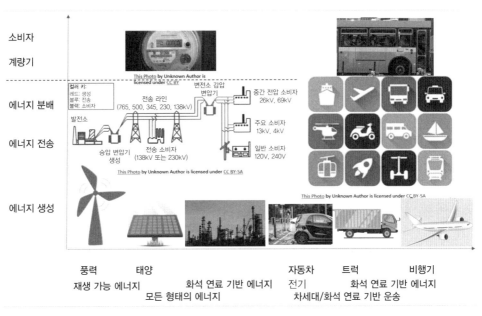

그림 8.4 산업계 전반에 대한 디지털 트윈 비전 설정

풍력 터빈 디지털 트윈은 아래와 같은 시나리오의 모델링에 활용할 수 있다.

- 허리케인이나 토네이도처럼 풍속이 평상시보다 강할 경우 풍력 터빈에 미치는 영향

- 일정 시간 동안 풍속이 시속 25~30마일인 경우 에너지 생성에 미치는 영향

- 장시간 풍속이 시속 5마일 미만일 경우 에너지 생성에 미치는 영향

디지털 트윈의 유용성에 관한 이런 시나리오는 풍력 터빈과 풍력 발전소를 에너지 발전 그리드 관점에서 설정할 수 있도록 도와준다. 그림 8.1에서 더 넓은 맥락을 보여주는 전체 전기 가치 사슬을 살펴봤다. 그림 8.4는 유틸리티 회사가 재생 가능한 에너지원과 재생 불가능한 에너지원 모두를 포함한 다양한 에너지 생성 모드를 가진 디지털 트윈 향후 출시를 계획할 수 있는 방법을 자세히 보여준다. 또한 송배전망의 디지털 트윈을 확인할 수 있다. 이는 디지털 트윈의 시스템을 확인하는 가장 좋은 방법이다.

DTDL 온톨로지는 그림 8.8처럼 표준화된 방식으로 디지털 트윈 애플리케이션을 구축하기 위해 활용된다.

에너지 생성, 운송, 항공 등 다양한 산업 부문에서 운영되는 산업 제조 회사는 운송 및 항공 부문의 디지털 트윈을 추가로 살펴볼 수 있다. 이러한 산업 대기업에는 GE, 허니웰, 지멘스 등이 있다.

이제 디지털 트윈의 더 넓은 맥락을 통합 시스템으로 설정했으니, 풍력 터빈의 첫 번째 디지털 트윈 평가에 대해 알아보자.

⁙ 전체 시스템에서 첫 번째 디지털 트윈 평가

7장에서 풍력 터빈의 디지털 트윈 기능 테스트를 살펴봤다. 여기에는 디지털 트윈 인프라스트럭처 테스트와 디지털 트윈 애플리케이션 테스트가 포함돼 있다. 이런 테스트는 디지털 트윈의 파일럿 출시에 앞서 수행된다. 그림 7.12에서는 디지털 트윈 파일럿의 성공 기준을 보여줬다. 그림 7.17부터 그림 7.19까지는 이런 맥락에서 KPI를 도출하고 제시하는 방법을 나타냈다. 마지막으로 2가지 출시 방식을 논의했다.

- 빅뱅 접근 방식
- 단계적 접근 방식

빅뱅 접근 방식은 **ERP** 소프트웨어 출시와 같이 이해관계자가 기술과 기능을 잘 이해하는 성숙한 기술에 적합하다. 신규 기술에 대한 빅뱅 접근 방식은 기술, 도입 및 경제적 관점에서 더 많은 위험을 가중시킨다. 여기에서는 전체 시스템에서 첫 번째 디지털 트윈을 평가할 목적으로 단계별 접근 방식에 알아볼 것이다.

하이레벨의 관점에서 전체 시스템이 어떻게 동작하는지 살펴보자. 그림 8.5는 풍력 발전소에 대한 디지털 트윈 솔루션의 단계적 접근 방식을 보여준다.

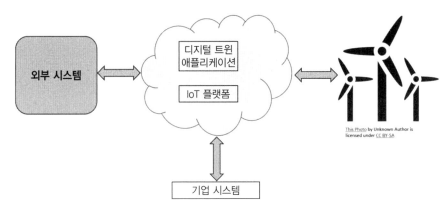

그림 8.5 전반적인 디지털 트윈 출시 단계

단계적 접근 방식에서 디지털 트윈은 단일 풍력 발전소에 있는 풍력 터빈의 1/3에 적용된다. 이런 방식으로 디지털 트윈의 성능과 결과를 동일한 풍력 발전소의 다른 풍력 터빈과 비교해 평가할 수 있다. 이는 적절한 기준선을 제공하며 일반적으로 동일한 풍력 발전소의 유사한 풍력 터빈 연식과 모델을 사용한다. 해당 풍력 터빈은 모두 비슷한 풍속 및 기온에 노출된다.

다음으로 디지털 트윈 솔루션 출시를 위해 단계별 접근 방식을 권장하는 이유를 알아보자.

단계적 접근 방식을 사용해야 하는 이유

그림 8.6을 사용해 단계별 접근 방식을 사용해야 하는 이유에 대해 알아보자.

더 자세한 정보는 다음 링크(https://blogs.gartner.com/tuong-nguyen/2020/12/07/gartner-launches-emerging-technologies-radar-2021/)를 참고하라.

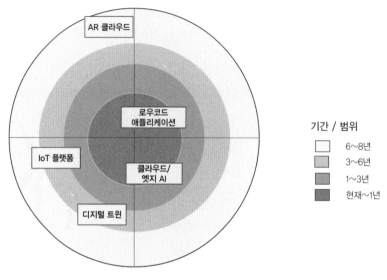

그림 8.6 최신 기술 및 동향에 대한 영향 레이더

위 그림에 따르면 디지털 트윈, IoT 플랫폼 등의 기술은 약 3~6년 안에 완전히 발달할 것이다. 반면 로우코드 애플리케이션 개발은 상당히 발달돼 있다. 로우코드 애플리케이션 개발만 사용하는 빅뱅 접근 방식의 경우 위험이 훨씬 낮고 이에 대한 이해도가 높다는 것을 의미한다. 반면 IoT 플랫폼과 디지털 트윈 기술을 사용하는 빅뱅 접근 방식은 이해도가 낮으며 훨씬 더 높은 수준의 위험을 수반한다. 따라서 디지털 트윈과 관련된 전사적 솔루션의 경우 단계적 접근 방식을 사용하는 것을 권장한다. 이런 계획을 기반으로, 조직의 성숙도에 따라 솔루션을 조성해 나갈 수 있다.

다음 절에서 디지털 트윈 솔루션의 장점을 자세히 살펴보자.

장점의 정량화

풍력 발전소의 디지털 트윈 솔루션에 대한 단계적 접근 방식의 이점을 정량적으로 평가하기 위해, 풍력 발전소에 업계 평균에 가까운 150개의 풍력 터빈이 있다고 가정한다. 풍력 터빈당 평균 발전량은 1메가와트, O&M 비용은 연간 평균 약 4만 5000달러로 가정한다. 디지털 트윈의 단계적 접근 방식은 풍력 터빈 50개에 대한 것이기 때문에 ROI 모델에서 1/3 또는 50개의 터빈에 대한 비용을 비교할 것이다. 표 8.1에서 해당 내용을 보여준다.

디지털 솔루션 배포를 통한 장점들에 대해 알아보자. 1메가와트짜리 풍력 터빈은 35% 용량에서 약 6만 1300달러 상당의 전기를 생산하고 50% 용량에서는 8만 7600달러 상당의 전기를 생산한다. 더 자세한 정보는 다음 링크(http://anemoiservices.com/industry-news/how-much-money-does-a-wind-turbine-produce-from-electricity-it-generates/)에서 확인할 수 있다.

우리는 운영 효율성을 위한 디지털 트윈 배포를 통해 풍력 터빈당 연간 약 1만 2000달러의 전기 증가를 목표로 삼을 것이다. 재생 에너지의 경우 발전 비용에 따라 연료비가 변동되지 않는다. 풍력 터빈을 보다 효율적으로 운영하고 다운타임을 줄이면 에너지 생산을 증가시킬 수 있다. 연간 3000달러 상당의 예측 유지 보수 비용을 절감할 수 있으며, 이는 풍력 터빈 1기당 연간 1만 5000달러의 순이익에 해당한다.

	아이템	기준 비용	트윈 비용	이익	ROI
1	현재 O&M 시스템 비용	연간 50 x 4만 5000달러	연간 50 x 5000달러	1만 5000달러	연간 50 x 1만 달러
2	디지털 트윈/클라우드 컴퓨팅으로 인해 발생하는 간접 비용	0	연간 5만 달러		−5만 달러
3	인건비	0	5만 달러/연간		−5만 달러
				순이익〉	40만 달러/연

표 8.1 디지털 트윈의 단계적 출시에 대한 장점 정량화

우리는 고정 비용 대신 가변 비용을 사용했다. 1메가와트 풍력 터빈을 건설하는 데 드는 비용은 150만 달러 정도지만, 이는 종종 브라운필드 프로젝트라고 불리는 기존 풍력 발전 단지와 관련된 매몰 비용에 해당된다. 앞서 여러 애저 서비스를 포함해서 애저 디지털 트윈 서비스와 같은 클라우드 컴퓨팅을 주요 활성화 서비스로 사용할 것을 제안했으며, ROI 계산에서 자본 비용보다 구독 모델 비용을 확인할 수 있다. 또한 풍력 터빈당 연간 통합 비용, 기업 소프트웨어, 인건비 등의 간접비를 추정했다. 이런 추정은 디지털 트윈 적용 범위에 대해 다른 단계적 출시 시나리오(풍력 발전소의 25% 또는 풍력 발전소의 50%)에서 모델을 단순하고 재사용 가능하도록 한다.

디지털 트윈 도입 후 비즈니스 이점을 식별해야 하는 만큼 어떤 종류의 실제 메트릭을 측정해야 할지, 어떤 영향을 미칠 수 있는지에 대해 더 자세히 살펴보자. GE 리뉴어블스^{GE Renewables} 기사에서는 가장 강력한 해상 풍력 터빈 중 하나인 할리아드^{Haliad} 150-6MW 풍력 터빈의 관점에서 이를 논의했다. 풍력 터빈의 요 모터 온도는 성능 향상의 핵심적인 역할을 한다. 요 모터는 풍력 터빈의 요 시스템을 통해 수평 방향을 제어한다. 요 시스템을 포함한 풍력 터빈 단면에 대한 자세한 내용은 다음 링크(https://www.windpower engineering.com/wp-content/uploads/2016/04/Haliade_cutaway.png)에서 확인할 수 있다.

요 시스템은 전력 생산을 극대화하기 위해 로터가 풍향을 향하도록 유지하는데 이는 풍향이 자주 바뀌기 때문에 중요하다. 이는 ROI 모델에서 디지털 트윈 시스템 배포가 에너지 생성을 늘리고 효율성을 35%에서 더 높은 수준으로 높이는 데 도움이 될 것이라고 가정하고 증가된 에너지 생성의 경제적 영향을 측정할 수 있기 때문에 매우 중요하다.

디지털 트윈을 통한 온도 모니터링을 통해 최대 전력 생산을 수행하고 부품의 수명을 단축시키는 높은 작동 온도에 대한 리스트를 감수할지 또는 전력 생산량을 소폭 감소시킬지 결정할 수 있는 애플리케이션을 개발할 수 있다. 이 작업은 요 모터를 통해 풍향에 따라 터빈을 정렬함으로써 수행된다. 전체적으로 풍력 터빈의 고장 위험 없이 발전량을 증가시킬 수 있다. 이를 통해 안전 구역에서 풍력 터빈을 작동해 자산의 작동 효율을 높이고 유지 보수 비용을 절감할 수 있다. 이는 표 8.1의 ROI 계산에서 2개의 주요 가정에 해당된다. 더 자세한 내용은 다음 링크(https://www.ge.com/news/reports/french-connection-digital-twins-paris-will-protect-wind-turbines-battering-north-atlantic-gales)에서 확인할 수 있다.

앞서 풍력 터빈의 디지털 트윈이 제공하는 비즈니스 결과를 살펴봤다. 풍력 터빈용 디지털 트윈의 기술력이 입증되면서 **미국 에너지부**^{DOE, Department of Energy} 같은 미국 정부의 투자가 이뤄지고 있다. DOE의 **선진프로젝트국-에너지 부문**^{ARPA-E, Advanced Research Project Agency-Energy}은 2019년 9월 컨소시엄에 연구 보조금^{DIGIFLOAT} 360만 달러를 지원했다. DIGIFLOAT의 목표는 부유식 또는 해상 풍력 터빈을 위한 디지털 트윈 기술을 혁신하는 것이다. **부유식 해상 풍력 터빈**^{FOWT, Floating Offshore Wind Turbines}은 육상 풍력 터빈과 달리 바다와 해양에 설치된 풍력 터빈이다. 더 자세한 내용은 다음 링크(https://www.principlepowerinc. com/en/news-press/press-archive/2019/09/26/principle-power-led-consortium-awarded-36-million-for-digifloat-an- innovative-digital-twin-project-for-floating-wind-applications)에서 확인할 수 있다.

다음 절에서 관련 디지털 트윈의 식별에 대해 알아볼 것이다.

관련 디지털 트윈 식별

그림 8.1에서 에너지 생태계를 살펴봤다. 전력 시스템의 주요 부분은 아래와 같다.

- 전력 생산 – 재생 가능 및 재생 가능하지 않은 리소스

- 전력 송전

- 전력 분배

- 주거 및 상업 소비자의 전력 소비

이 시스템은 풍력 터빈용 초기 디지털 트윈 솔루션을 구축한 후 전력 가치 사슬을 이해하고 미래의 디지털 트윈을 식별하는 데 도움이 된다.

에너지 그리드의 **DTDL** 온톨로지를 나타내는 그림 8.7을 살펴보자. 이 그림에서 온톨로지는 에너지 가치 사슬 개념과 카테고리 집합을 설명한다. 또한 에너지 그리드의 주요 구성 요소 간 특성 및 관계를 시각화할 수 있다.

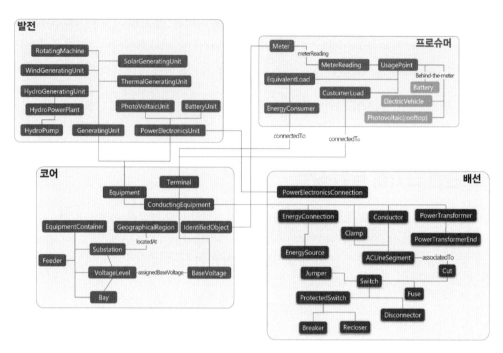

그림 8.7 에너지 그리드의 디지털 트윈 온톨로지

NOTE

이미지 출처: https://github.com/Azure/opendigitaltwins-energygrid

이 책은 에너지 생태계의 발전 부분에 속하는 풍력 터빈의 디지털 트윈에 초점을 맞추고 있다. 결과적으로 재생 가능한 발전원의 관련 디지털 트윈은 아래와 같다.

- 해상 풍력 발전소의 디지털 트윈

- 태양열 발전소의 디지털 트윈

- 수력 발전소의 디지털 트윈

재생 가능한 에너지원에 대한 관심이 높아지는 것을 고려해 이와 관련된 디지털 트윈을 더 자세히 살펴볼 것을 권장한다. 유틸리티 기업의 관점에서 살펴보자. 에너지 생성을 극대화하고 최대 수요를 충족하려면 모든 발전 자산에서 안정적으로 발전을 최적화해야 한다. 우리는 유틸리티 기업이 재생 가능한 에너지원과 재생 불가능한 에너지원을 사용한다고 가정한다. 여기서는 재생 가능한 에너지원에 중점을 둘 것이다. 유틸리티 기업이 풍력, 태양열, 수력 발전소를 보유하고 있다고 가정한다. 이 가정은 비현실적인 시나리오가 아니다. 미국의 대형 유틸리티 기업 중 하나인 엑셀론은 "천연가스, 수력, 풍력 및 태양열이 포함된 균형 잡힌 발전 포트폴리오"를 보유하고 있다. 더 자세한 내용은 다음 링크(https://www.exeloncorp.com/companies/exelon-generation)에서 확인할 수 있다.

2020년 여름 캘리포니아 북부는 폭염에 따른 전력 부족을 겪었다. 그 원인 중 하나는 일부 발전소가 용량 이하로 운영되고 있었기 때문이다. 더 자세한 내용은 다음 링크(https://www.nytimes.com/2020/08/20/business/energy-environment/california-blackout-electric-grid.html)에서 확인할 수 있다.

풍력, 태양열, 수력과 같은 발전소에 디지털 트윈을 배포하면 이런 자산이 적절하게 유지 보수되고 $100°F/38°C$가 넘는 캘리포니아 북부의 무더운 여름날 전력 수요가 높은 날에 에너지를 최고 수준으로 공급할 수 있다. 일부 지역에서는 $110°F/43°C$를 초과할 수도 있다. 기존 발전 자산의 효율성을 개선할 수 있는 방법은 디지털 트윈 솔루션을 효과적으로 활용하는 것이다.

이전 절에서 풍력 터빈의 첫 번째 디지털 트윈과 관련된 디지털 트윈을 식별했다. 이런 디지털 트윈은 발전 자산의 생산성을 향상시키고 예측 유지 보수의 효율성을 개선해 운영 비용을 절감하는 유틸리티 회사로 변모할 것이다.

이번에는 복합 트윈 계획을 살펴보자.

복합 트윈 계획

복합 트윈 계획을 시작하기 전에 먼저 단순 복합 자산에 대해 알아보자. 우리 모두는 상업용 항공기에 대해 잘 알고 있다. 보잉 및 에어버스 같은 회사는 상업용 항공기의 주요 제조업체다. 하지만 최대 410명을 수용할 수 있고 GEnx-2B 엔진을 사용하는 보잉 747-8 같은 상업용 항공기(https://www.boeing.com/commercial/747/ 참조)는 30개국에 있는 공급 업체 약 550곳에서 제조한 부품 600만 개로 구성돼 있다. 더 자세한 내용은 다음 링크 (https://boeing.mediaroom.com/2013-05-29-Boeing-Celebrates-Delivery-of-50th-747-8)를 참조하면 된다.

그림 8.8은 상업용 항공기와 같은 복합 자산에 대한 단순화된 그림을 보여준다. 즉, 항공기의 각 주요 부품은 다양한 하위 어셈블리와 개별 부품으로 구성된다. 그림 8.9는 항공기의 제트 엔진을 보여준다. 보잉 747-8 같은 단일 항공기는 일반적으로 4개의 제트 엔진을 날개에 장착한다. 항공기 엔진은 점검 및 유지 보수를 위해 항공기에서 분리해서 예비 엔진으로 교체할 수도 있다. 일부 항공기는 다른 제조업체의 엔진을 사용한다는 것이 항공기를 더 복잡하게 한다. 이런 상황은 단순하게 서로 다른 승인된 제조업체의 타이어 또는 배터리를 사용하는 자동차에 비유할 수 있다.

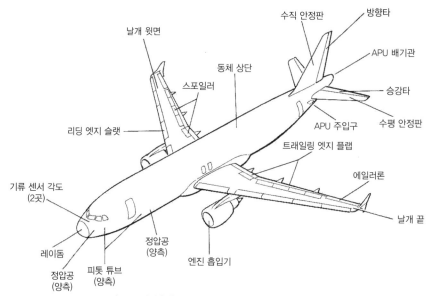

그림 8.8 상업용 항공기의 주요 구성 요소를 간소화한 그림

NOTE

이미지 출처: https://it.wikipedia.org/wiki/File:Aircraft_Parts_eng.jpg

제트 엔진은 항공기에서 가장 중요하고 비싼 부품이다. 보잉 747-8 같은 광동체wide-body 항공기는 제트 엔진 4개를 사용한다. 보잉 777 같은 다른 일부 상업용 항공기는 2개의 제트 엔진을 사용한다. 일반적인 제트 엔진은 여러 공급 업체에서 생산한 부품 2만 5000개로 구성된다.

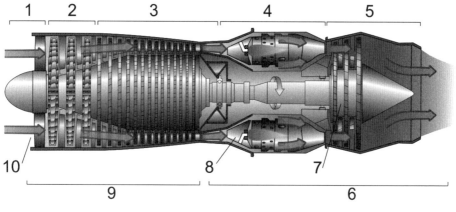

그림 8.9 상용 항공기의 엔진 단면도

NOTE

이미지 출처: https://en.wikipedia.org/wiki/Components_of_jet_engines

전체적으로 항공기와 같은 실제 자산은 본질적으로 매우 복잡하고 작은 부품으로 구성돼 있다는 것을 알 수 있다. 또한 항공사가 보유한 다양한 항공기 종류를 보면 서로 다른 항공기뿐만 아니라 다양한 모델과 제조사가 포함돼 있다. 게다가 항공사는 항공기뿐만 아니라 제빙기, 수하물 트롤리, **지상 동력 장치**ground power units, 제트 브리지jet bridges 등과 같은 다양한 자산을 갖고 있다. 항공사 관점에서 전체 네트워크는 이런 다양한 자산의 집합체다.

항공사의 관점에서 볼 때 전체 항공사 네트워크의 디지털 트윈은 주요 허브, 주요 노선, 항공기 및 기타 중요 자산의 운영으로 구성된 복합 디지털 트윈이 될 것이다.

이제 풍력 터빈과 풍력 발전소의 디지털 트윈으로 시작한 발전 사례로 돌아가보자. 이번에는 재생 가능한 발전원을 위한 다양한 디지털 트윈으로 디지털 트윈을 확장하는 방법에 대해 알아볼 것이다. 주요 유틸리티 회사의 전체 발전량에는 재생 가능한 자원과 재생 불가능한 자원의 디지털 트윈이 포함된다. 그리고 유틸리티 회사는 전송, 배전 및 스마트 미터와 같은 소비자 수준 자산의 디지털 트윈이 필요할 것이다.

다음으로 수력 발전을 위한 디지털 트윈을 알아보자.

수력 발전용 디지털 트윈

미국 에너지부에는 수력 발전 기술을 전담하는 부서가 있다. 이 부서는 가상 플랫폼을 활용해 혁신을 가속화하는 것을 목표로 수력 발전용 디지털 트윈 프레임워크를 개발하고 있다. 더 자세한 내용은 다음 링크(https://www.pnnl.gov/projects/digital-twins-hydropower)에서 확인할 수 있다.

수력 발전소의 평균 수명은 약 50년이다. 수력 발전 디지털 트윈은 발전, 송전 및 분배 시스템을 시뮬레이션한다. 수력 발전용 디지털 트윈의 애플리케이션은 아래와 같다.

- 운영 및 유지 보수 : 가동 시간을 증가시켜 발전량을 늘리는 것을 목표로 수력 발전소의 유지 보수를 최적화한다.

- 사이버 보안 : 침입을 탐지하고 인프라스트럭처를 보호한다. 2021년 6월 미국 동부 해안에서 발생한 콜로니얼 파이프라인Colonial Pipeline 랜섬웨어 공격으로 인해 에너지 인프라스트럭처 보호에 대한 인식이 높아졌다. 더 자세한 내용은 다음 링크 (https://www.cnn.com/2021/06/07/politics/colonial-pipeline-ransomware-recovered/index.html)에서 확인할 수 있다.

- 투자 및 시장 계획 : 초기 투자 결정, 확장 결정 및 **ROI** 계산을 지원한다.

GE의 기사에 따르면, 2017년 수력 발전(그림 8.10 참조)은 에너지 스토리지에 대한 그리드 스케일 배터리에 대한 기술력이 부족하기 때문에 높은 수요에 따른 대량의 전력을 생산할 수 있는 재생 가능 자원이다. 수력 발전 디지털 트윈은 풍력 터빈이 느린 풍속이나 흐린 날씨로 인해 영향을 받고 특정 날의 날씨가 태양 에너지에 영향을 미치는 경우 이런 격

차를 해소하는 데 도움이 될 수 있다. 더 자세한 내용은 다음 링크(https://www.ge.com/news/reports/dam-powerful-ge-connected-hydropower-internet)에서 확인할 수 있다.

그림 8.10 수력 발전의 재생 가능한 에너지

NOTE

이미지 출처: https://no.wikipedia.org/wiki/Energi_i_Afghanistan

수력 발전 디지털 트윈은 강우량, 댐 및 저수지의 수위 등 발전에 영향을 미칠 수 있는 여러 시나리오 계획을 세우는 데 활용할 수 있다.

수력 발전을 활용한 잠재적 발전 규모를 이해하기 위해 캐나다 퀘벡을 살펴보자. 이 지역에는 호수와 강이 풍부하기 때문에 수력 발전은 700만 퀘벡 주민의 전기 수요 중 95%를 충족할 수 있다. 수력 발전의 설치 용량은 약 46기가와트다. 더 자세한 내용은 다음 링크(https://www.cer-rec.gc.ca/en/data-analysis/energy-markets/provincial-territorial-energy-profiles/provincial-territorial-energy-profiles-quebec.html)에서 확인할 수 있다. GE 에코매지네이션Ecomagination의 전 글로벌 전무인 뎁 프로들Deb Frodl은 다운타임 감소로 인해 디지털 수력 발전소의 운영 안정성이 1% 이상 향상되고 있다고 언급했다. 이는 전체 수력 발전소 규모에서 시간당 약

413기가와트의 수력 발전량에 해당한다. 풍력 발전과 비교하면 수력 발전량은 약 700개의 터빈을 가진 풍력 발전소에서 생산하는 전력에 해당된다.

수력 발전소는 반응형 터빈인 프랜시스 터빈^Francis turbine을 사용하는 경우가 많다. 유체^water가 터빈을 통해 이동하면서 압력을 변화시켜 에너지를 생성한다. 더 자세한 내용은 다음 링크(https://www.sciencedirect.com/topics/engineering/francis-turbines)에서 확인할 수 있다. 수력 발전 터빈을 간소화한 그림은 그림 8.11과 같다.

터빈은 고압 수원과 저압 출구 사이에 놓이며, 일반적으로 댐의 하단부에 위치한다. 이를 통해 수력 발전의 초기 물리 기반 디지털 트윈을 생성할 때 터빈 축 방정식에 유량 시스템 역학과 기계적 토크를 사용할 수 있다. 이런 물리 기반 계산에 대한 자세한 내용은 다음 연구 문서(https://www.researchgate.net/publication/226204151_Torque_model_of_hydro_turbine_with_inner_energy_loss_characteristics)를 참조하면 된다.

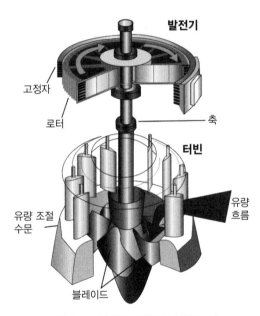

그림 8.11 수력 발전 터빈을 간소화한 그림

지금까지 수력 발전 디지털 트윈을 시작하기 위한 기능 및 기술적인 기반을 다뤘다. 다음 절에서는 태양열 발전소의 디지털 트윈을 알아볼 것이다.

태양열 발전용 디지털 트윈

종종 그림 8.12처럼 가정집 옥상에 설치된 태양열 패널을 볼 수 있다. 미국 캘리포니아 주는 2020년 1월 1일부터 4층 이하의 모든 단독 주택과 다가구 주택에 태양열 패널을 의무화하는 캘리포니아 태양열 행정 명령^{California solar mandate}을 도입했다. 이는 휘발유 자동차 11만 5000대를 도로에서 제거하는 것과 동등한 수준으로 온실가스 배출을 줄이는 것을 목표로 한다. 이 행정 명령은 추후 건설사가 외부 태양열 발전소를 통해 옥상 태양광 패널을 확장할 수 있게 완화됐다.

그림 8.12 가정용 태양열 시스템

이번 절에서는 상업용 태양열 발전소에 대해 알아볼 것이다. 2020년 태양 에너지는 미국 캘리포니아주 에너지 수요의 15.4%를 차지했다. 캘리포니아 에너지 위원회^{California Energy Commission}에 따르면, 태양 에너지는 **태양광 발전**^{PV, PhotoVoltaic}과 태양열 발전소를 통해 약 시간당 30기가와트^{GWh, GigaWatt-hours}의 에너지를 생산했다. 다음 절에서 태양열 발전소의 디지털 트윈을 구축하기 위한 고려 사항을 알아볼 것이다.

690메가와트 용량의 통합 태양열 PV 및 배터리 저장 시설을 갖춘 제미나이 태양열 프로젝트^{Gemini Solar Project}는 미국 최대 규모이자 세계 최대 규모 중 하나가 될 것이다. 이는 네바다 주 라스베이거스 근처의 미국 연방 정부 부지를 사용할 것이다. 더 자세한 내용은 다음 링크(https://www.nsenergybusiness.com/projects/gemini-solarproject/)에서 확인할 수 있다. 이 프로젝트에는 약 10억 달러의 비용이 필요하며, 2023년에 완공될 것으로 예상된다.

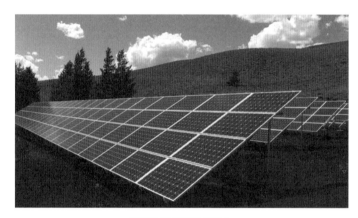

그림 8.13 태양열 발전소

그림 8.13에 나온 발전소는 그림 8.14에 표시된 것처럼 인버터와 변압기를 통해 전력망에 연결된다. 풍력 발전소와 수력 발전소도 마찬가지이며, 이들 모두 전력망에 재생 가능한 에너지를 제공해 발전할 때 화석 연료 사용의 필요성을 최소화한다.

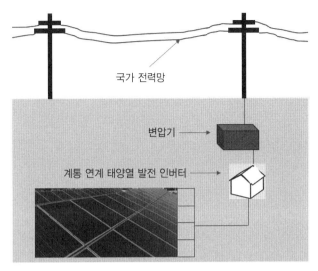

그림 8.14 전력망에 태양열 발전소 연결

이 책의 저자 중 한 명인 나트는 IIC의 테스트베드로 태양열 발전소의 디지털 트윈을 구축하기 위한 초기 이니셔티브 중 하나에 개인적으로 참여했다. 자세한 내용은 다음 링크(https://www.iiconsortium.org/press-room/11-08-17.htm)에서 확인할 수 있다.

태양열 발전소의 이상적인 위치를 결정하기 위해 일사량 정보를 사용할 수 있다. 이 정보는 다음 링크(https://www.nrel.gov/gis/assets/images/nsrdb-v3-ghi-2018-01.jpg)에서 확인 가능하다.

일사량은 주어진 시간 간격 동안 특정 지역에 도달하는 태양 복사 에너지를 측정한 것이다. 이 에너지는 일반적으로 와트/미터 제곱$^{W/m2}$으로 측정된다. 디지털 트윈은 전기공학과 학생 4명이 수행하는 스마트 그리드 디지털 트윈 프로젝트 등의 인프라스트럭처 구축 관련 타당성 연구에서도 고려 대상이다. 관련 정보는 다음 링크(https://www.unb.ca/alumni/magazine/2021-spring-summer/solar-energy.html)에서 확인할 수 있다.

예측 유지 보수 및 운영 최적화에 중점을 둔 태양열 발전소의 디지털 트윈에는 아래와 같은 주요 구성 요소가 포함된다(그림 8.15 참조).

- 태양열 PV 패널 : 상업용 태양열 PV 패널의 크기는 약 78인치 x 39인치(약 2m x 1m)이며 약 72개의 태양 전지가 있다. 무게는 약 40파운드(18kg)이고 가격은 약 25만 달러다.

- 패널 스트링 : 200MW 태양열 발전소에는 약 10만 개의 패널이 2000개의 줄로 배열돼 있다. 이상적으로는 각 패널과 스트링의 디지털 트윈은 디지털 트윈 복제로 유지 보수돼야 한다.

- **스트링 결합 박스**SCB, String Combiner Box : 여러 개의 태양열 패널 또는 패널 스트링을 결합하는 데 사용된다.

- 인버터 : 그리드에 연결하기 전에 태양열 패널에서 생성된 **직류**DC, Direct Current를 **교류**AC, Alternating Current로 변환한다.

태양열 발전소의 주요 기능 블록을 고려한 디지털 트윈은 태양열 발전소의 운영비를 최대 4%까지 절감할 수 있다. 운영 효율의 기본 원칙과 전력 변환 요소를 이해하기 위해 「Performance evaluation of 10 MW grid connected solar photovoltaic」이라는 제목의 연구 논문을 읽어 볼 것을 권장한다. 관련 연구 논문은 다음 링크(https://www.sciencedirect.com/science/article/pii/S2352484715000311)에서 확인할 수 있다.

그림 8.15 태양열 패널 블록 다이어그램

태양열 발전소의 디지털 트윈은 에너지 출력을 향상시키기 위해 태양열 PV 패널의 교체 시기를 결정하는 데 도움을 줄 수 있다. 또한 디지털 트윈의 파일럿 테스트를 통해 장애 발생 일주일 전에 인버터 고장의 최대 83%를 탐지했다. 이런 장애 모드 적용 범위의 증가와 리드 타임^{lead times} 증가는 디지털 트윈 솔루션의 핵심적인 전체 성능 지표다. 업계는 태양열 발전소에 디지털 트윈 솔루션을 활용함으로써 설치하고 잊어버리는^{install and forget} 관행에서 보다 적극적인 에너지 인프라스트럭처 관리로 전환하고 있다. 비효율성은 아래와 같은 여러 가지 이유로 발생할 수 있다.

- 태양열 PV 설계 및 설치 결함

- 직렬로 연결된 PV 모듈과 병렬로 연결된 스트링 모듈의 불일치로 인한 시스템 성능 저하

- 특히 장착 각도가 올바르지 않은 경우 강수량 부족과 함께 시간이 지남에 따라 태양광 PV 패널에 손상 발생

- 서로 다른 기대 수명에 따른 교체 주기로 인해 불일치 발생(인버터의 경우 5~10년, 태양열 PV 패널의 경우 20~25년)

태양열 발전소의 디지털 트윈을 통해 모니터링하고 수정해야 할 몇 가지 실질적인 문제를 살펴봤다. 더 자세한 내용은 다음 링크(https://www.mdpi.com/1996-1073/13/6/1398/htm)에서 확인할 수 있다.

태양열 PV 및 풍력 터빈 하이브리드

태양열 발전소의 발전 수준은 일조 시간에 따라 달라지며, 겨울에는 일조 시간이 훨씬 짧아진다. 또 풍력 발전소는 발전소의 위치에 따라 겨울보다 여름의 풍속이 더 낮다. 이는 하이브리드 발전소를 개발할 수 있는 기회를 제공한다. 더 자세한 내용은 다음 링크(https://www.energy.gov/energysaver/hybrid-wind-and-solar-electric-systems)에서 확인할 수 있다. 그림 8.16은 태양열 PV와 풍력 터빈의 하이브리드를 보여준다. 이런 하이브리드 전력 시스템은

이제 막 등장하고 있지만 미래에는 상용화 수준으로 발전할 수도 있다. 하이브리드 발전소의 디지털 트윈은 새로운 수준의 크로스 도메인 전문 지식을 필요로 한다.

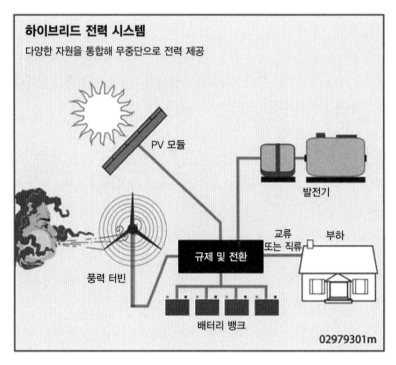

그림 8.16 하이브리드 발전소

> **NOTE**
>
> 이미지 출처: https://www.energy.gov/energysaver/hybrid-wind-and-solar-electric-systems

이전 절에서는 주요 재생 에너지원을 다뤘고 이 재생 에너지원의 디지털 트윈에 대한 고려 사항을 살펴봤다. 해당 정보는 아래와 같은 상황에서 복합 디지털 트윈을 계획하는 데 활용할 수 있다.

- 재생 가능한 에너지원과 재생 불가능한 에너지원을 기반으로 전력을 생산하는 대규모 유틸리티 기업
- 다양한 에너지원의 에너지 생산 장비를 제조하는 에너지 분야의 산업 제조 기업

이제 풍력 터빈 및 태양열 발전소와 관련된 새로운 혁신으로 인한 디지털 트윈의 역할을 알아보자.

재생 가능한 발전 분야의 새로운 혁신

풍력 에너지의 관점에서 윈드 캐칭^{wind-catching} 기술에 대해 알아보자. 윈드 캐칭은 에너지 생산 시설의 수명 비용을 생산된 총 에너지량으로 나눈 지표인 **균등화 발전 비용**^{LCOE,} ^{Levelized Cost Of Energy}을 개선할 수 있는 가능성을 가진다. 그림 8.17은 해상 풍력 에너지의 윈드 캐칭 시설물을 보여준다. 이 시설물은 수상에 설치됐다. 이 기술로 기존 해상 풍력 터빈보다 공간을 적게 차지하면서 최대 5배 더 많은 에너지를 생산할 수 있다. 더 자세한 내용은 다음 링크(https://windcatching.com/)에서 확인할 수 있다.

그림 8.17 해상에 설치된 윈드 캐칭 시설물

윈드 캐칭을 사용하면, 에너지 생산량이 풍속에 따라 기하급수적으로 증가할 것으로 예상된다. 기존 풍력 터빈은 풍속이 초당 약 12미터를 초과할 경우 마모를 줄이기 위해 블레이드의 피치를 변경해 에너지 출력을 제한하는 경우가 많다. 윈드 캐처는 동일한 커버리지에서 몇 배 더 많은 에너지를 생성할 수 있다. 이처럼 새로운 기술이 출시되면 예측 유지 보수 및 에너지 생성 최적화를 위한 방대한 과거 데이터가 없기 때문에 디지털 트윈의 역할이 증가한다. 윈드 캐처의 제품 설계 및 랩 테스트 데이터를 기반으로 한 물리 기반 모델은 초기에 윈드 캐처의 디지털 트윈을 배치하는 데 도움이 될 수 있다. 이 디지털 트윈은 시간이 지남에 따라 윈드 캐처에 대한 이해를 높이기 위한 주요 정보를 제공한다. 윈드 캐처의 예상 수명은 50년이며, 이는 기존 풍력 터빈보다 훨씬 긴 수명이다.

싱가포르는 2021년 7월 대규모 수상 태양열 발전소를 설립했다. 자세한 내용은 다음 링크(https://www.scmp.com/video/asia/3141298/singapore-unveils-one-worlds-biggest-floating-solar-panel-farms)에서 확인할 수 있다. 이 발전소는 태양열 패널 12만 2000개를 보유하고 있다. 축구장 45개 규모의 크기로, 수처리 시설 5곳에 전력을 공급한다. 그림 8.18은 수상 태양열 발전소의 개념을 보여준다. 물에 의한 냉각 기능과 함께 인근 건물의 그림자가 없기 때문에 이런 수상 태양열 발전소는 효율이 높다. 새로운 자산을 완전히 이해하면 이런 차세대 자산의 디지털 트윈은 효율적인 관리 측면에서 중요한 역할을 할 것이다.

그림 8.18 수상 태양열 발전소
쿄세라(KYOCERA CORP)의 위 그림은 CC BY라이선스를 가진다.

다음 절에서 디지털 트윈 솔루션을 더욱 강화하기 위한 고려 사항을 알아보자.

⫸ 개선 사항 및 다음 단계

이번 절에서는 디지털 트윈 프로그램을 채택하고 출시하는 기업의 관점에서 디지털 트윈 프로그램을 전체적으로 살펴볼 것이다. 그림 8.5에서는 풍력 발전소를 위한 디지털 트윈 솔루션의 개괄적인 출시를 확인했다. 이번에는 그림 8.19의 개선되고 더 자세한 그림을 살펴보자. 좌측에서 우측으로 이어지는 주요 블록은 다음과 같다.

- 공급망 네트워크 : 공급 업체, 유통 업체, 물류 제공 업체로 구성된 공급망 생태계의 외부 네트워크다. 코로나19 팬데믹 기간 동안 글로벌 공급망의 혼란을 고려해본다면, 이 분야는 공급망 및 물류 디지털 트윈이 구현될 가능성이 높다.

- 기업 시스템 : 오라클 ERP, CRM인 세일즈포스닷컴 또는 MES 같은 기업 내 IT 시스템으로 구성된다.

- 경제, 기상, 마켓 데이터에 대한 외부 시스템 : 의사 결정을 위해 다른 시스템에서 구독하고 활용할 수 있는 신뢰 가능한 외부 데이터 소스다.

- 비즈니스 애플리케이션 : 차세대 산업 디지털 혁신을 주도하는 데 활용할 수 있는 산업 중심 애플리케이션 및 디지털 플랫폼의 새로운 그룹인 경우가 많다. 이런 애플리케이션은 종종 디지털 트윈 및 IoT 플랫폼과 통합돼 비즈니스 통찰력을 제공한다. 비즈니스 애플리케이션은 동일한 퍼블릭 클라우드나 공급 업체 기술을 사용할 수도 있고 그렇지 않을 수도 있다. 예를 들어 오라클의 IoT 인텔리전트 애플리케이션(https://www.oracle.com/internet-of-things/)은 애저 디지털 트윈 기반 솔루션에 연결할 수 있다. 다른 예시로는 GE의 APM 또는 보다 전문화된 에너지 거래 자문 솔루션이 있다.

- 디지털 트윈 및 IoT 플랫폼 : 디지털 트윈 솔루션의 구성 요소이며 풍력 발전소의 풍력 터빈과 같은 발전원에 대한 연결을 제공한다. 더 많은 에너지 생성원이 도입됨에 따라 복합 디지털 트윈이 배포된다.

- **현장 서비스 관리**^{FSM, Field Service Management} : 유틸리티 회사나 풍력 터빈 제조업체 같은 산업 자산 집약적 산업은 종종 광범위한 현장 서비스 인력을 관리한다. FSM 애플리케이션은 인력의 운영 및 유지 보수 활동을 관리하는 효율적인 수단을 제공한다. FSM 인력의 디지털 트윈은 미래 활용 가치가 높은 분야다.

- **발전원** : 발전소 및 시스템의 실제 발전 자산을 의미하며 엣지 시스템, 감독 제어 및 데이터 접근 시스템을 포함해 연결 및 데이터 수집을 용이하게 한다.

- **전력망** : 모든 상업용 발전 자산은 송전과 분배를 관리하는 전력망에 연결된다.

이렇게 엔터프라이즈급 디지털 트윈 솔루션 구축에 관련된 주요 시스템을 요약했다.

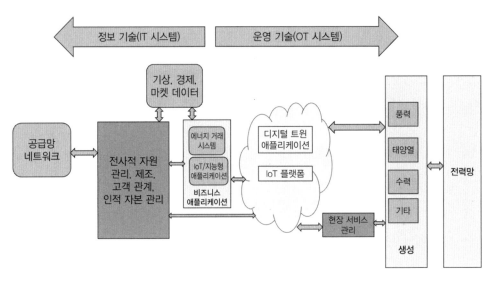

그림 8.19 디지털 트윈 솔루션 배포와 관련된 기업 환경

마지막 절에서는 대규모 조직에서 디지털 트윈 관련 프로그램의 성공을 보장하기 위해 권장되는 조직 구조를 알아볼 것이다.

디지털 트윈의 전문가 조직

전문가 조직 CoE, Center of Excellence은 일반적으로 특정 비즈니스 우선 분야에서 베스트 프랙티스를 개발, 수집 및 홍보하는 전문가 집단이다. GE는 2012년에 산업 인터넷을 전담하는 소프트웨어 CoE를 출범했다. 더 자세한 내용은 다음 링크(https://hbr.org/2015/01/building-a-software-start-up-inside-ge)에서 확인할 수 있다. 이 소프트웨어 CoE는 훗날 GE 디지털로 개편됐다. 이 책의 저자 중 한 명인 나트는 2013년부터 2018년까지 GE 소프트웨어 CoE 및 GE 디지털 부서에서 근무했다. GE 디지털은 IIoT 및 디지털 트윈 기술 분야에서 선도적인 역할을 하고 있다. 또 사업 부문 중 하나로 세계 최대 풍력 터빈 제조업체 중 하나인 GE 리뉴어블스를 지원한다. CoE는 대규모 글로벌 기업 같은 민간 부문과 미네소타주 에너지Minnesota State Energy CoE 같은 공공 부문 모두에서 대중화되기 시작했다. 더 자세한 내용은 다음 링크(https://www.energycareersminnesota.org/)에서 확인할 수 있다. 또 다른 예시로는 디지털 트윈도 활동 범위에 두고 있는 에퀴노르Equinor의 디지털 CoE가 있다. 더 자세한 정보는 다음 링크(https://www.equinor.com/en/magazine/statoil-2030---putting-on-digital-bionic-boots.html)에서 확인할 수 있다. 디지털 혁신을 추진하는 데 있어 CoE를 구축하기 위한 몇 가지 전략은 다음 링크(https://techbeacon.com/enterprise-it/why-you-need-digital-transformation-center-excellence)를 참조하면 된다.

해당 전략을 요약하면 아래와 같다.

- 적합한 디지털 리더를 확보하고 기술 및 기능과 관련된 지식을 갖춘 적절한 팀을 구성한다.
- 명확한 하향식 차터charter와 운영 지침을 제공한다.
- 혁신 문화에 중점을 두고 적절한 기술 및 비즈니스 교육을 제공한다.
- 스타트업 같은 혁신 및 업무 수행의 자유로움을 유지하면서 거버넌스를 구축하고 측정을 도입한다.

이와 함께 2020년 팩트에서 출판한 『Industrial Digital Transformation』이라는 책을 읽어보기를 권장한다. 또 이번 장의 참고 문헌 리스트도 확인하기를 바란다. 디지털 트원은 새로운 기술이기 때문에 디지털 트윈 프로그램을 전파하고 투자로부터 비즈니스 이점을 확실하게 제공할 수 있는 CoE를 심도있게 고려할 것을 권장한다. 유틸리티 기업의 경우 디지털 트윈 솔루션은 전반적인 생산성과 효율성을 향상시키고, 산업 제조 회사의 경우 디지털 트윈 솔루션은 유틸리티 및 기타 기업에 해당 솔루션을 상업적으로 판매함으로써 내부 생산성과 효율성뿐만 아니라 새로운 디지털 수익 스트림을 창출할 수 있다.

⁝⁝ 요약

마지막 장에서는 디지털 트윈 솔루션을 출시할 가능성이 있는 기업의 관점에서 디지털 트윈 솔루션을 구축함으로써 얻을 수 있는 이점을 살펴봤다. 개별 풍력 터빈 디지털 트윈에서 풍력 발전소로 확장하는 방법을 배웠다. 디지털 트윈 복제 및 복합 디지털 트윈을 계획하고 배포하는 방법도 다뤘다. 전반적으로 디지털 트윈 솔루션을 초기 파일럿 단계에서부터 개선하는 방법을 살펴봤다.

우리는 이 책이 산업 자산의 첫 디지털 트윈 구축을 시작하고 프로덕션에 배포할 수 있도록 강력한 기술적, 기능적 기반을 제공한다고 생각한다. 이런 기술은 향후 산업 디지털 변환 분야의 게임 체인저가 될 것이다. 첫 번째 디지털 트윈을 구축하는 여정에 함께해줘서 감사하며, 여러분이 이 책을 통해 이루고자 하는 목표를 달성할 수 있기를 기원한다.

⁝⁝ 질문

1. 디지털 트윈 복제는 무엇인가?

2. 디지털 트윈 솔루션의 빅뱅 접근 방식과 단계적 접근 방식의 차이점은 무엇인가?

3. 재생 가능 에너지의 일반적인 공급원은 무엇인가?

4. 하이브리드 전력 시스템은 무엇인가?

5. 디지털 트윈 솔루션 출시와 관련된 **CoE**의 역할은 무엇인가?

⁚⁝▸ 참고 문헌

- 기술 COE를 통해 디지털 전환을 주도하는 방법: https://enterprisersproject. com/article/2021/2/digital-transformation-via-technology-centers-excellence-COE

- https://reveconsulting.com/pages/creating-digital-center-excellence-global-giant/

- https://www.coe-iot.com/

- https://www.robolab.in/center-of-excellence-in-internet-of-things/

윌리엄 빌 루^{William Bill Ruh} 렌드리스 디지털^{Lendlease Digital} CEO와의 디지털 트윈 인터뷰

약력:

35년간 소프트웨어와 인터넷 업계에서 근무한 윌리엄 빌 루는 렌드리스 디지털의 최고 경영자^{CEO}다. CEO로서 부동산 산업의 전환을 돕기 위해 새로운 사업을 구축하고 있다. 렌드리스 디지털은 세계 최초로 설계, 공급망, 건설 및 운영을 자동화하는 자율 건축 제품 세트를 개발하고 있다. 그는 마그나 인터내셔널^{Magna International}, 캐드 메이커스^{CADMakers} 이사회에서도 활동 중이다.

루는 렌드리스에 합류하기 전 GE 디지털의 CEO이자 GE의 CDO였다. 재임 기간 동안 업계 최초의 클라우드 기반 플랫폼 개발을 주도했으며 GE 디지털 사업부를 설립했다. 신흥 IIoT 전문가로 인정받고 있는 그는 산업용 인터넷 컨소시엄 설립에 참여했고, 미국 상무부 디지털경제자문위원회 위원을 역임했다.

4권의 책을 집필한 뛰어난 작가이며 산업 인터넷, IoT, 산업 AI 및 ML, 디지털 산업 전략 같은 주제로 다양한 강연을 하고 있다.

https://www.lendlease.com/au/company/leadership/william-ruh/

1. **공식 경력에 포함되지 않은 부분에 대해 이야기해달라.**

   나는 디지털 트윈 컨소시엄의 주요 설립자다. 이 컨소시엄은 보다 친환경적이고 효율적이며 더 나은 비즈니스 결과를 창출하는 세상을 만드는 열쇠가 될 것이라고 생각하는 기술 개발에서 세상을 선도하는 데 도움을 줄 수 있는 조직을 만들기 위한 진정한 사랑의 수고^{labor of love}였다. 디지털 트윈은 미래를 보거나 대안적인 결과를 평가할 수 있는 수정 구슬^{crystal ball}과 같다. 사회, 비즈니스, 정부에서 직면하고 있는 복잡성을 처리하기 위해 세상에서 필요로 하는 기술이다.

2. **지난 1~2년간 렌드리스 디지털이 수행한 핵심 비즈니스가 궁금하다.**

부동산 및 건설 산업은 그동안 디지털 기술의 힘을 활용하지 못하고 있었다. 렌드리스는 주거, 상업 및 소매 분야에서 설계, 운영 및 경험을 자동화하기 위한 클라우드, AI/ML 및 분석 분야에서 업계 발전을 선도하고 있다. 개발 비용을 20% 이상 절감하고 작업장 및 소매 환경에서 사용자를 보다 안전하고 효율적이며 행복하게 만드는 경험을 창출할 수 있는 만큼 이런 변화를 수용하는 사람들에게 큰 기회가 될 것이다. 현재 우리는 산업 분야 전환의 초기 단계에 있다. 렌드리스는 포디움 플랫폼Podium Flatform 개발을 통해 해당 분야를 선도하고 있다.

3. **디지털 트윈을 어떻게 정의하는가, 디지털 트윈에 대한 고유한 관점을 갖고 있는가?**

디지털 트윈이란 무엇인가? 디지털 트윈이란 풍력 터빈, 건물, 인간 등 물리적인 대상을 소프트웨어로 정확하게 표현하는 것이라고 생각한다. 이 소프트웨어는 실시간 데이터를 사용해 객체 모델을 생성할 수 있지만 더 중요한 것은 가정 분석what-if analysis을 통해 다양한 시나리오에서 모든 대체 결과를 확인할 수 있다는 것이다. 부품이 언제 고장날지 예측하고 표준 유지 보수 중에 수리하는 덕에 부품이 절대 파손되지 않는 세상을 상상해보라. 또는 건물 설계의 세밀한 부분까지 자동화해 비용, 품질 및 지속 가능성을 최적화할 수 있는 세상을 어떠한가. 내가 생각하는 미래는 모든 사람들이 삶에 대한 모든 데이터를 소비하고 더 건강한 삶을 가능하게 하거나 더 나은 결과를 가능하게 할 수 있을 만큼 충분히 일찍 중요한 건강 문제를 예측할 수 있는 디지털 트윈을 갖는 것이다.

4. **렌드리스는 어떻게 디지털 트윈에 기여하거나 디지털 트윈을 활용하고 있는가?**

렌드리스에 합류한 2019년 초에는 이미 대규모 부동산 개발 설계를 자동화하기 위한 디지털 트윈 기술 테스트가 진행 중이었다. 이런 과정에서 우리는 디지털 트윈 컨소시엄에 기여했고 개발 중인 프로젝트 12개 이상의 디지털 트윈을 만들었다. 가장 중요한 것은 포디움 플랫폼을 만들어 렌드리스가 건물의 설계와 운영을 자동화할 수 있도록 했다. 우리는 개발 및 건설 산의을 혁신을 목표로 하는 호주 연구 프로그램인 빌딩 4.0 CRCBuilding 4.0 CRC에서 최첨단 기술을 주도하는 중이다. 디지털 트윈은 렌드리스의 디지털 활동에서 핵심적인 역할을 하고 있다.

5. **디지털 트윈은 현재 프로덕션 환경에서 사용될 준비가 됐나? 아니면 파일럿 수준인가, 과장된 첨단 기술인가?**

디지털 트윈은 지난 20년 동안 존재해왔다. 주로 군사 및 우주 산업에서 활용됐다. 하지만 지난 10년 동안 디지털 트윈은 제품 디자인 및 유지 보수 활동과 관련된 분야에서 첨단 제조 산업 분야로 진출하기 시작했다. 이제는 디지털 트윈이 주류로 자리잡기 시작했다. 디지털 트윈 컨소시엄에는 다양한 산업에서 수백 개의 회원사가 참여하고 있으며, 주요 클라우드 사업자들은 모두 디지털 트윈과 관련된 서비스를 구축하고 있다. 디지털 트윈은 현재 초기 단계에 있지만 주류가 되고 있다. 향후 20년은 업계의 발전을 촉진하는 흥미진진한 시기가 될 것이다.

6. **디지털 트윈을 비즈니스에 도입하고자 새로운 기술을 모색하는 사람들에게 조언을 해주신다면?**

디지털 트윈은 자동화된 설계부터 예측 유지 보수에 이르기까지 엄청난 가능성을 갖고 있다. 모든 비즈니스 관련자들에게 내가 추천하는 것은 3가지 접근법이다. 첫 번째는 조직이 새로운 기술을 이해하기 위해 연구와 테스트를 수행하고 있는지 확인하는 것이다. 렌드리스에 합류했을 때 운이 좋게도 회사는 이미 이와 관련된 가능성을 테스트하고 개발하고 있었다. 두 번째는 디지털 트윈을 활용했을 경우 얻을 수 있는 비즈니스 성과를 예측하는 것이다. GE의 경우 예상치 못한 가동 중단 시간이 심각한 문제였기 때문에 예측 유지 보수에 중점을 뒀다. 디지털 트윈은 가동 중단 시간을 줄일 수 있는 최고의 솔루션이었다. 마지막으로 먼저 특정 문제에 이 기술을 적용해야 한다. 한꺼번에 모든 문제를 해결하고자 하면 안된다. 디지털 트윈은 매우 강력하고 유용하지만, 한 번에 너무 많은 일을 시도하면 오히려 역효과를 낼 수 있다. 새로운 기술 도입은 마라톤이지, 단거리 경주가 아니다.

렌드리스에 대한 추가 정보 링크:

- www.Lendleasepodium.com
- https://www.prnewswire.com/news-releases/digital-and-sustainable-lendlease-and-google-cloud-partner-to-digitally-transform-the-built-world-301370423.html

안와르 아흐메드^{Anwar Ahmed} GE 리뉴어블 에너지의 디지털 서비스 부문 CTO와의 디지털 트윈 인터뷰

약력:

안와르 아흐메드는 에너지 영역에 초점을 맞춘 산업용 IIoT 플랫폼, 데이터, 분석 및 디지털 트윈에 대한 광범위한 경험을 바탕으로 소프트웨어 제품 및 디지털 플랫폼 개발을 주도하는 경험이 풍부한 엔지니어링 및 기술 리더다. 카카티야 대학교^{Kakatiya University}에서 물리학 석사 학위를 받았고, 인도 데비 아힐랴 대학교^{Devi Ahilya University}에서 계측 및 제어 시스템 석사 학위를 취득했다.

1. **공식 경력에 포함되지 않은 부분에 대해 이야기해달라.**

   디지털 트윈 관련 분야 특허를 2개 보유하고 있다.

   - 풍력 발력소 운영을 위한 디지털 트윈 인터페이스(US9995278B2)

   - 다수의 풍력 터빈이 전력망에 연결된 풍력 발전소 관리용 디지털 시스템 및 방법(US10132295B2)

2. **지난 1~2년 간 GE 리뉴어블 에너지가 수행한 핵심 비즈니스가 궁금하다.**

   GE 리뉴어블 에너지는 효율적이고 신뢰할 수 있는 풍력 터빈을 설계하는 것에 중점을 두고 있으며, 이를 위해 강력한 터빈의 설계와 구축부터 터빈의 수명 기간 동안 효율적인 운영까지 소프트웨어 기술을 전폭적으로 활용하고 있다. 우리가 만든 디지털 풍력 발전소^{Digital Wind Farm} 소프트웨어는 센서가 데이터를 생성하는 시점부터 시작되며, 데이터는 엣지에서 수집돼 저장 및 분석을 위해 클라우드로 스트리밍된다. 이를 통해 터빈을 실시간으로 모니터링하고 가동 시간을 유지하면서 전기적으로 안전한 경계에서 신속한 조치를 취할 수 있다. 과거 데이터는 터빈의 문제를 탐지하고 예상 가능한 구성 요소 장애를 예측하기 위해 분석되며, 이를 통해 계획되지 않은 다운타임에서 계획된 다운타임으로 전환해 전체 터빈 가용성을 높일 수 있다. 지난 몇 년간 터빈 작동에 대해 수집한 데이터를 대상으로 ML을 수행해 분석 기능을 개선하고, 고객을 위한 직접적인 결과를 도출하기 위해 우리가 제조하는 터빈 구성 요소의 물리학에 대한 이해를 활용하는 데 주력해왔다.

3. 디지털 트윈을 어떻게 정의하는가, 디지털 트윈에 대한 고유한 관점을 갖고 있는가?

디지털 트윈은 물리적 자산을 소프트웨어로 복제한 것이다. 이 소프트웨어는 ML을 통해 물리적 쌍^{pair}에 대해 지속적으로 학습하는 클라우드 기반의 터빈에 대한 수학적 모델이다. 특정 기간 동안 실제 자산으로부터 점점 더 많은 데이터가 유입됨에 따라 모델이 더욱 스마트해지고 지능화되고 있으며, 가혹한 조건과 구성 요소 장애를 유발할 수 있는 상황을 보다 쉽게 시뮬레이션할 수 있다. 이제 학습 내용을 최적화한 제어 알고리듬으로 물리적 자산에 전달하거나 모델에서 식별한 장애 발생 가능성이 높은 구성 요소를 교체하는 등의 작업을 수동으로 수행할 수 있다. 각각의 자산은 고유한 의미를 갖고 있어 운영 과정에서 서로 다른 물리적 조건을 발견할 수 있기 때문에 개별적으로 모델링하는 것이 중요하다.

4. GE 리뉴어블 에너지는 어떻게 디지털 트윈에 기여하거나 디지털 트윈을 활용하고 있는가?

디지털 트윈 개념은 새로운 것이 아니지만 "디지털 트윈"이라는 용어는 새로운 것이다. 디지털 트윈은 특정 제어 루프를 모델링하는 대신 전체 자산을 모델링하고 해당 모델을 지속적으로 학습시키는 방법을 통해 새로운 수준의 모델링을 수행하고 있다. 우리는 새로운 설계 터빈의 소프트웨어 모델을 만들고 실제 터빈이 작동하는 동안의 풍력 조건과 다양한 물리적 조건을 시뮬레이션해 모델의 동작 방식을 확인하고 설계를 최적화해 보다 신뢰성이 높고 강한 내구성을 가진 터빈을 구축할 수 있도록 지원한다. 또한 디지털 트윈을 사용해 남은 부품 수명을 계산하고 고정된 스케줄의 유지 보수 대신 수명 기반의 유지 보수를 수행하고 있다.

5. 디지털 트윈은 현재 프로덕션 환경에서 사용될 준비가 됐나? 아니면 파일럿 수준인가, 과장된 첨단 기술인가?

핵심 기술의 가용성은 디지털 트윈을 현실화하는 데 도움이 된다. 초당 15테라플롭스^{TeraFLOPS}를 수행할 수 있는 강력한 CPU부터 멀티코어 GPU가 주류가 되고 있다. 마이크로소프트 애저와 AWS에서 컴퓨팅 집약적인$^{compute-intensive}$ 수학적 모델을 쉽게 실행할 수 있는 GPU 기반 VM 또는 컨테이너를 제공하고 ML 및 AI를 수행하는 데 필요한 모든 소프트웨어와 사전에 준비된 알고리듬도 제공한다. 최신 IoT 하드웨어는 엣지에서 대규모 컴퓨팅을 실행할 수도 있으므로 자산을 최적화하고 실행하는 방법에 대한 새로운 페이지를 만드는 데 도움이 되는 트윈을 구축할 수 있다.

나는 대규모 물리적 자산에 대한 ML 모델 구축 작업에 여전히 비용이 많이 든다고 생각한다. 현재 핵심은 문제의 중요도가 높은 부분을 식별하고 잠재적인 구성 요소 장애를 사전에 탐지해 계획되지 않은 다운타임을 줄이는 데 주력하거나, 풍력 터빈의 발전을 최적화하거나 풍력 터빈의 전체적인 가용성을 높이기 위해 디지털 트윈을 구축하는 것이다.

6. **디지털 트윈을 비즈니스에 도입하고자 새로운 기술을 모색하는 사람들에게 조언을 해주신다면?**

   활용할 수 있는 기술은 존재하며 많은 것들을 할 수 있다. 하지만 고객을 위한 특정 결과를 도출하기 위해 해결하고자 하는 문제에 "집중"해야 한다. 문제를 찾기 위해 솔루션을 구축하는 것이 아니라 해결하고자 하는 문제를 식별한 후 솔루션을 구축해야 한다.

기타 관련 링크:

- 풍력 발전소 운영을 위한 디지털 트윈 인터페이스: https://patents.google.com/patent/US9995278B2/

- 다수의 풍력 터빈이 전력망에 연결된 풍력 발전소 관리용 디지털 시스템 및 방법: https://patents.google.com/patent/US10132295B2/

| 찾아보기 |

디지털 트윈 구축과 배포

애저 디지털 트윈을 활용한 디지털 트윈 설계와 개발, 배포

발 행 | 2024년 3월 28일

지은이 | 시암 바란 나트·피터 반 샬크윅
옮긴이 | 최 만 균

펴낸이 | 권 성 준
편집장 | 황 영 주
편 집 | 김 진 아
　　　　임 지 원
　　　　김 은 비
디자인 | 윤 서 빈

에이콘출판주식회사
서울특별시 양천구 국회대로 287 (목동)
전화 02-2653-7600, 팩스 02-2653-0433
www.acornpub.co.kr / editor@acornpub.co.kr

책값은 뒤표지에 있습니다.